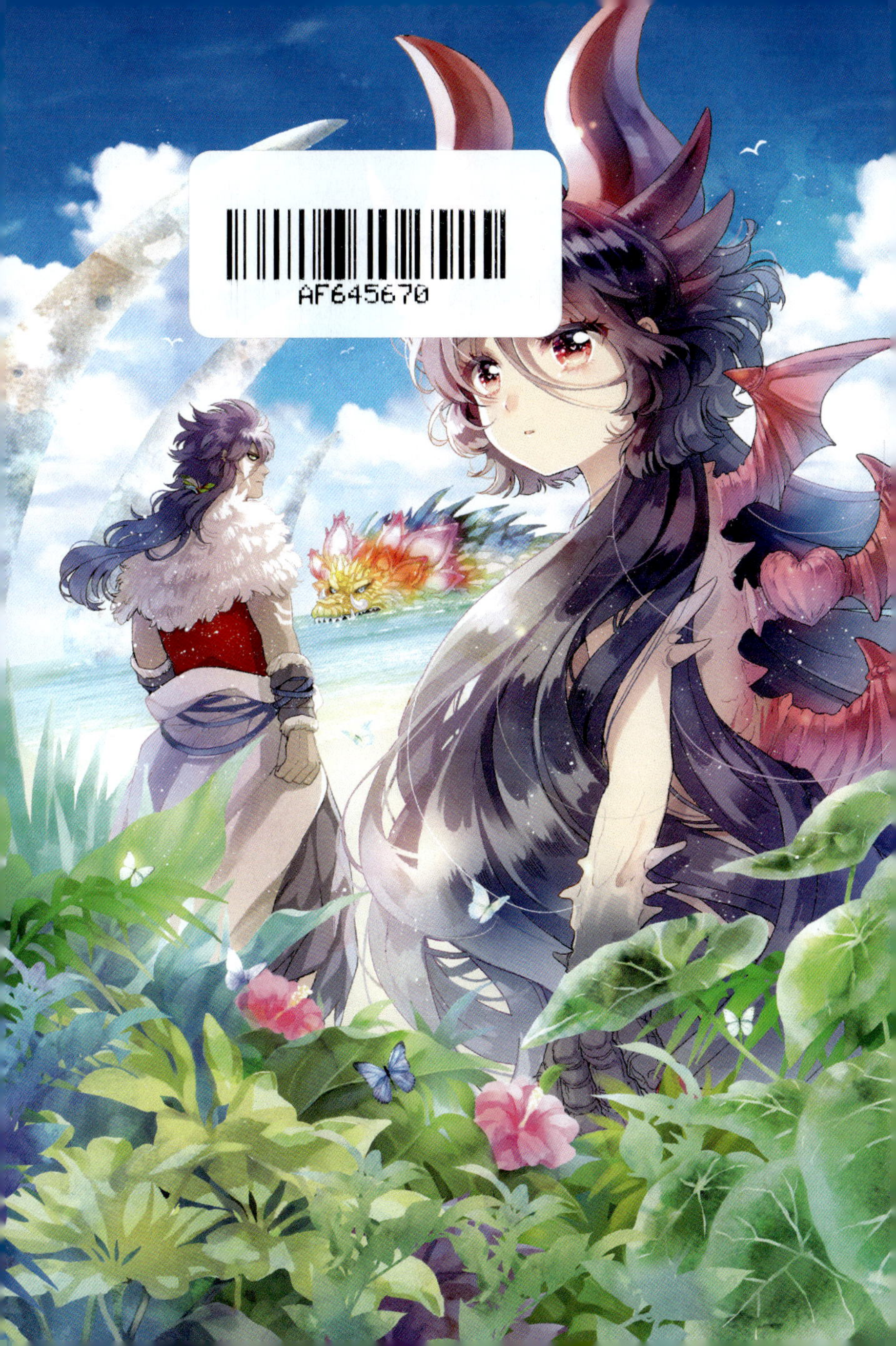

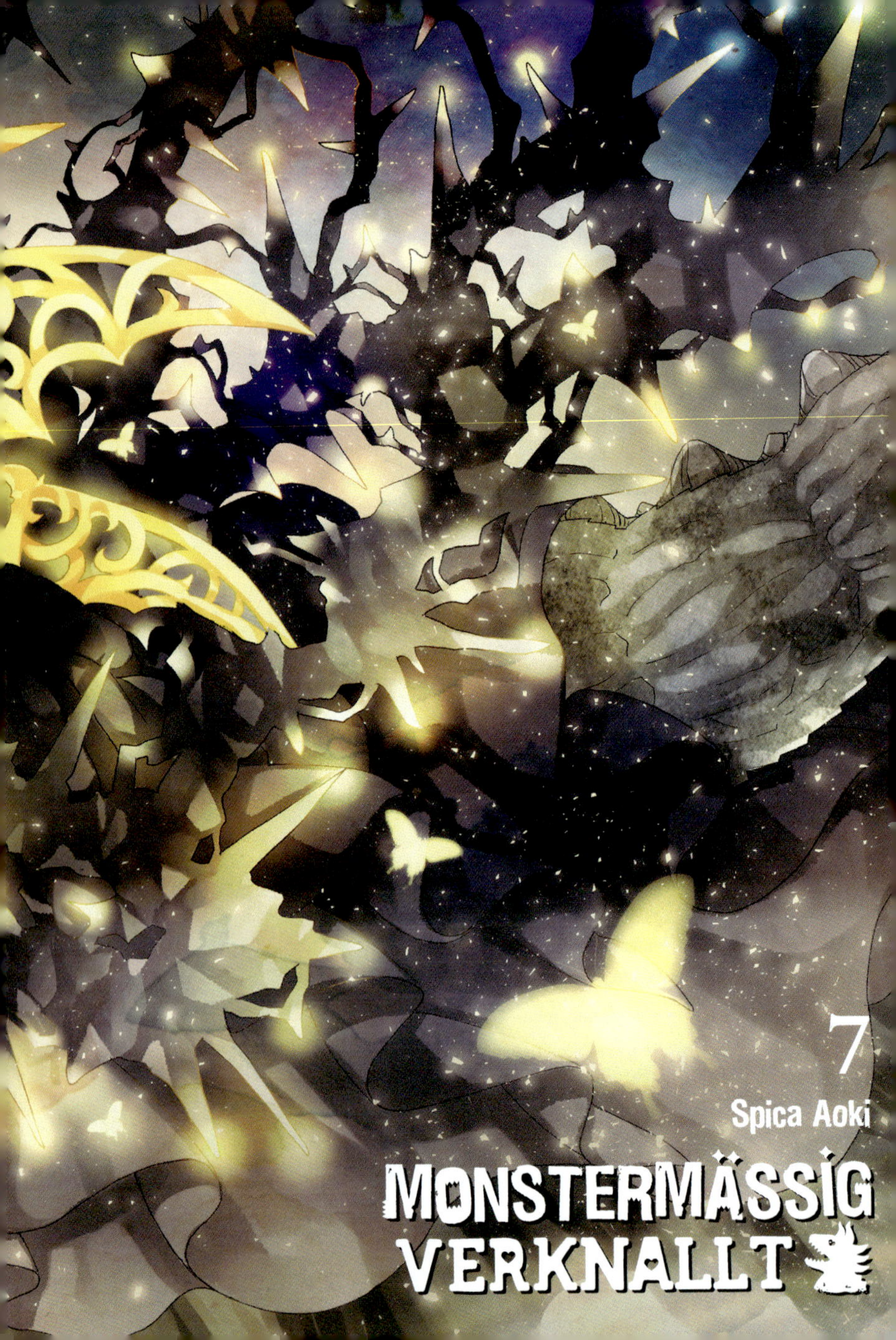
7
Spica Aoki
MONSTERMÄSSIG
VERKNALLT

Kapitel 38: Sayonara, Tokyo!

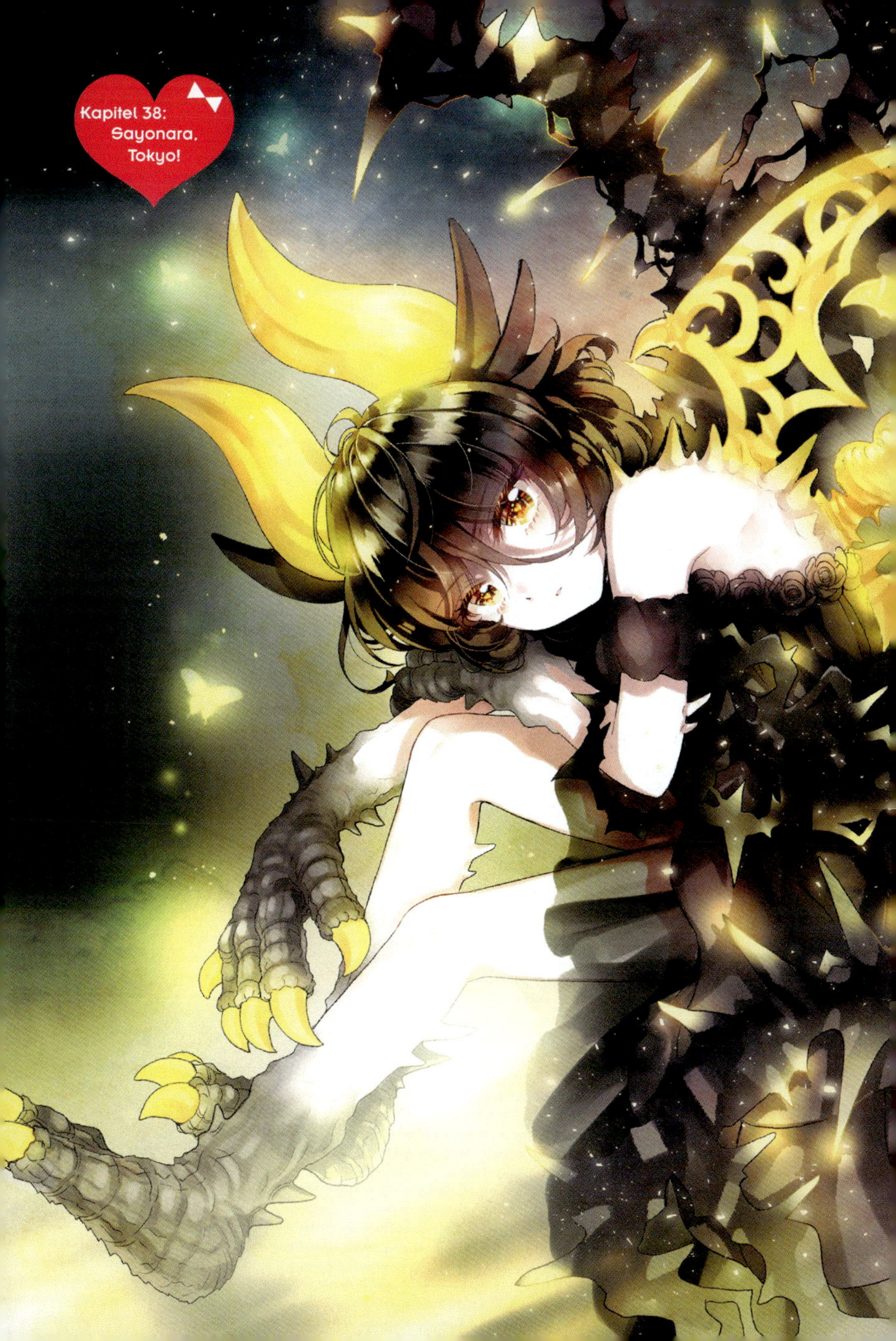

Inhalt

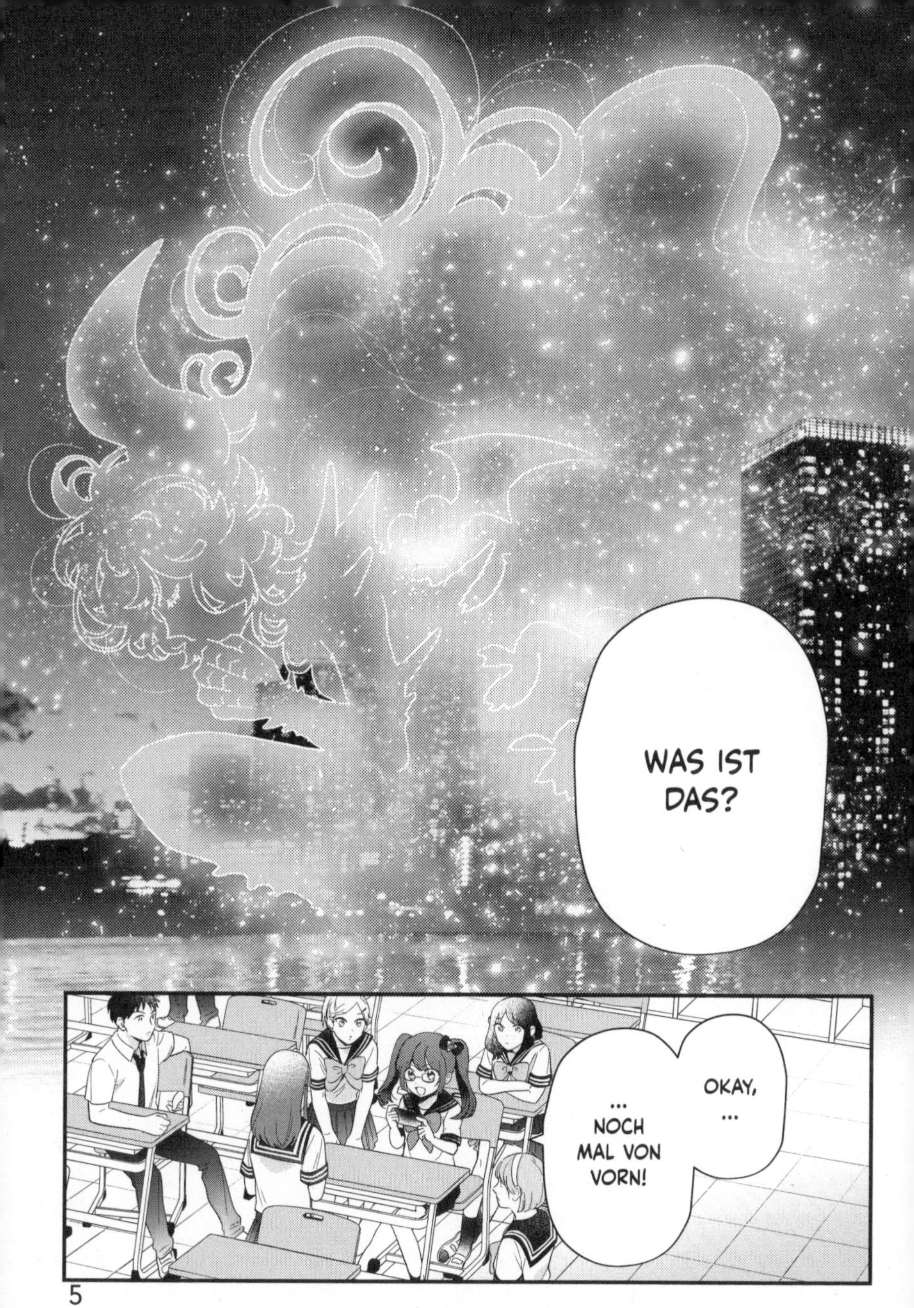
WAS IST DAS?
OKAY, ...
... NOCH MAL VON VORN!

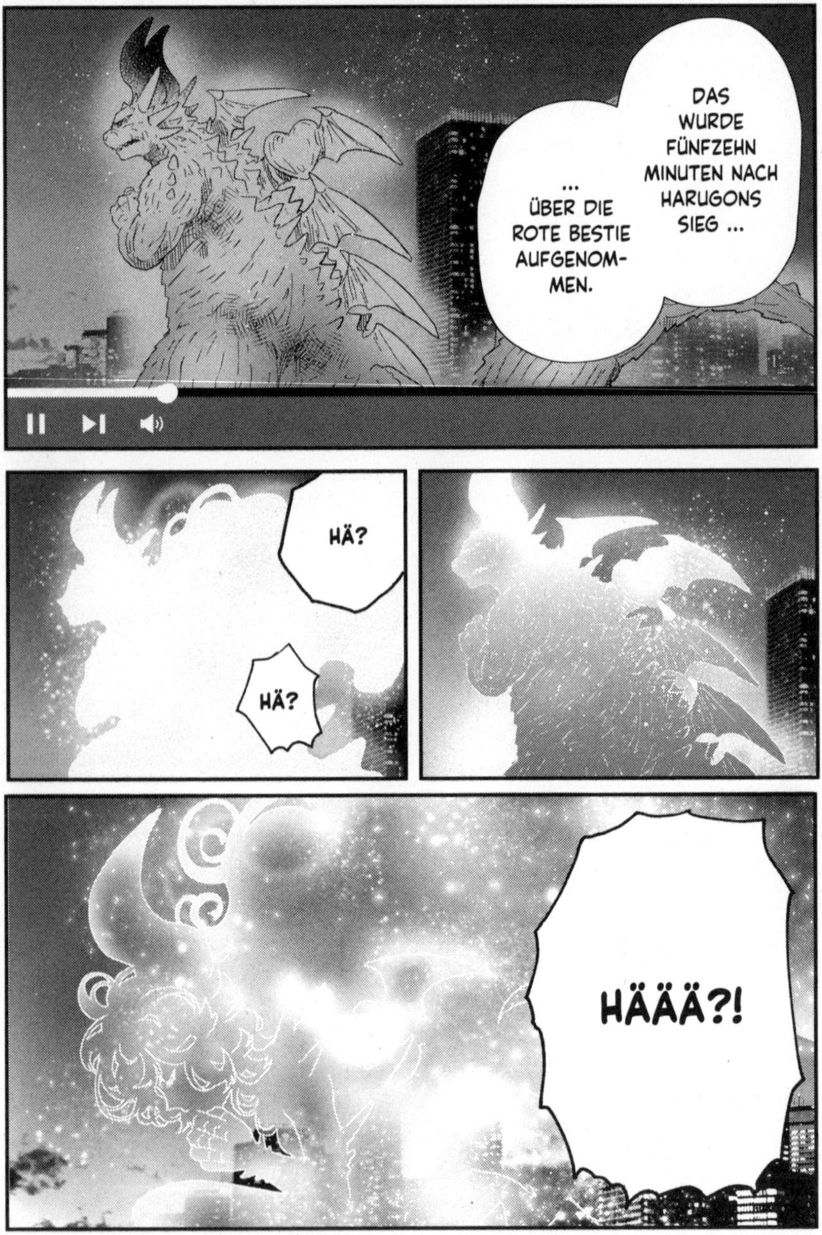
DAS WURDE FÜNFZEHN MINUTEN NACH HARUGONS SIEG ...
... ÜBER DIE ROTE BESTIE AUFGENOM-MEN.
HÄ?
HÄ?
HÄÄÄ?!

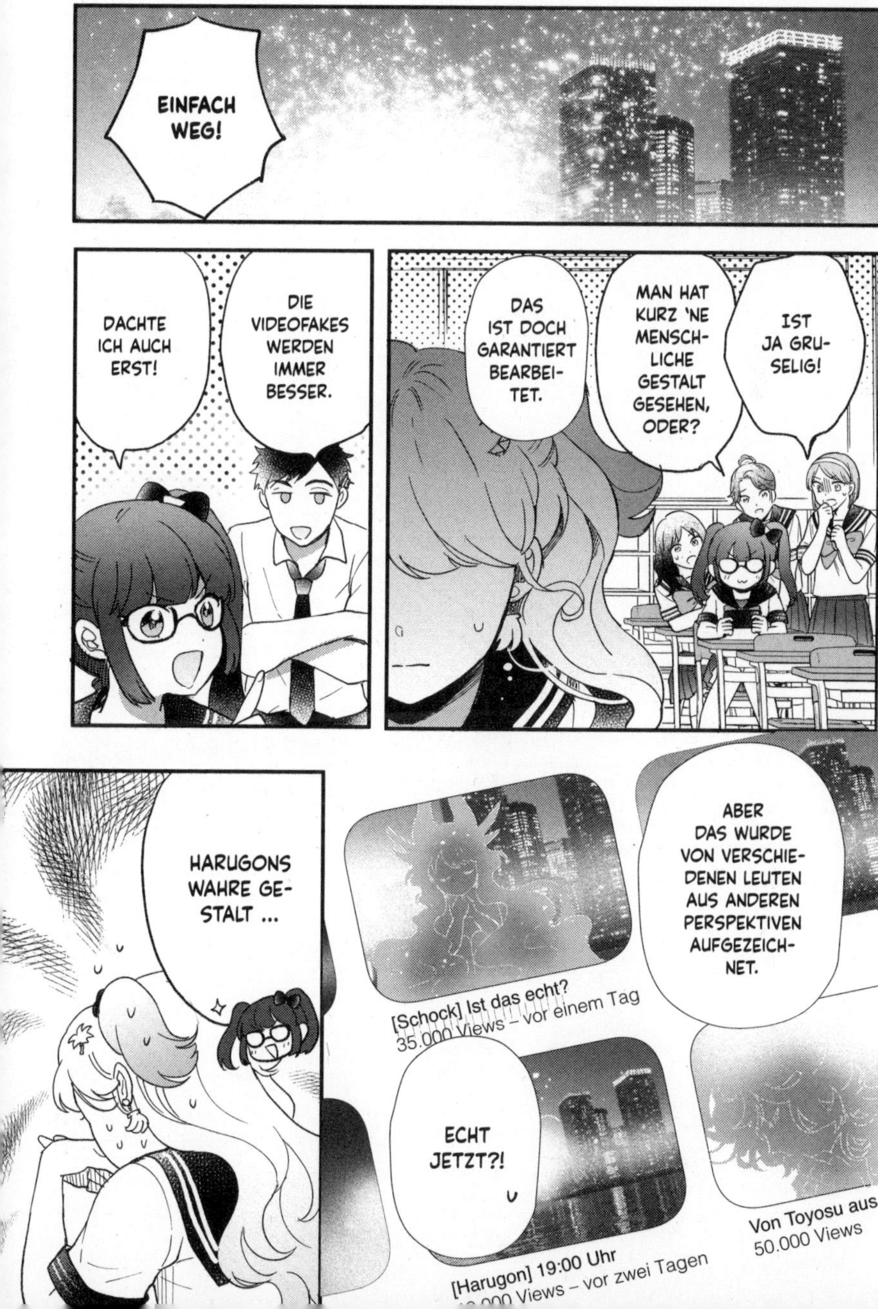
EINFACH WEG!
IST JA GRUSELIG!
MAN HAT KURZ 'NE MENSCHLICHE GESTALT GESEHEN, ODER?
DAS IST DOCH GARANTIERT BEARBEITET.
DIE VIDEOFAKES WERDEN IMMER BESSER.
DACHTE ICH AUCH ERST!
ABER DAS WURDE VON VERSCHIEDENEN LEUTEN AUS ANDEREN PERSPEKTIVEN AUFGEZEICHNET.
[Schock] Ist das echt?
35.000 Views – vor einem Tag
Von Toyosu aus
50.000 Views
ECHT JETZT?!
[Harugon] 19:00 Uhr
Views – vor zwei Tagen
HARUGONS WAHRE GESTALT ...

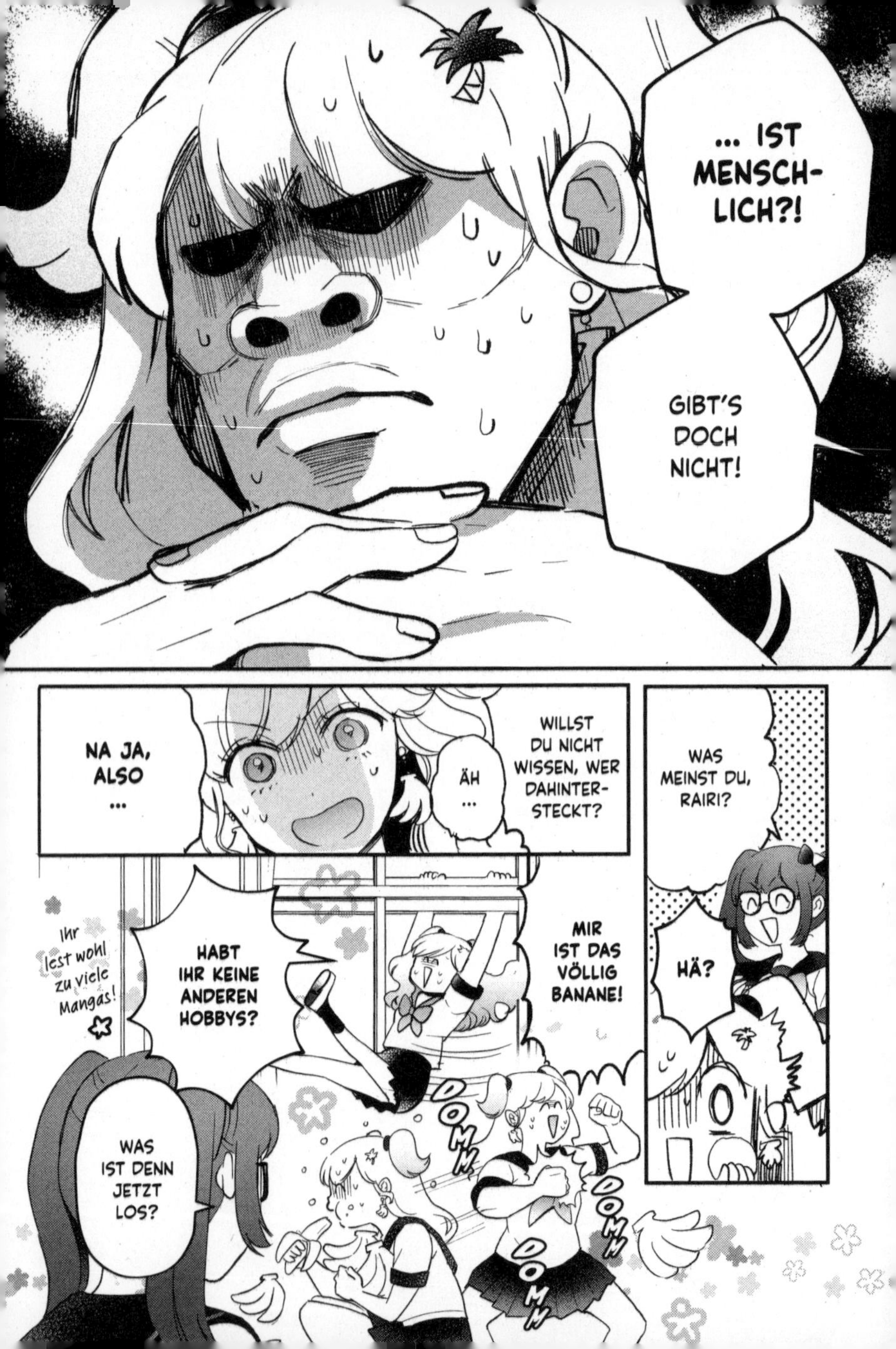
... IST MENSCH-LICH?!
GIBT'S DOCH NICHT!
WAS MEINST DU, RAIRI?
HÄ?
WILLST DU NICHT WISSEN, WER DAHINTER-STECKT?
ÄH ...
NA JA, ALSO ...
MIR IST DAS VÖLLIG BANANE!
HABT IHR KEINE ANDEREN HOBBYS?
Ihr lest wohl zu viele Mangas!
DOMM
DOMM
DOMM
WAS IST DENN JETZT LOS?

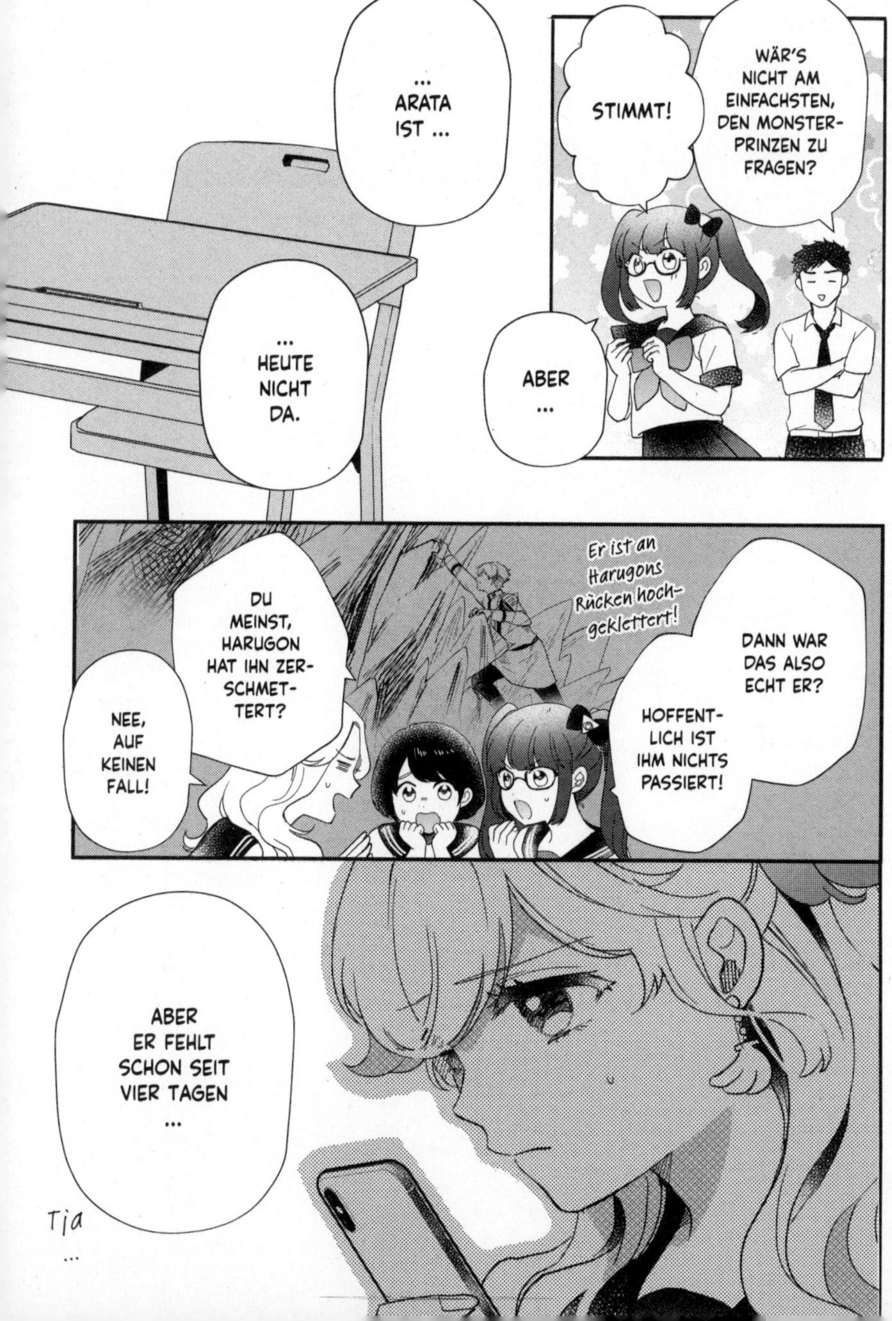
WÄR'S NICHT AM EINFACHSTEN, DEN MONSTER-PRINZEN ZU FRAGEN?
STIMMT!
ABER ...
... ARATA IST ...
... HEUTE NICHT DA.
DANN WAR DAS ALSO ECHT ER?
Er ist an Harugons Rücken hoch-geklettert!
HOFFENT-LICH IST IHM NICHTS PASSIERT!
DU MEINST, HARUGON HAT IHN ZER-SCHMET-TERT?
NEE, AUF KEINEN FALL!
ABER ER FEHLT SCHON SEIT VIER TAGEN ...
Tja ...

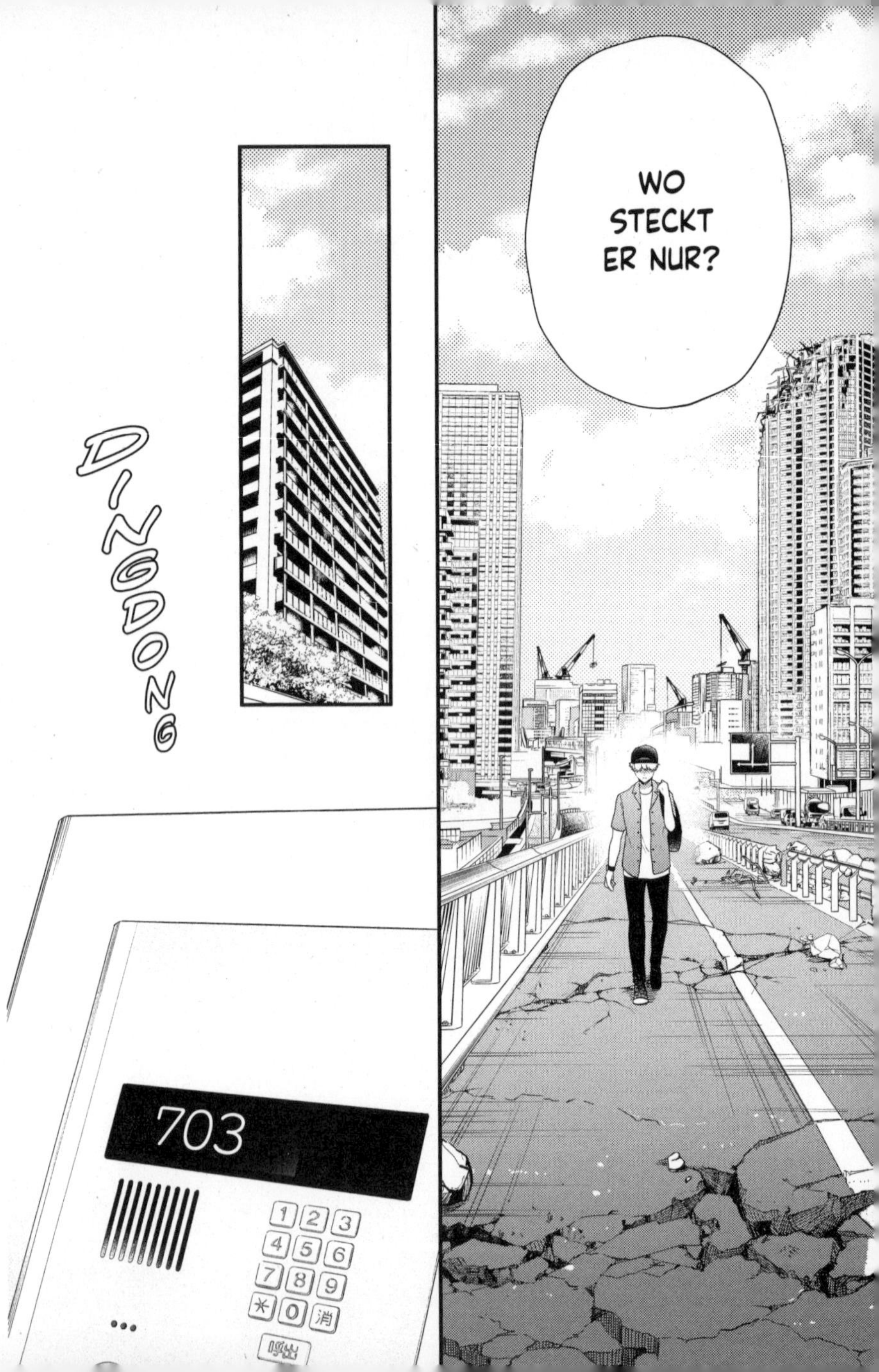
WO STECKT ER NUR?
DINGDONG
703

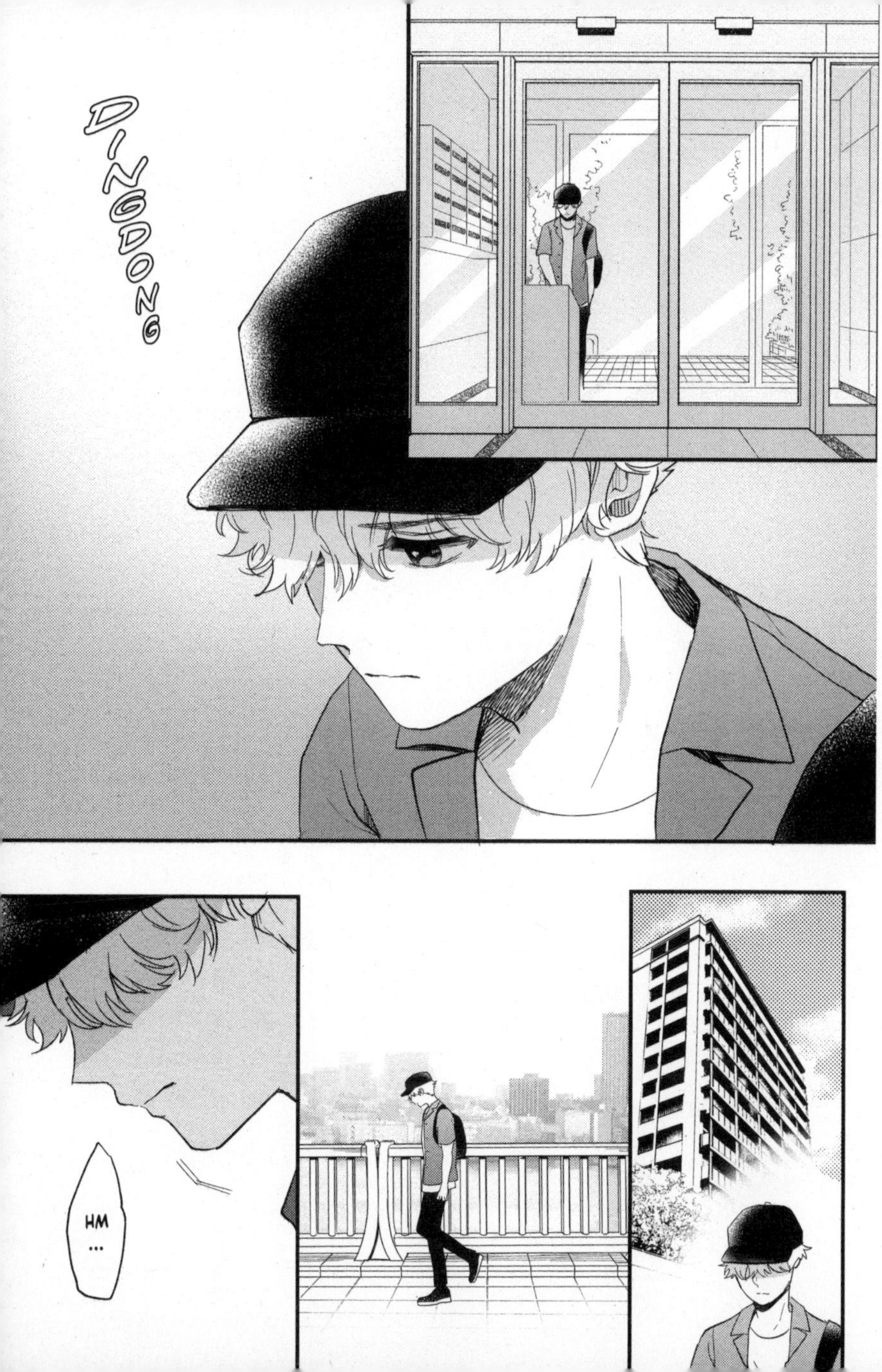
DINGDONG
HM ...

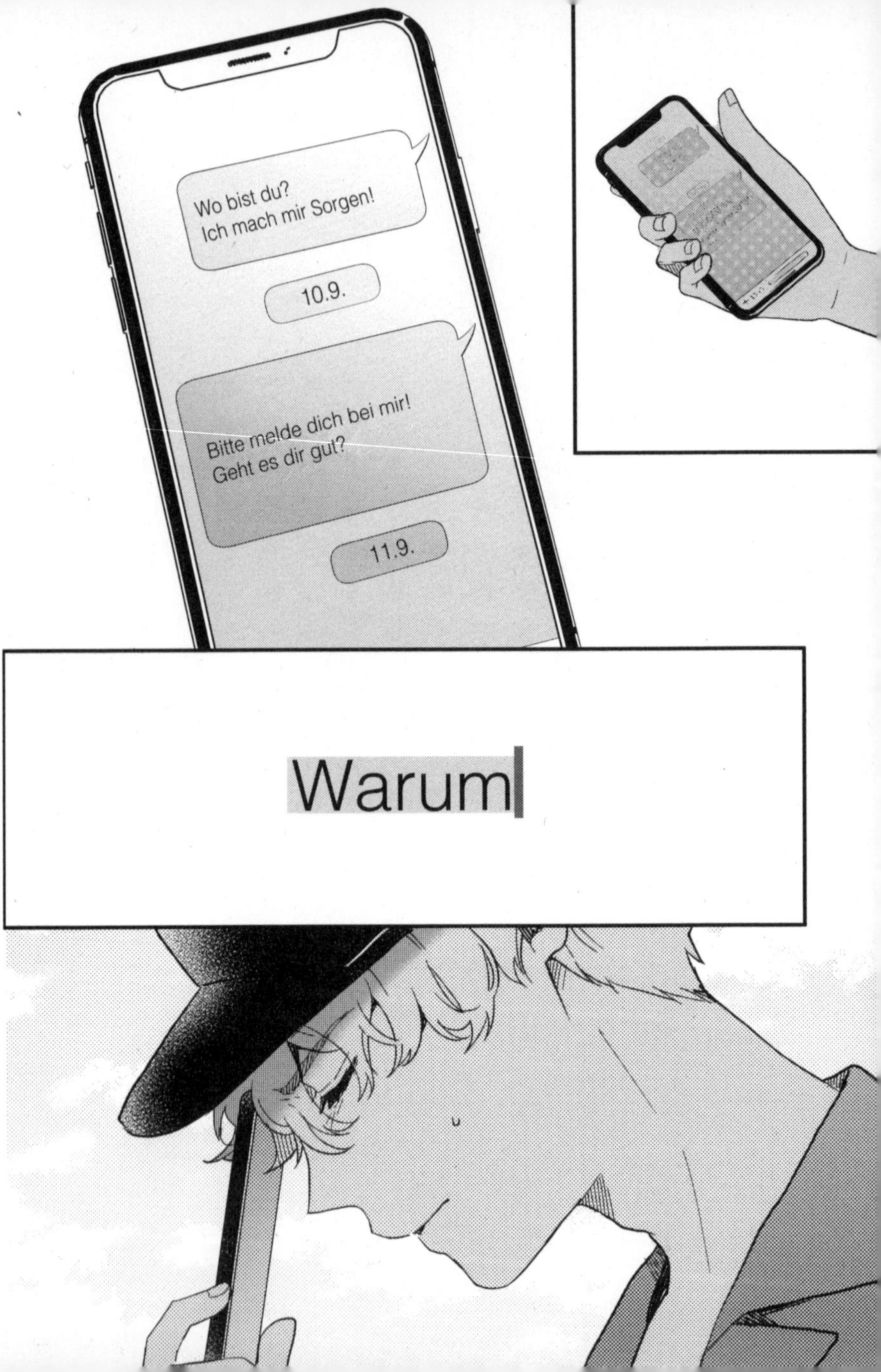

Wo bist du?
Ich mach mir Sorgen!
10.9.
Bitte melde dich bei mir!
Geht es dir gut?
11.9.
Warum

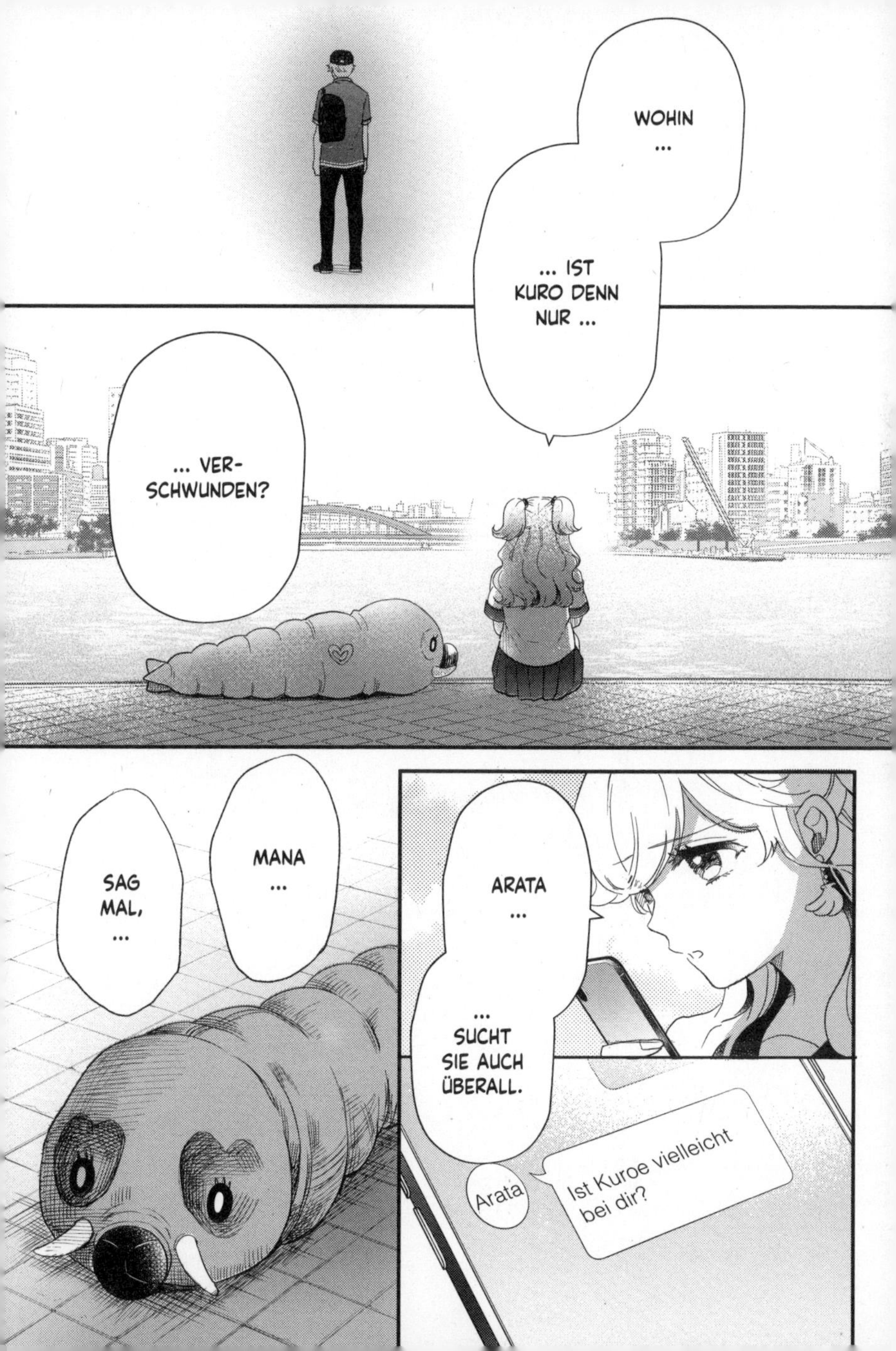
WOHIN ...
... IST KURO DENN NUR ...
... VER-SCHWUNDEN?
MANA ...
SAG MAL, ...
ARATA ...
... SUCHT SIE AUCH ÜBERALL.
Arata
Ist Kuroe vielleicht bei dir?

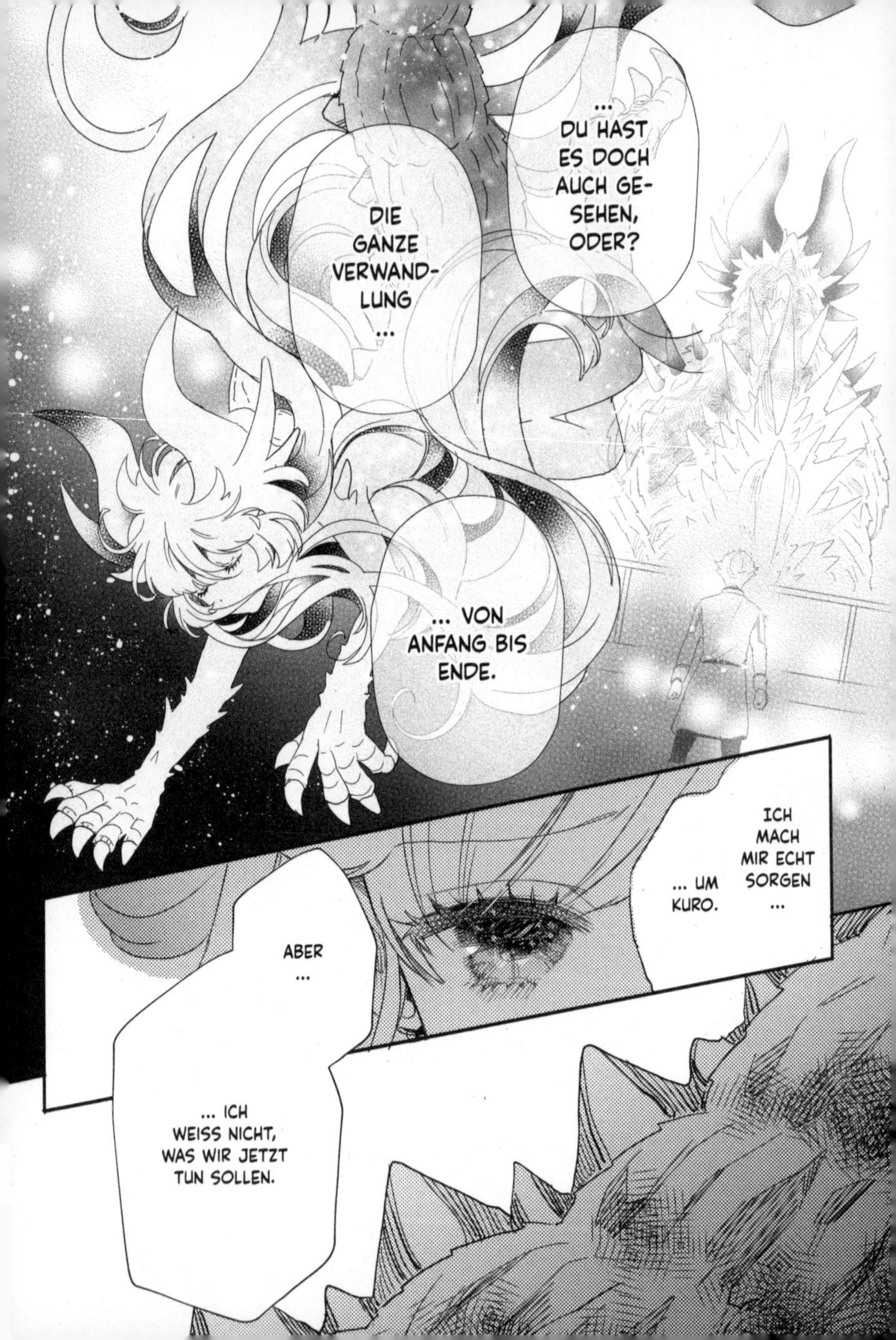
... DU HAST ES DOCH AUCH GESEHEN, ODER?
DIE GANZE VERWANDLUNG ...
... VON ANFANG BIS ENDE.
ICH MACH MIR ECHT SORGEN ...
... UM KURO.
ABER ...
... ICH WEISS NICHT, WAS WIR JETZT TUN SOLLEN.

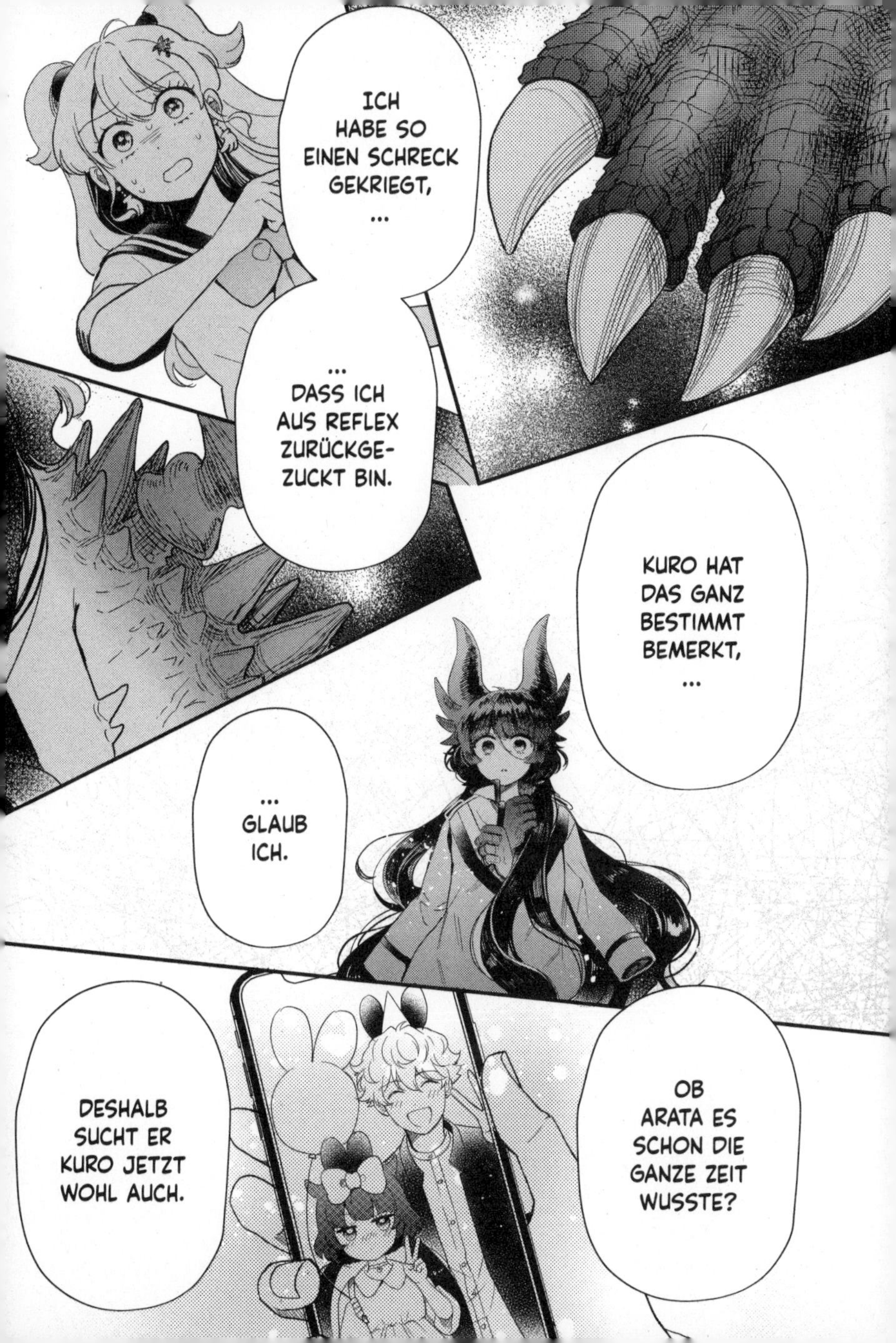
ICH HABE SO EINEN SCHRECK GEKRIEGT, ...
... DASS ICH AUS REFLEX ZURÜCKGE- ZUCKT BIN.
KURO HAT DAS GANZ BESTIMMT BEMERKT, ...
... GLAUB ICH.
OB ARATA ES SCHON DIE GANZE ZEIT WUSSTE?
DESHALB SUCHT ER KURO JETZT WOHL AUCH.

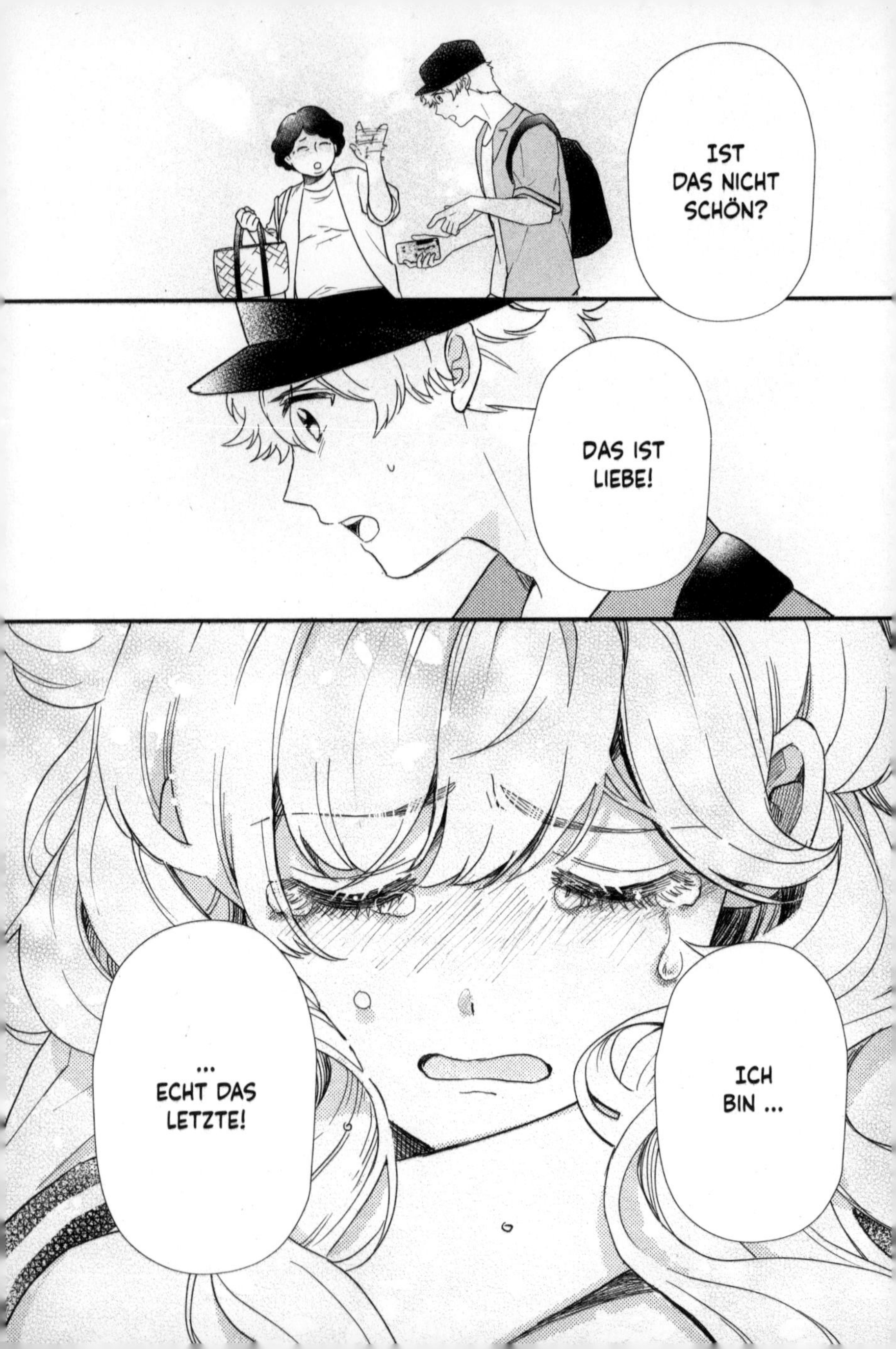
IST DAS NICHT SCHÖN?
DAS IST LIEBE!
ICH BIN ...
... ECHT DAS LETZTE!

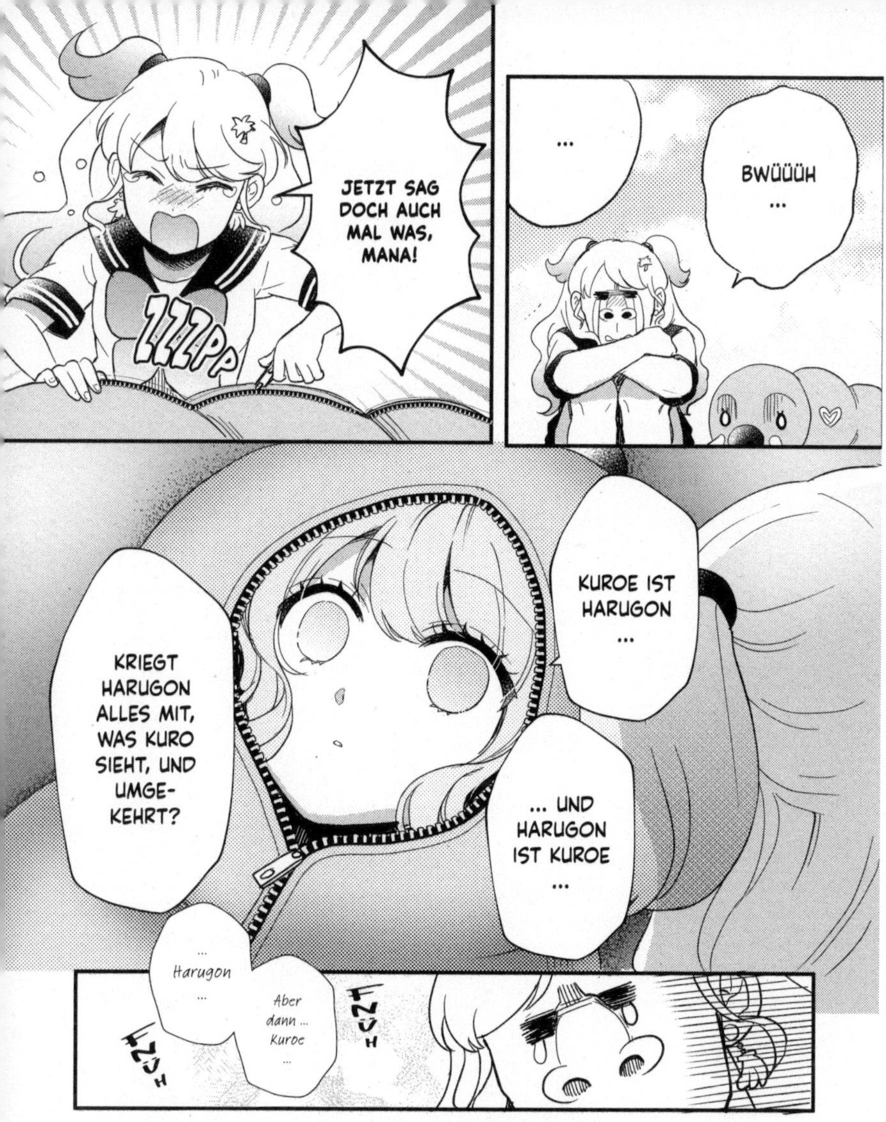
BWÜÜÜH ...
...
JETZT SAG DOCH AUCH MAL WAS, MANA!
ZZZPP
KUROE IST HARUGON ...
... UND HARUGON IST KUROE ...
KRIEGT HARUGON ALLES MIT, WAS KURO SIEHT, UND UMGE-KEHRT?
... Harugon ...
Aber dann ... Kuroe ...
FNÜH
FNÜH
ZZZPp

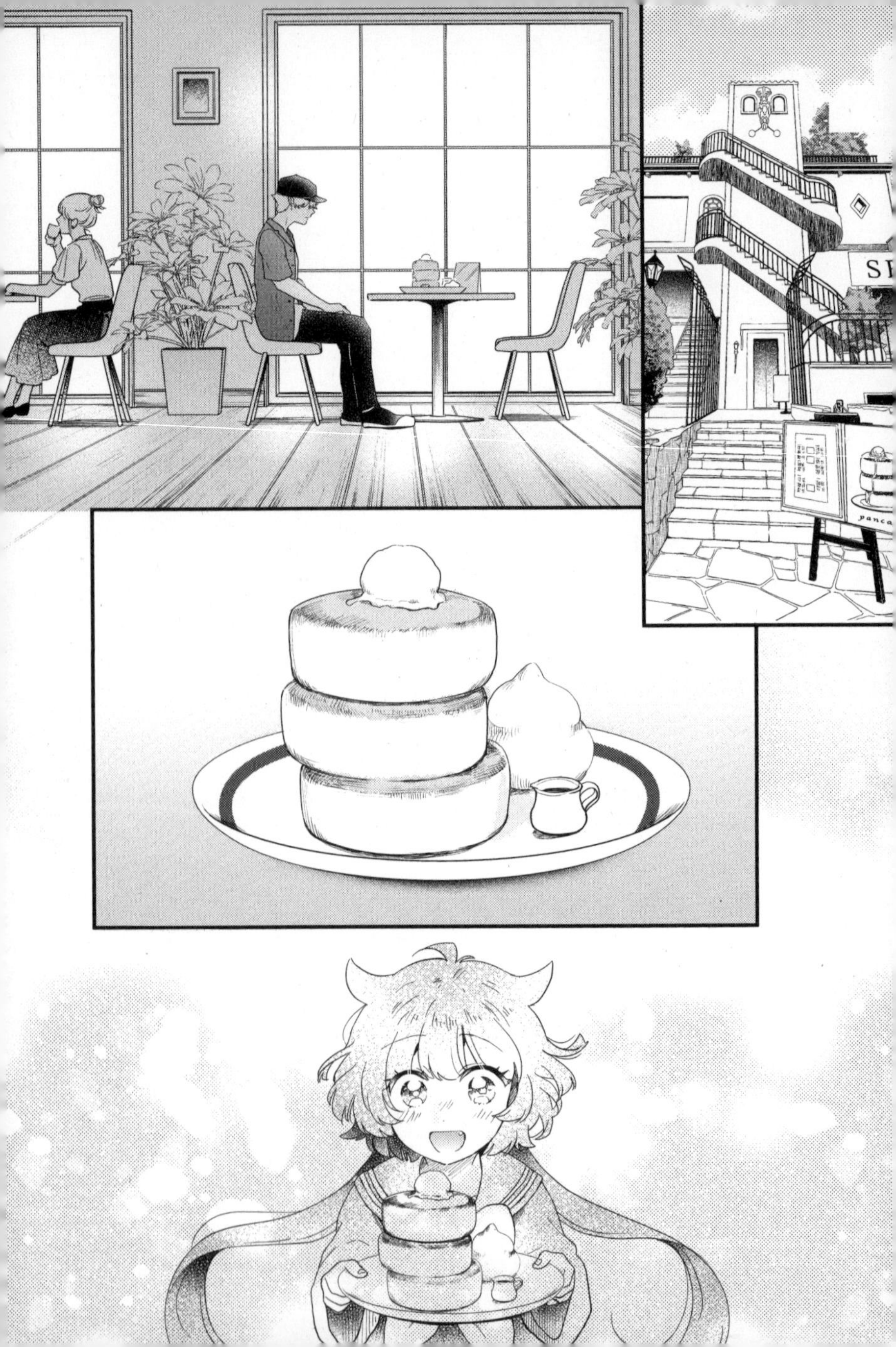

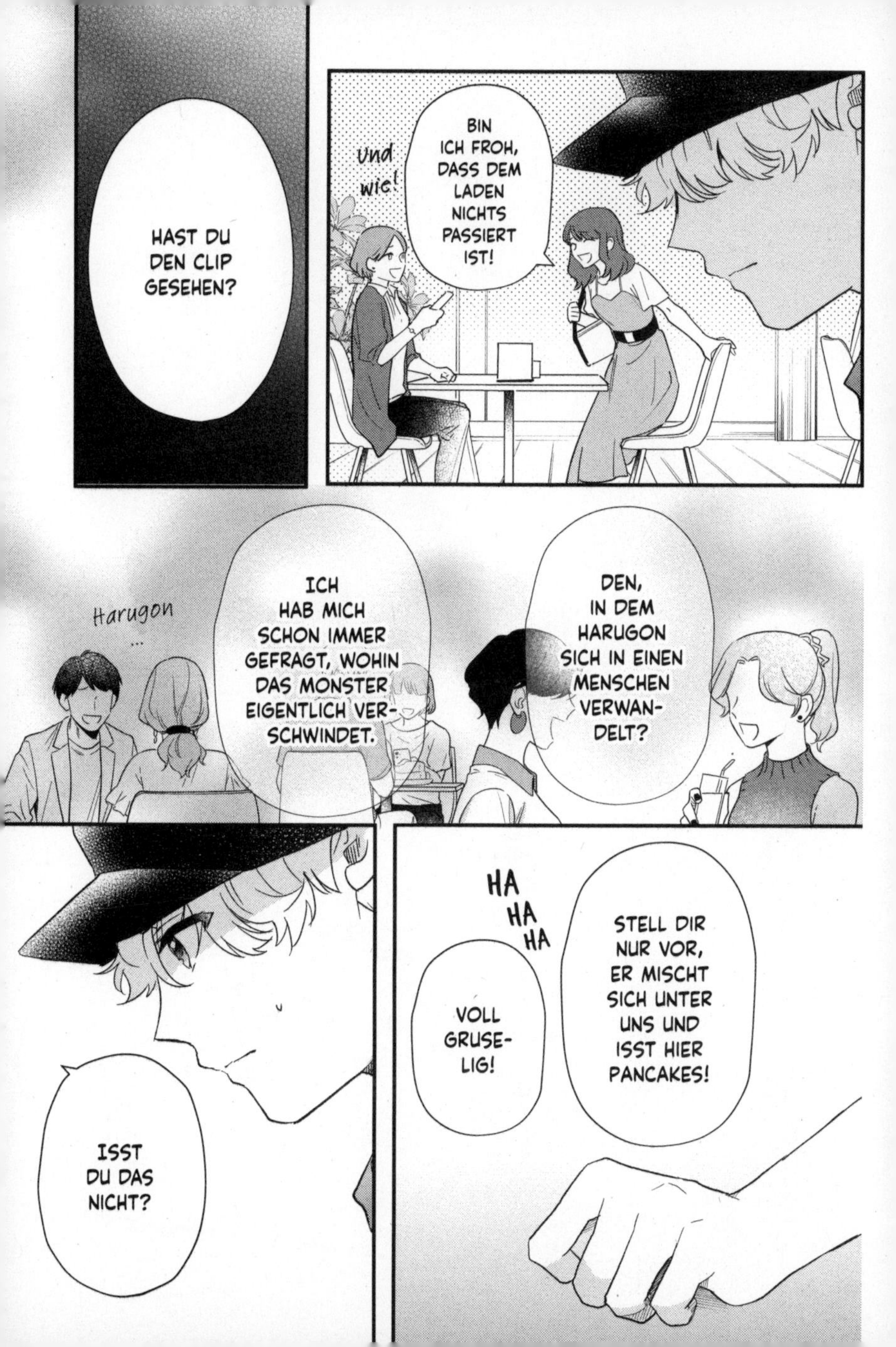
BIN ICH FROH, DASS DEM LADEN NICHTS PASSIERT IST!
Und wie!
HAST DU DEN CLIP GESEHEN?
DEN, IN DEM HARUGON SICH IN EINEN MENSCHEN VERWANDELT?
ICH HAB MICH SCHON IMMER GEFRAGT, WOHIN DAS MONSTER EIGENTLICH VERSCHWINDET.
Harugon …
STELL DIR NUR VOR, ER MISCHT SICH UNTER UNS UND ISST HIER PANCAKES!
HA HA HA
VOLL GRUSELIG!
ISST DU DAS NICHT?

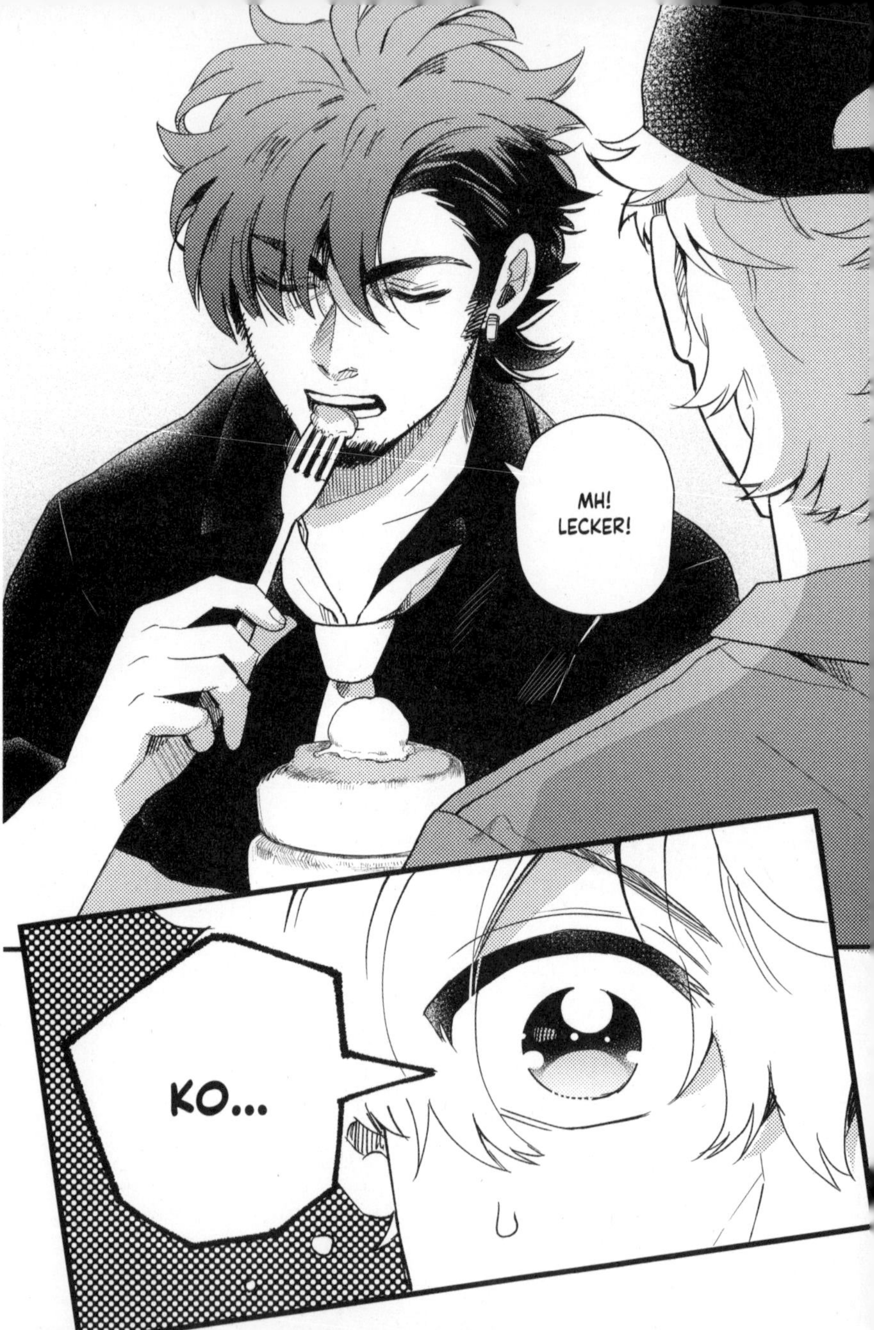
MH! LECKER!
KO...

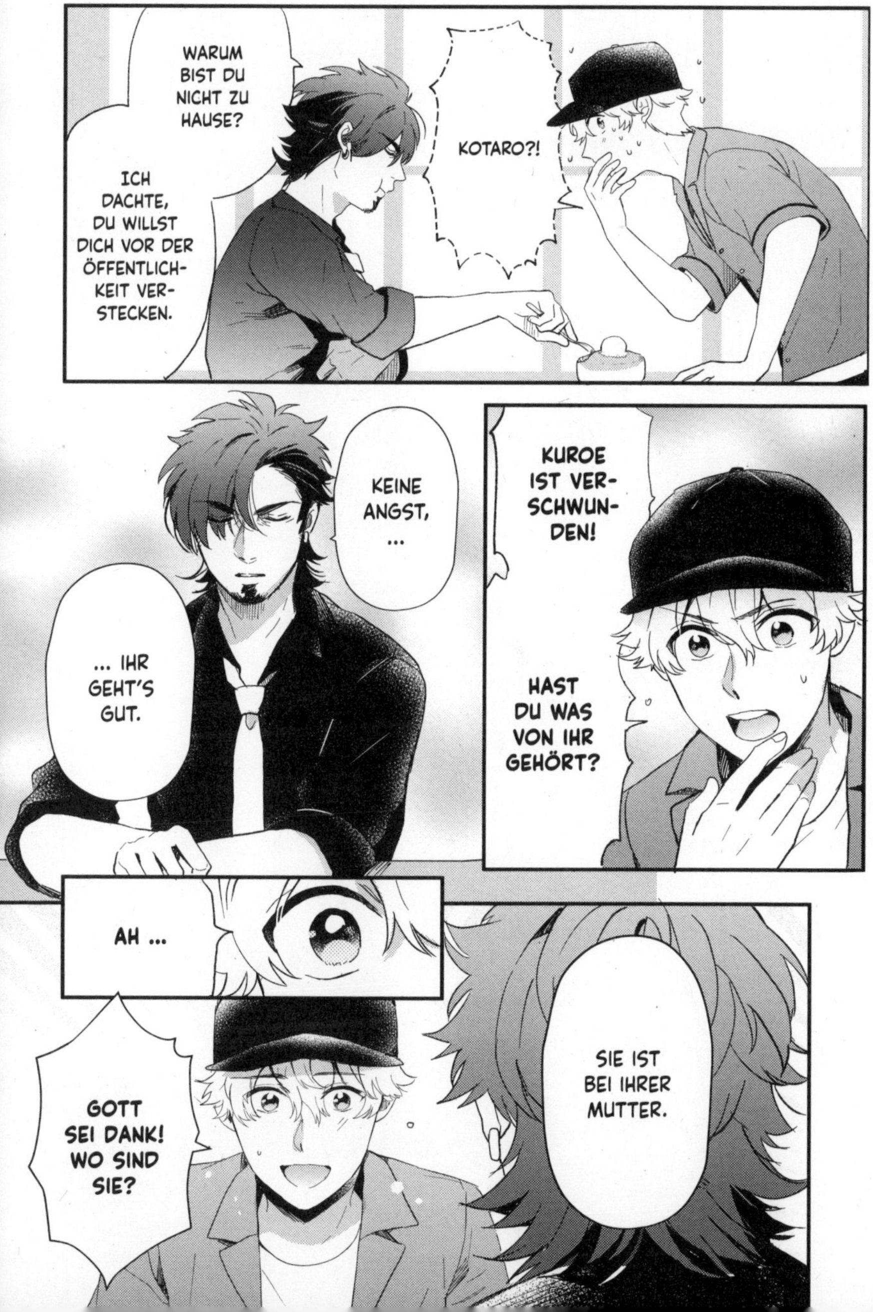
KOTARO?!
WARUM BIST DU NICHT ZU HAUSE?
ICH DACHTE, DU WILLST DICH VOR DER ÖFFENTLICHKEIT VERSTECKEN.
KUROE IST VERSCHWUNDEN!
HAST DU WAS VON IHR GEHÖRT?
KEINE ANGST, ...
... IHR GEHT'S GUT.
AH ...
SIE IST BEI IHRER MUTTER.
GOTT SEI DANK! WO SIND SIE?

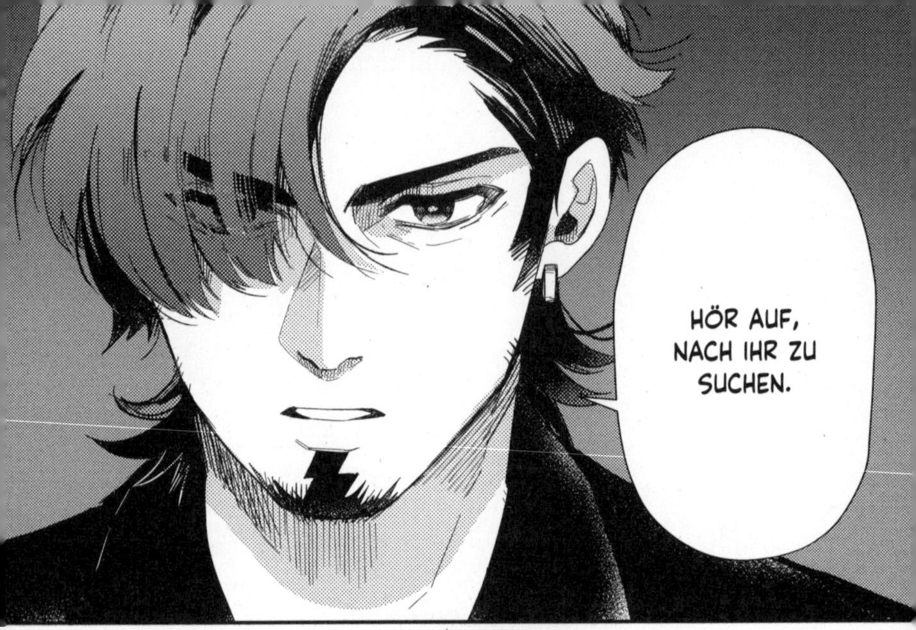
HÖR AUF, NACH IHR ZU SUCHEN.

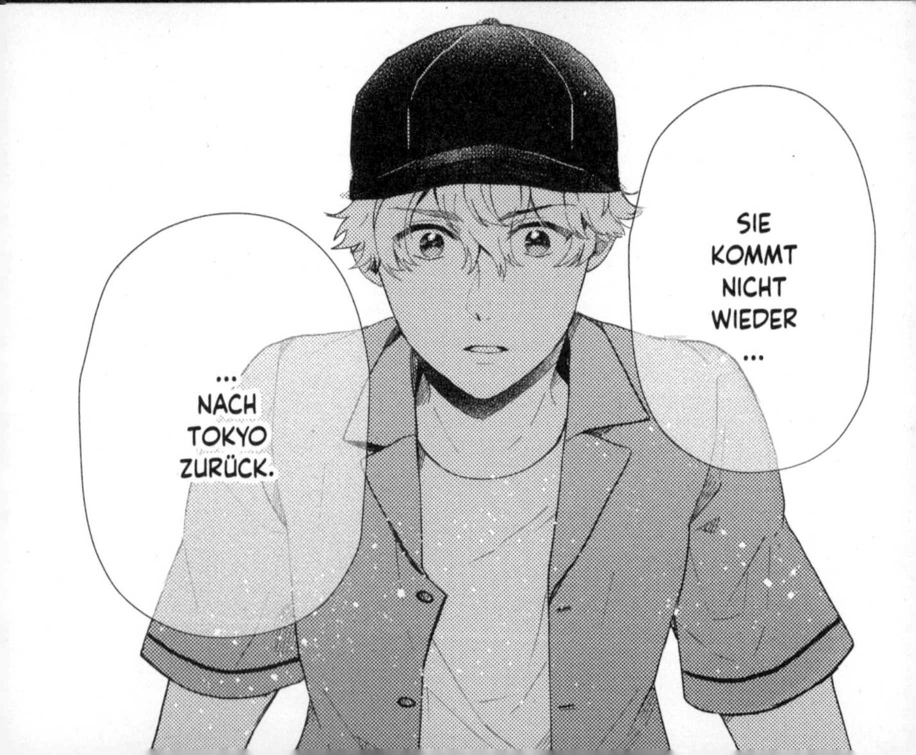
SIE KOMMT NICHT WIEDER ...
... NACH TOKYO ZURÜCK.

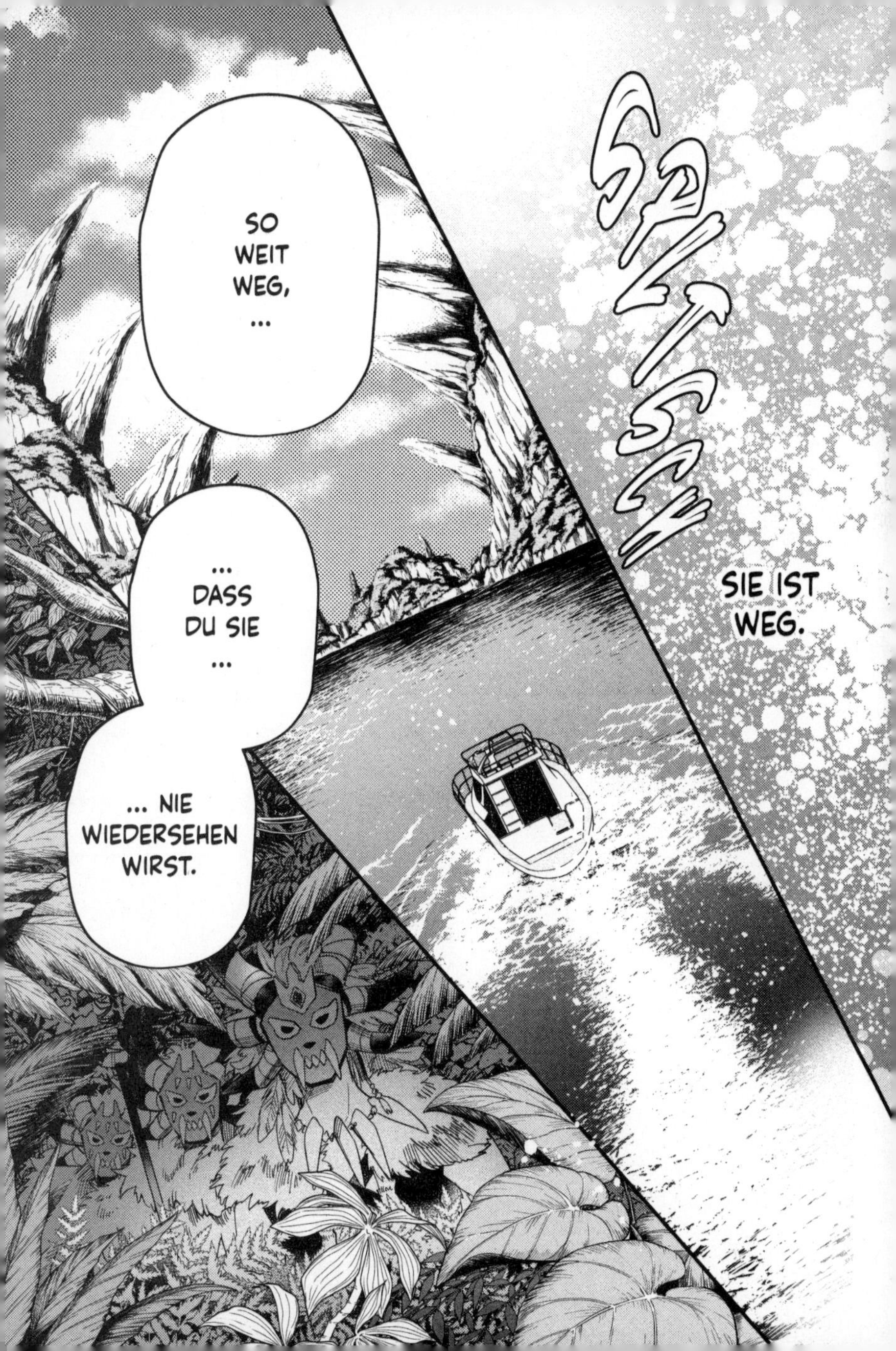
SPLITSCH
SIE IST WEG.
SO WEIT WEG, ...
... DASS DU SIE ...
... NIE WIEDERSEHEN WIRST.

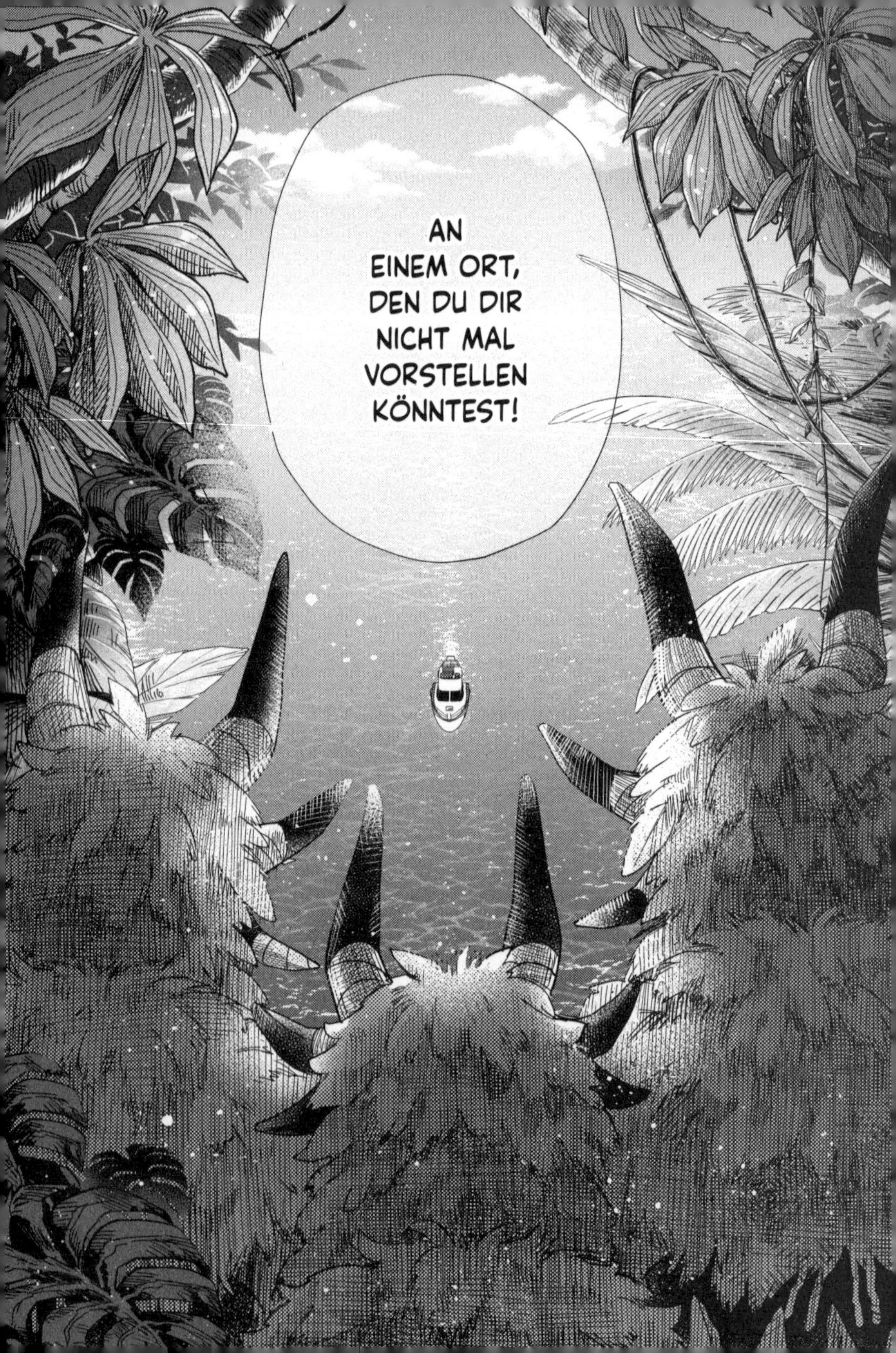
AN EINEM ORT, DEN DU DIR NICHT MAL VORSTELLEN KÖNNTEST!

MONSTERMÄSSIG
VERKNALLT

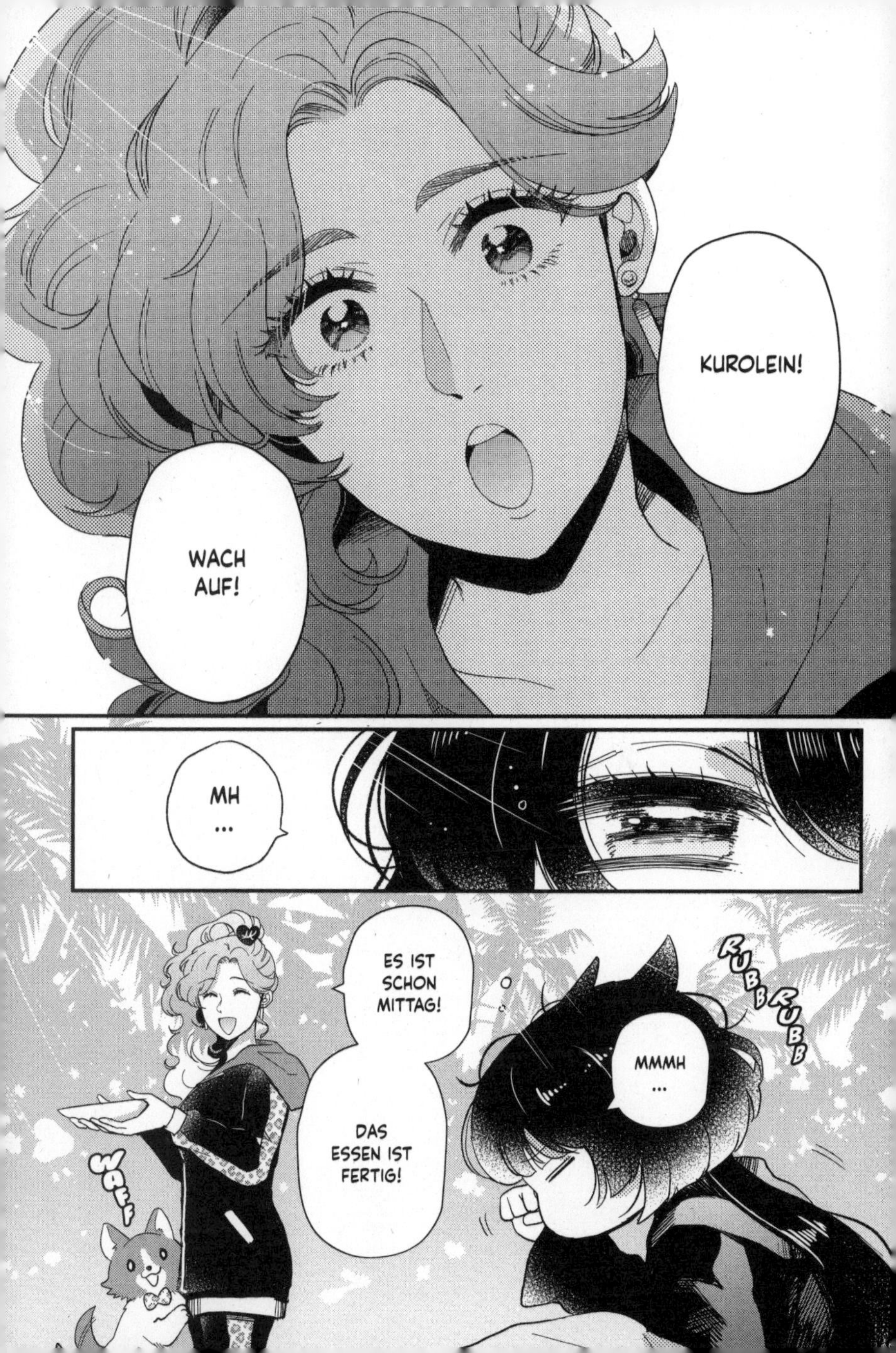
KUROLEIN!
WACH AUF!
MH ...
RUBB RUBB
MMMH ...
ES IST SCHON MITTAG!
DAS ESSEN IST FERTIG!
WAFF

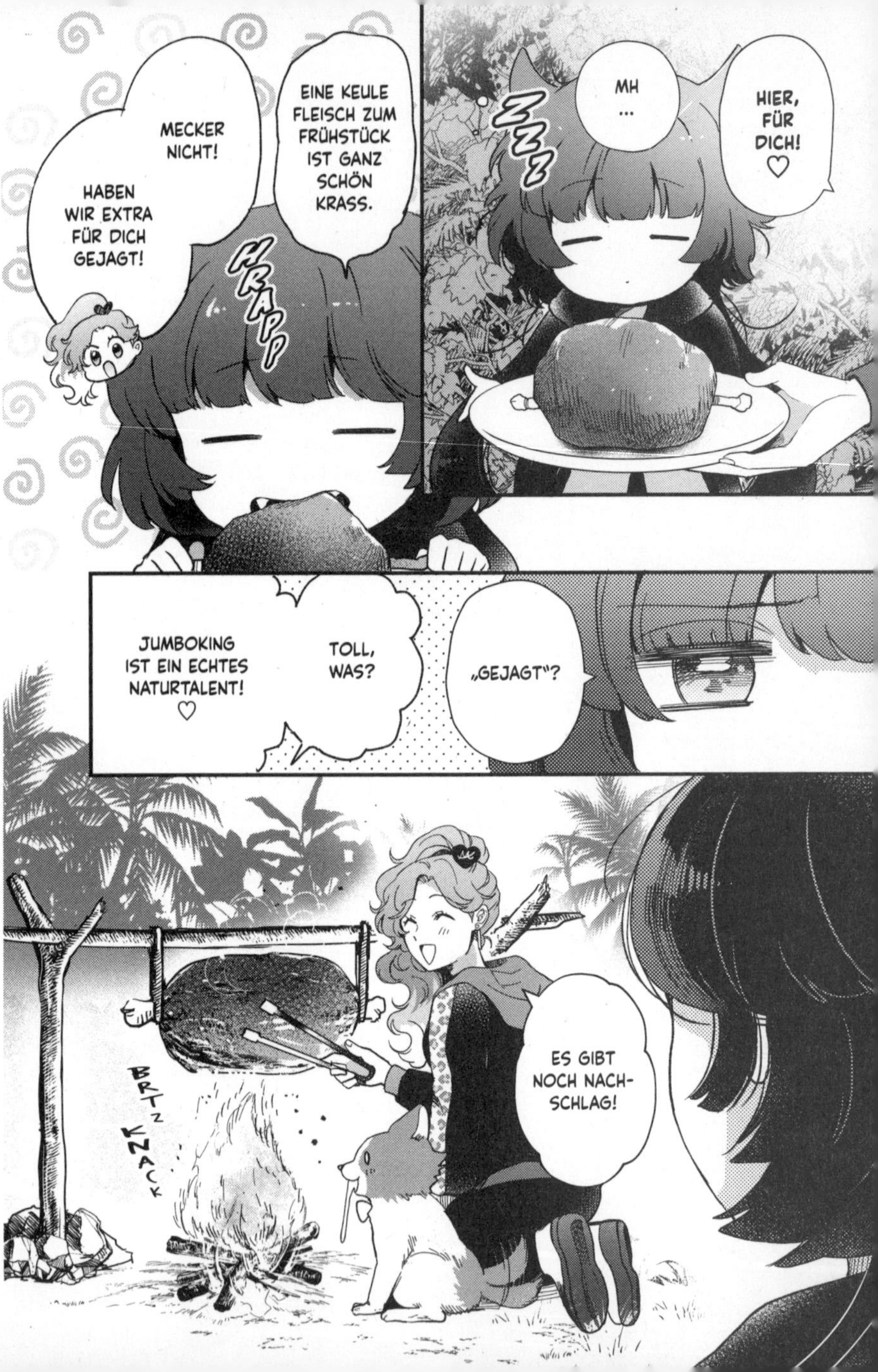
HIER, FÜR DICH! ♡
MH …
ZZZ
EINE KEULE FLEISCH ZUM FRÜHSTÜCK IST GANZ SCHÖN KRASS.
HRAPP
MECKER NICHT!
HABEN WIR EXTRA FÜR DICH GEJAGT!
„GEJAGT“?
TOLL, WAS?
JUMBOKING IST EIN ECHTES NATURTALENT! ♡
ES GIBT NOCH NACH-SCHLAG!
BRTZ
KNACK

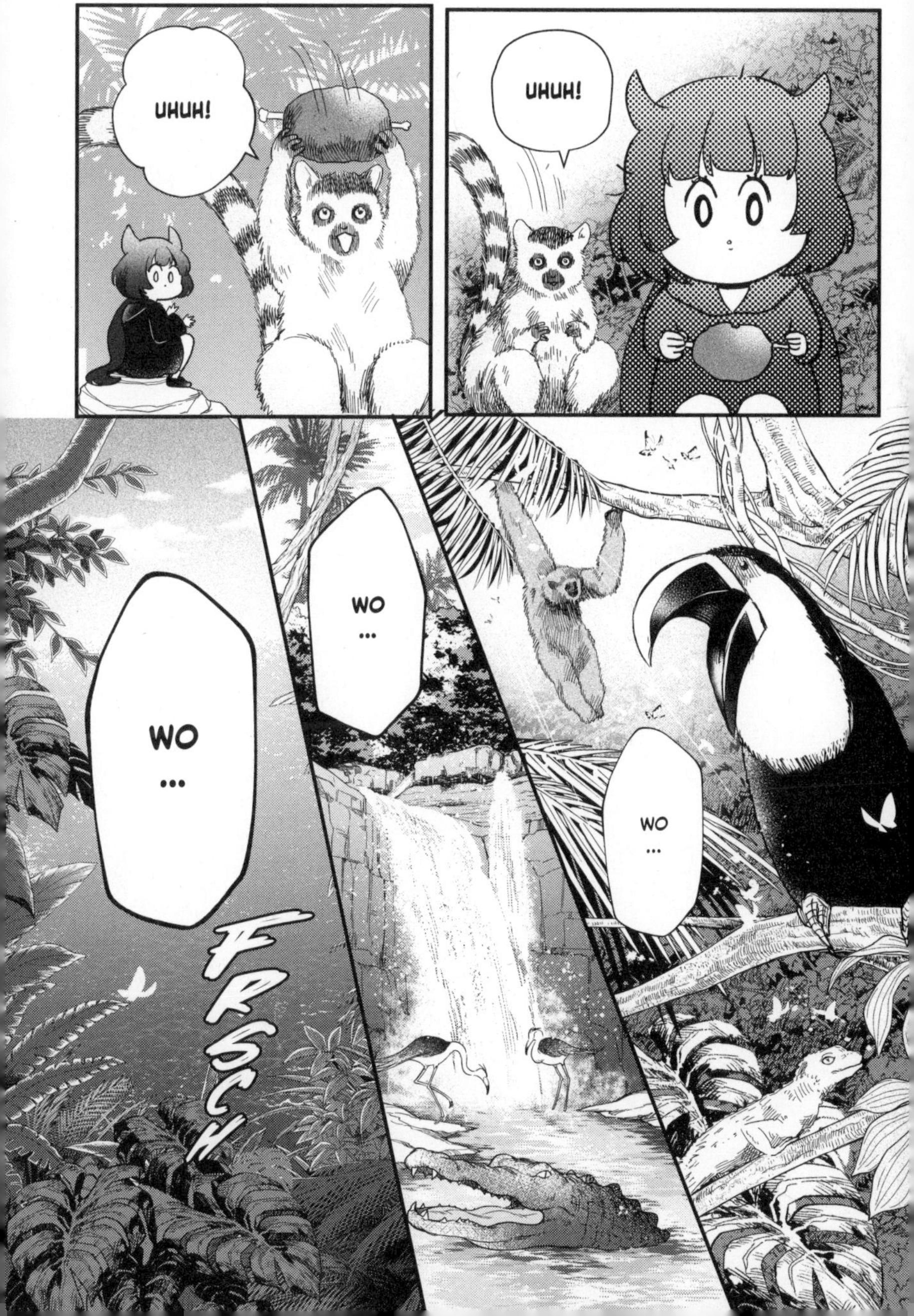
UHUH!
UHUH!
WO ...
WO ...
WO ...
FRSCH

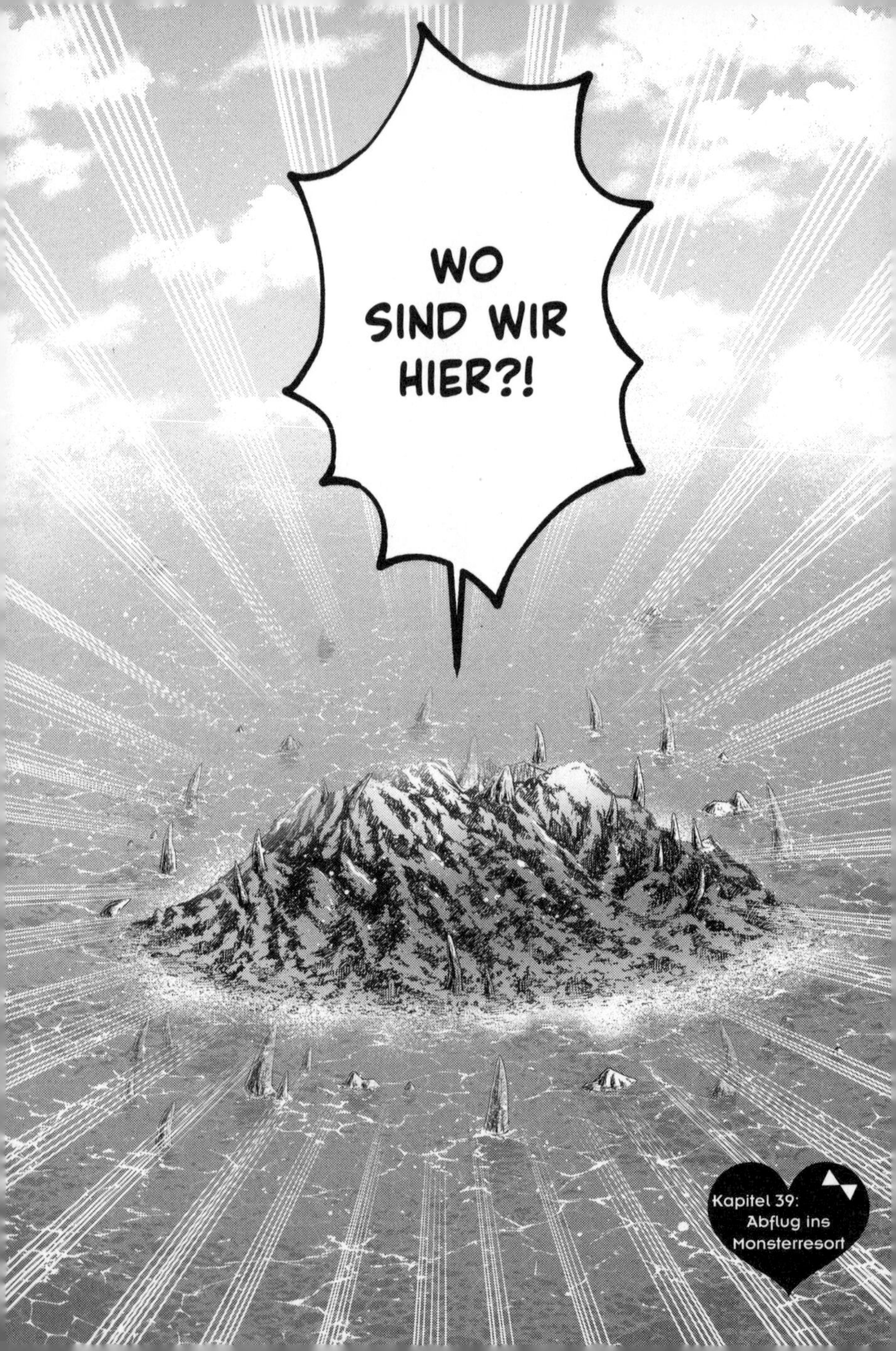
WO SIND WIR HIER?!
Kapitel 39: Abflug ins Monsterresort

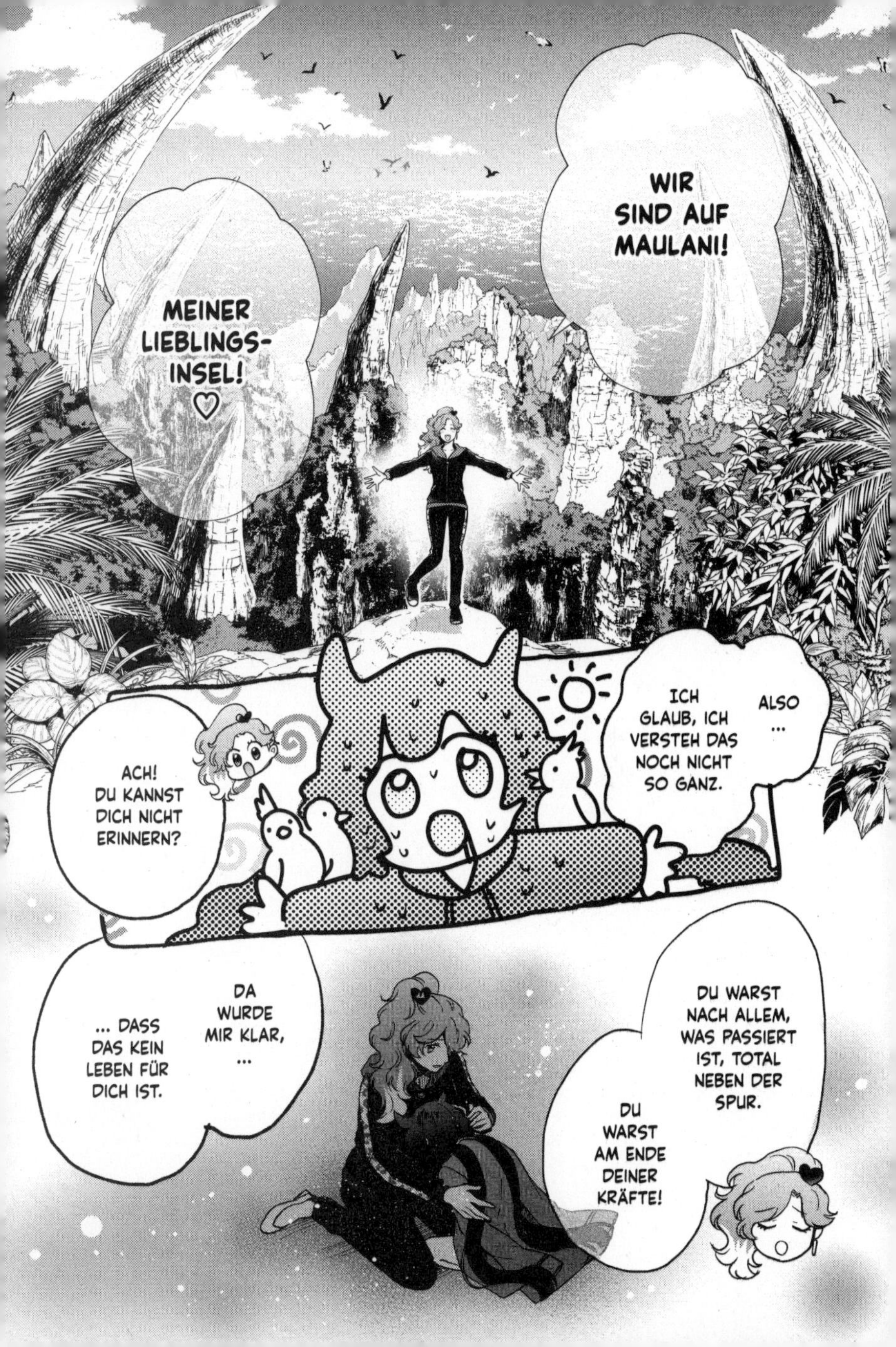
WIR SIND AUF MAULANI!
MEINER LIEBLINGS-INSEL! ♡
ALSO ...
ICH GLAUB, ICH VERSTEH DAS NOCH NICHT SO GANZ.
ACH! DU KANNST DICH NICHT ERINNERN?
DU WARST NACH ALLEM, WAS PASSIERT IST, TOTAL NEBEN DER SPUR.
DU WARST AM ENDE DEINER KRÄFTE!
DA WURDE MIR KLAR, ...
... DASS DAS KEIN LEBEN FÜR DICH IST.

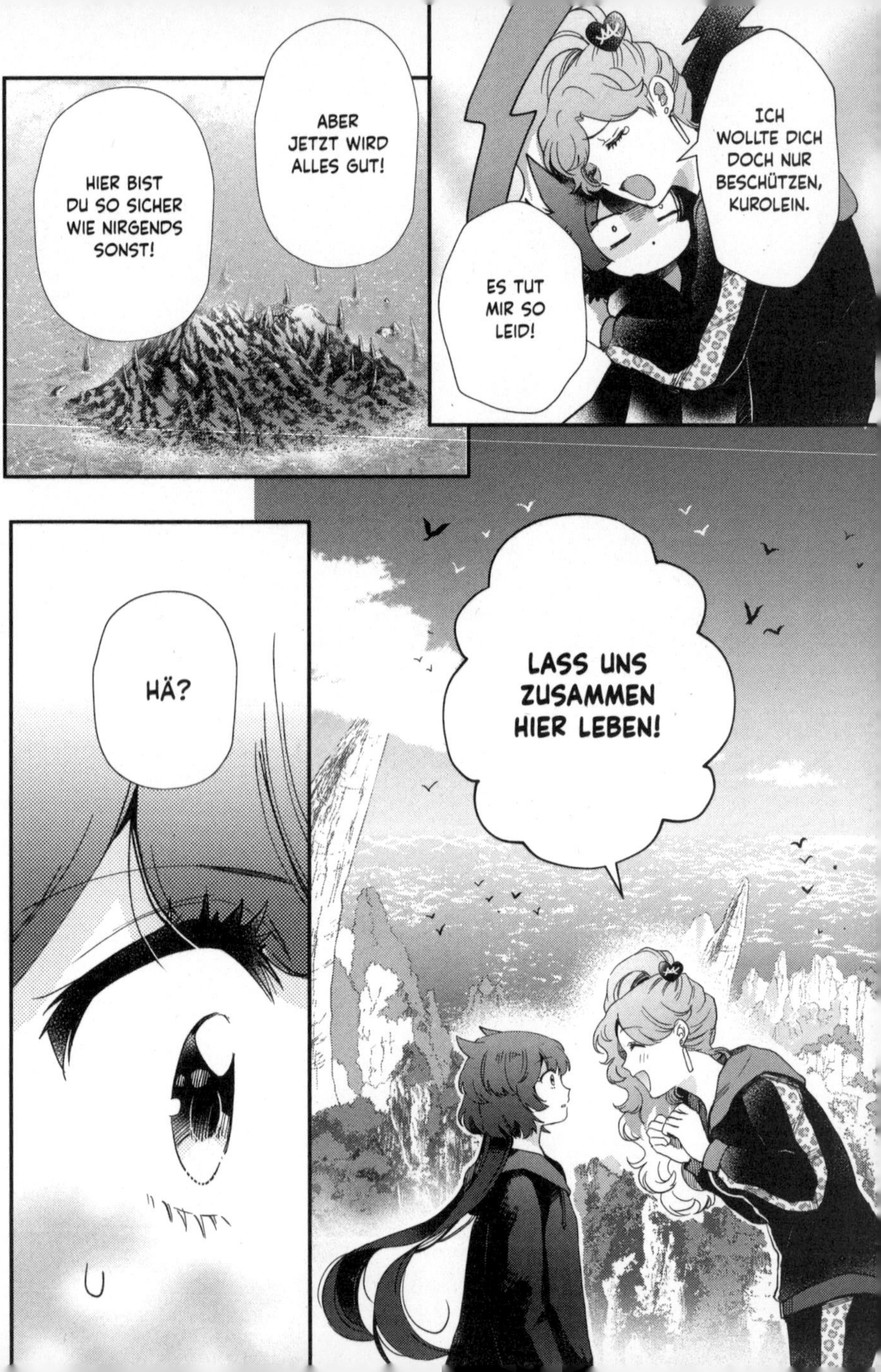
ICH WOLLTE DICH DOCH NUR BESCHÜTZEN, KUROLEIN.
ES TUT MIR SO LEID!
ABER JETZT WIRD ALLES GUT!
HIER BIST DU SO SICHER WIE NIRGENDS SONST!
LASS UNS ZUSAMMEN HIER LEBEN!
HÄ?

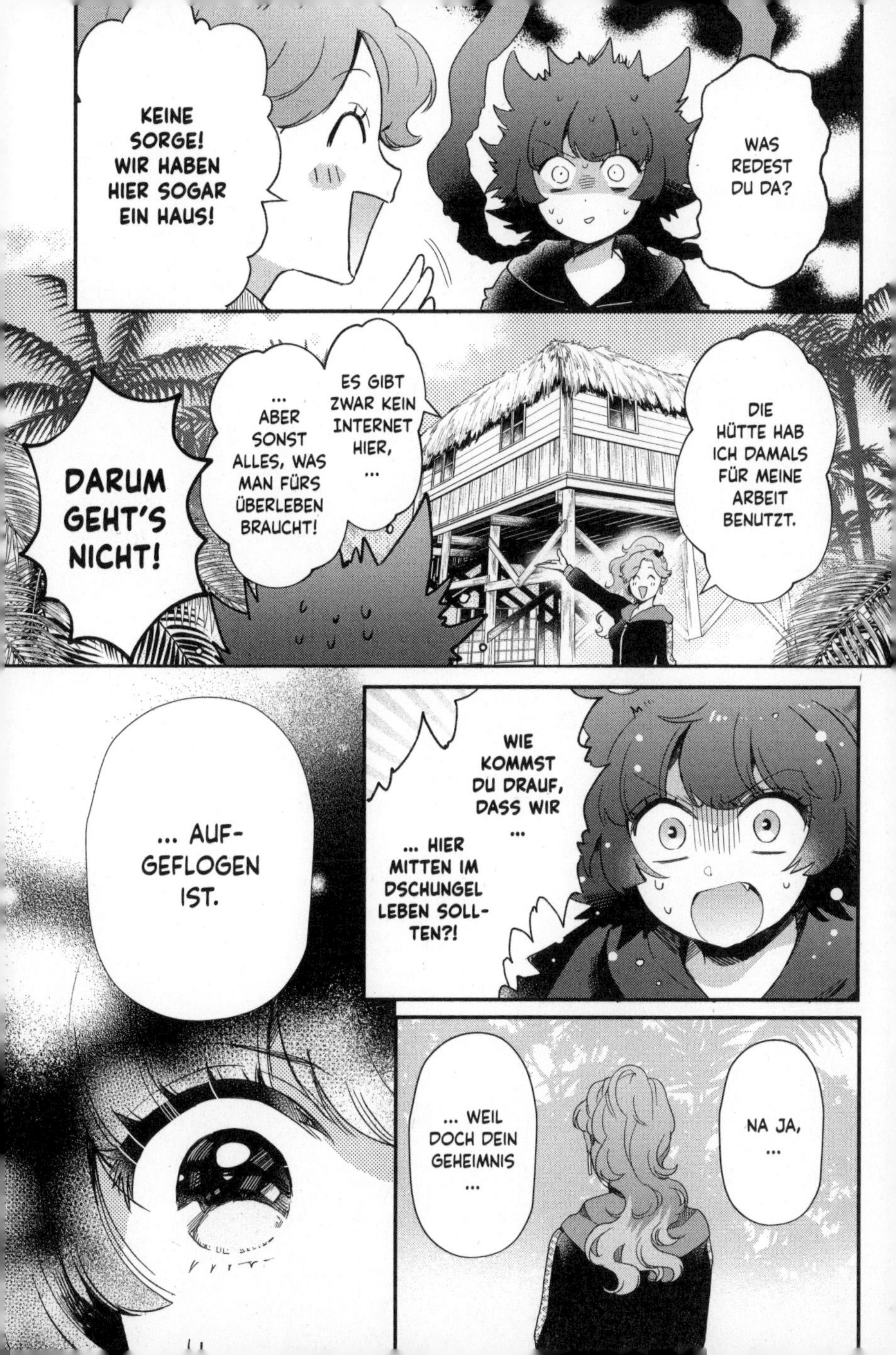
WAS REDEST DU DA?
KEINE SORGE! WIR HABEN HIER SOGAR EIN HAUS!
DIE HÜTTE HAB ICH DAMALS FÜR MEINE ARBEIT BENUTZT.
ES GIBT ZWAR KEIN INTERNET HIER, ...
... ABER SONST ALLES, WAS MAN FÜRS ÜBERLEBEN BRAUCHT!
DARUM GEHT'S NICHT!
WIE KOMMST DU DRAUF, DASS WIR ...
... HIER MITTEN IM DSCHUNGEL LEBEN SOLLTEN?!
NA JA, ...
... WEIL DOCH DEIN GEHEIMNIS ...
... AUFGEFLOGEN IST.

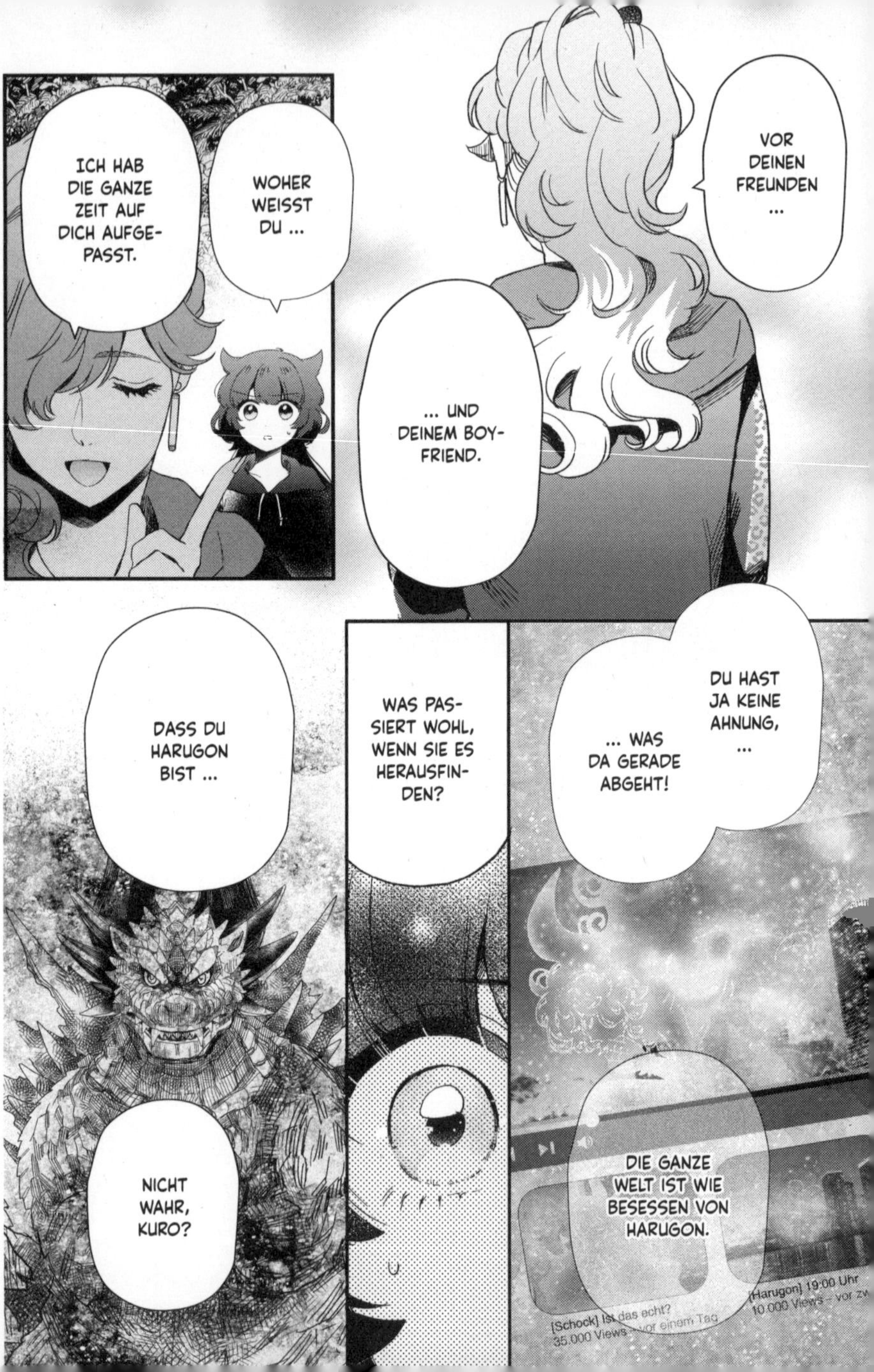
VOR DEINEN FREUNDEN ...
... UND DEINEM BOY-FRIEND.
WOHER WEISST DU ...
ICH HAB DIE GANZE ZEIT AUF DICH AUFGE-PASST.
DU HAST JA KEINE AHNUNG, ...
... WAS DA GERADE ABGEHT!
DIE GANZE WELT IST WIE BESESSEN VON HARUGON.
[Harugon] 19:00 Uhr
[Schock] Ist das echt?
35.000 Views – vor einem Tag
WAS PASSIERT WOHL, WENN SIE ES HERAUSFINDEN?
DASS DU HARUGON BIST ...
NICHT WAHR, KURO?

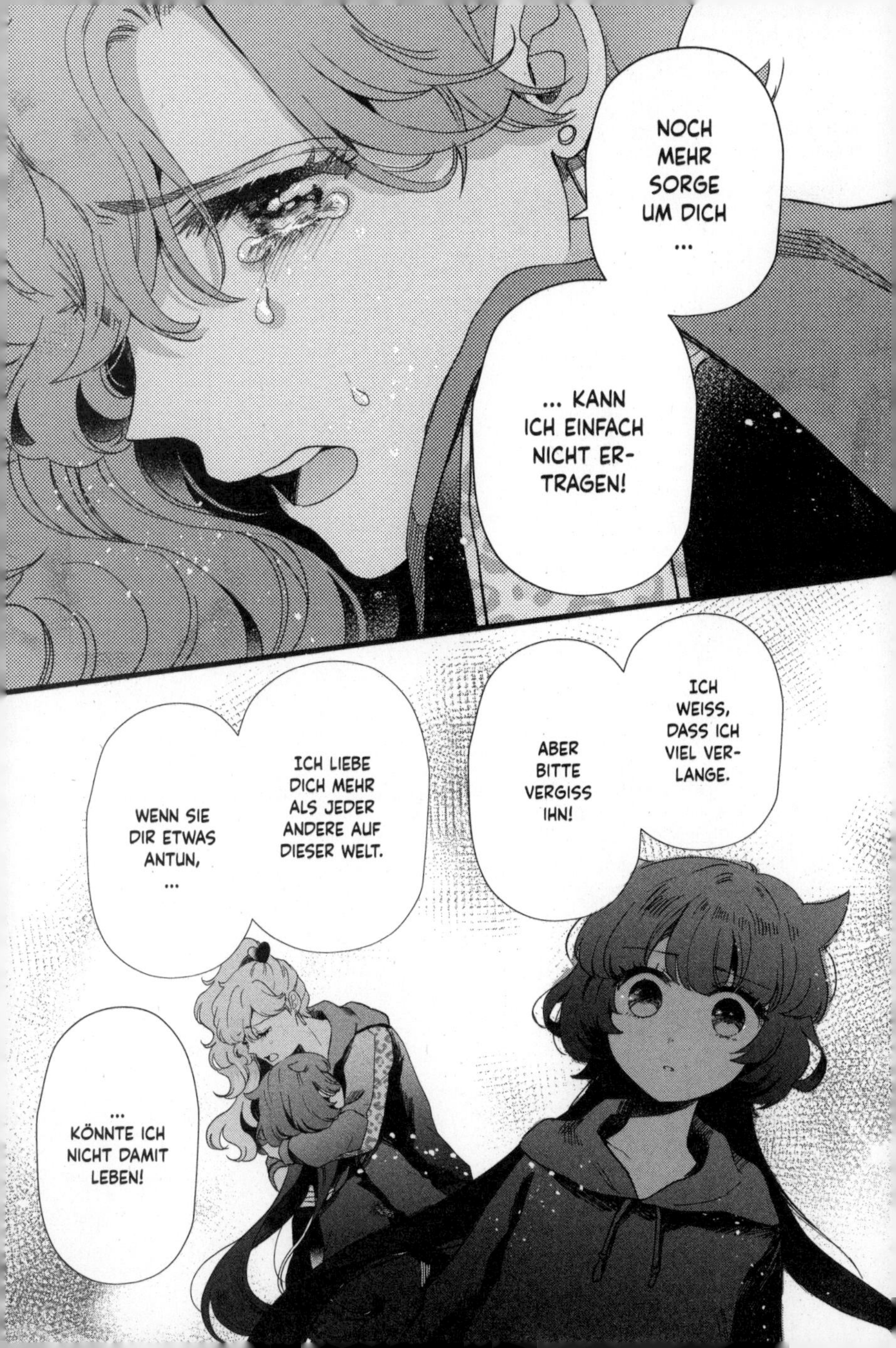
NOCH MEHR SORGE UM DICH ...
... KANN ICH EINFACH NICHT ER-TRAGEN!
ICH WEISS, DASS ICH VIEL VER-LANGE.
ABER BITTE VERGISS IHN!
ICH LIEBE DICH MEHR ALS JEDER ANDERE AUF DIESER WELT.
WENN SIE DIR ETWAS ANTUN, ...
... KÖNNTE ICH NICHT DAMIT LEBEN!

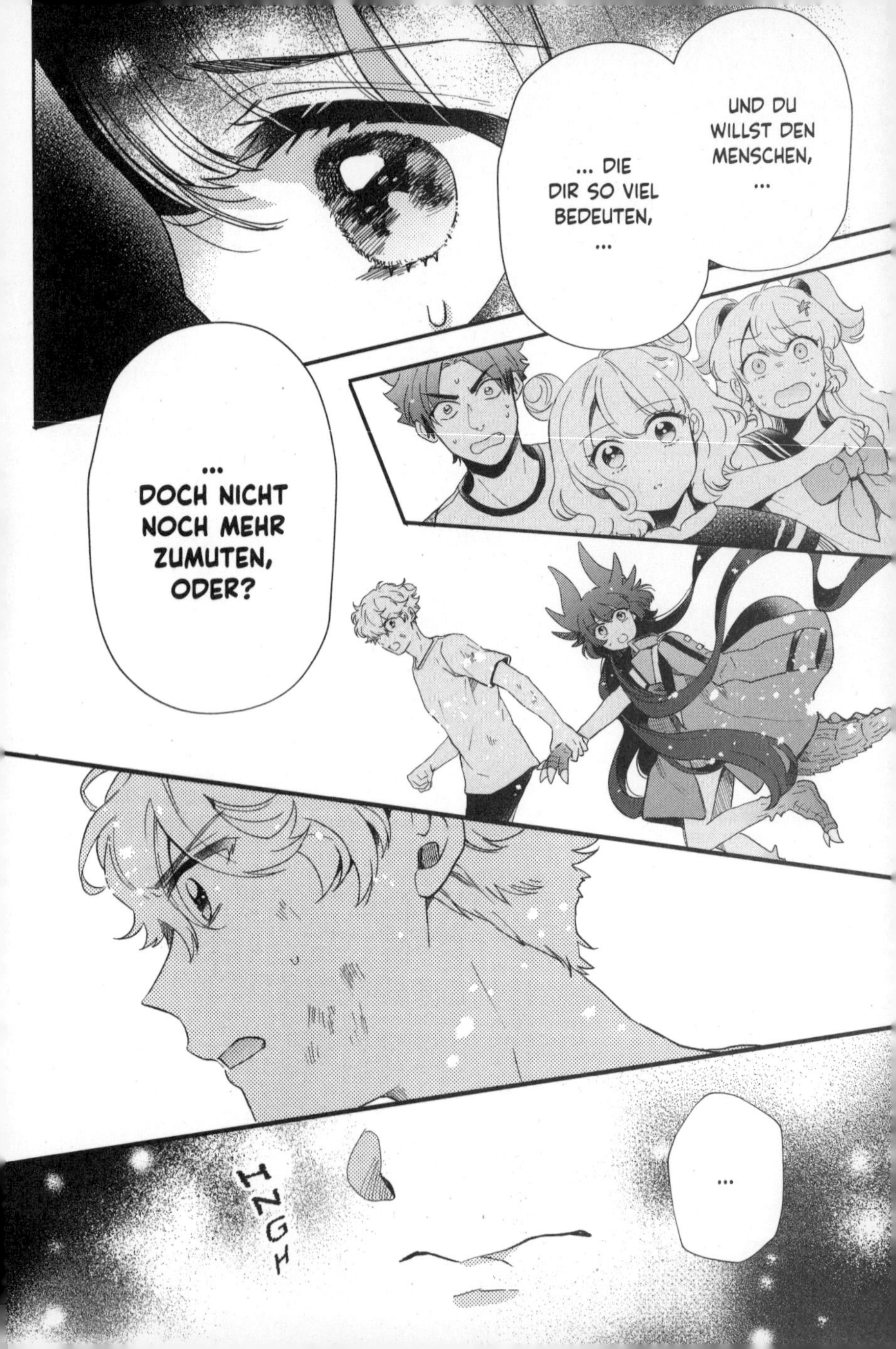
UND DU WILLST DEN MENSCHEN, ...
... DIE DIR SO VIEL BEDEUTEN, ...
... DOCH NICHT NOCH MEHR ZUMUTEN, ODER?
...
NGH

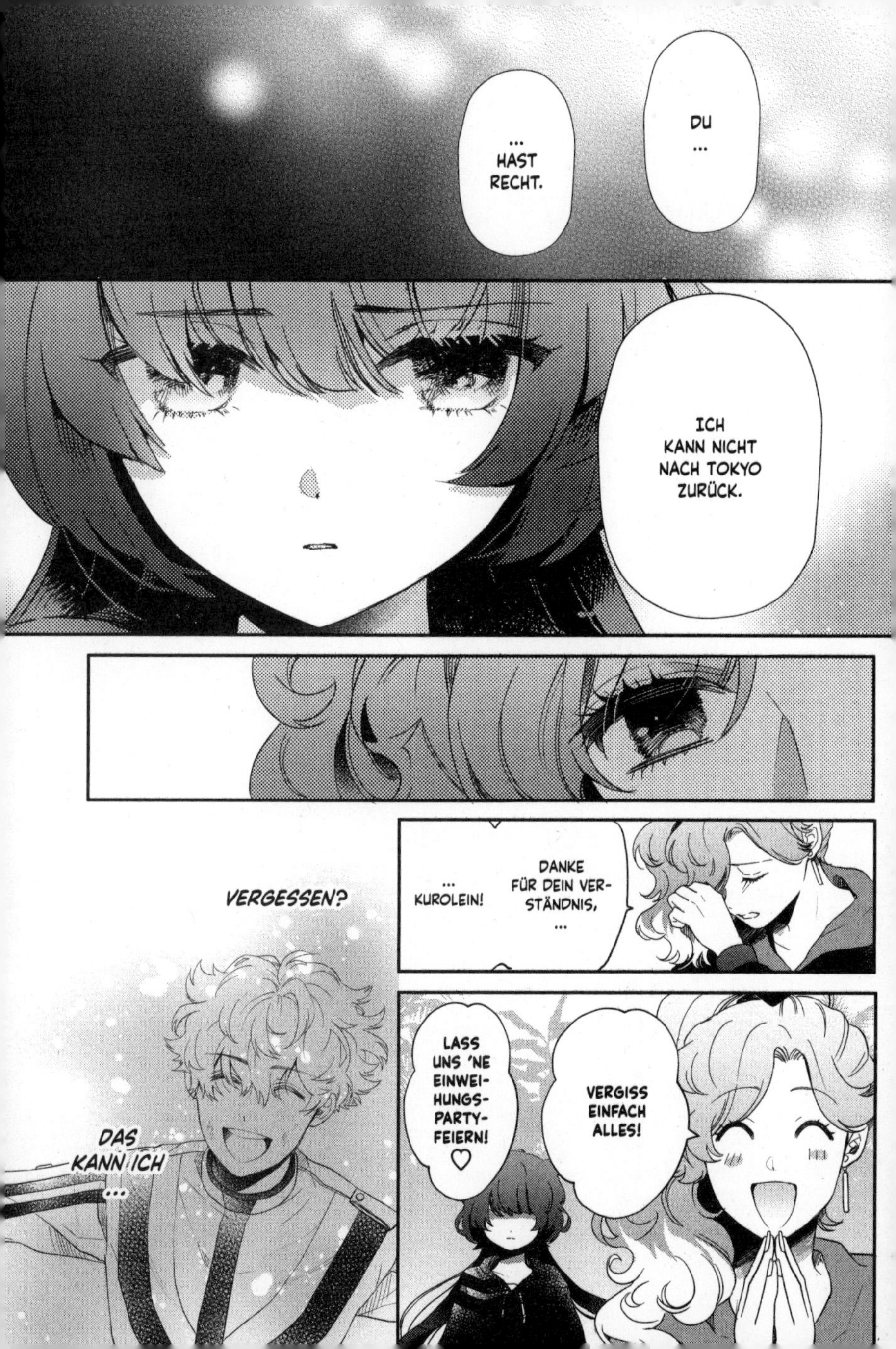
DU …
… HAST RECHT.
ICH KANN NICHT NACH TOKYO ZURÜCK.
DANKE FÜR DEIN VERSTÄNDNIS, …
… KUROLEIN!
VERGISS EINFACH ALLES!
LASS UNS 'NE EINWEIHUNGS-PARTY FEIERN! ♡
VERGESSEN?
DAS KANN ICH …

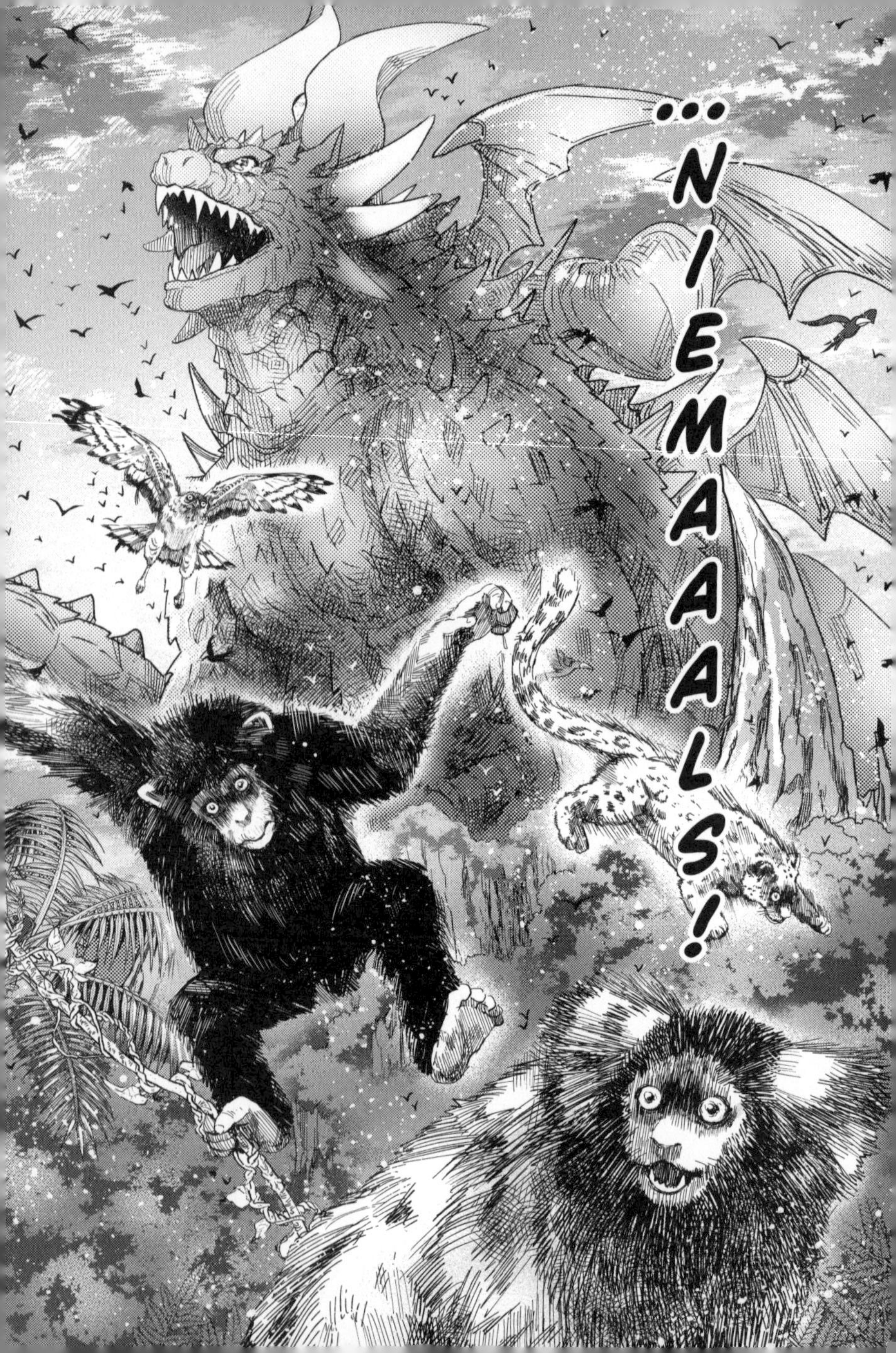
..NIEMAAALS!

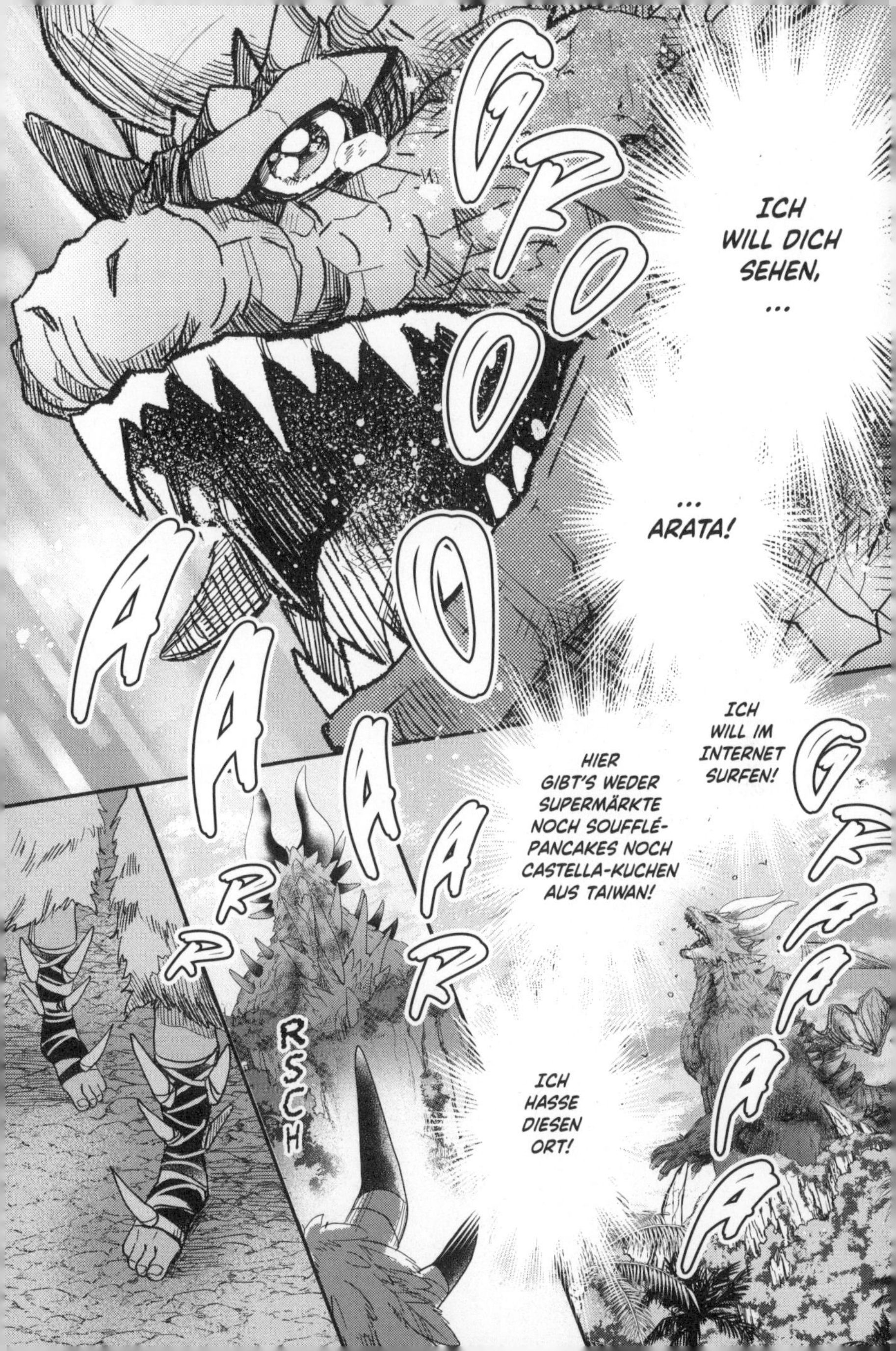
ICH WILL DICH SEHEN, ...
... ARATA!
GROOOOAAAAARRRR
ICH WILL IM INTERNET SURFEN!
HIER GIBT'S WEDER SUPERMÄRKTE NOCH SOUFFLÉ-PANCAKES NOCH CASTELLA-KUCHEN AUS TAIWAN!
GRAAAAAA
RSCH
ICH HASSE DIESEN ORT!

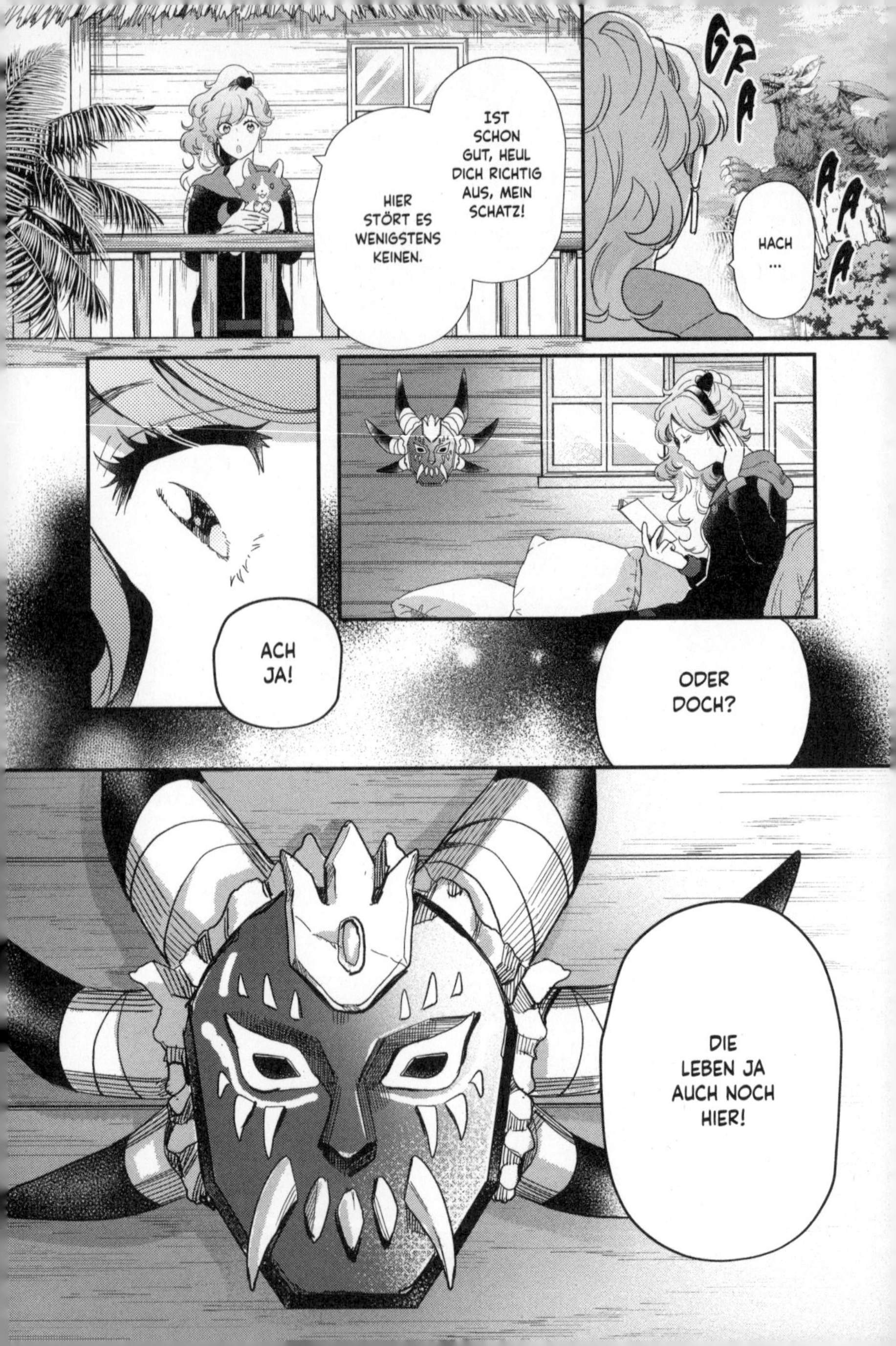

HACH ...
GRAAAAA
IST SCHON GUT, HEUL DICH RICHTIG AUS, MEIN SCHATZ!
HIER STÖRT ES WENIGSTENS KEINEN.
ODER DOCH?
ACH JA!
DIE LEBEN JA AUCH NOCH HIER!

MONSTERMÄSSIG
VERKNALLT

Kapitel 40: Freunde aus dem Wald?

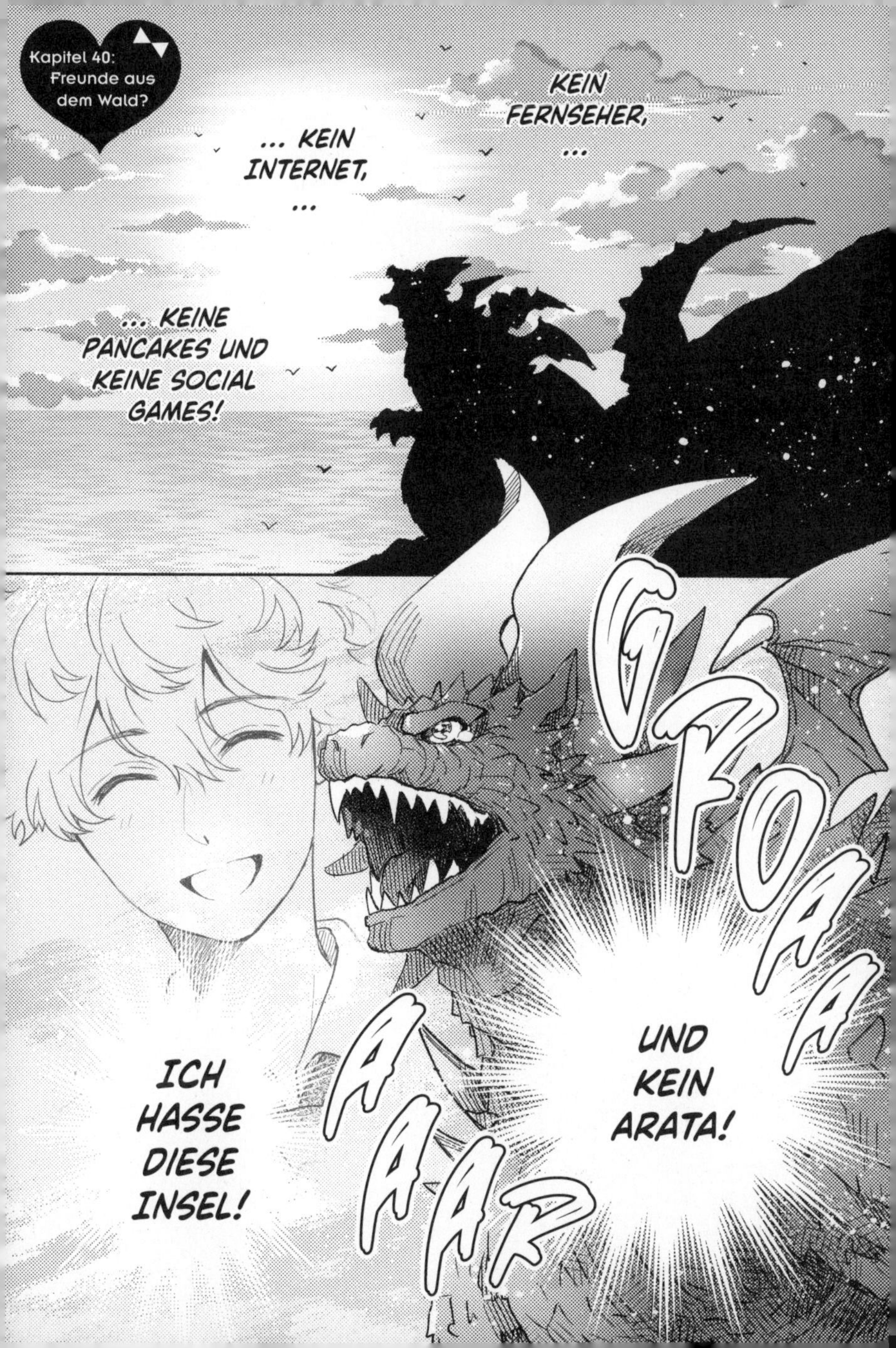

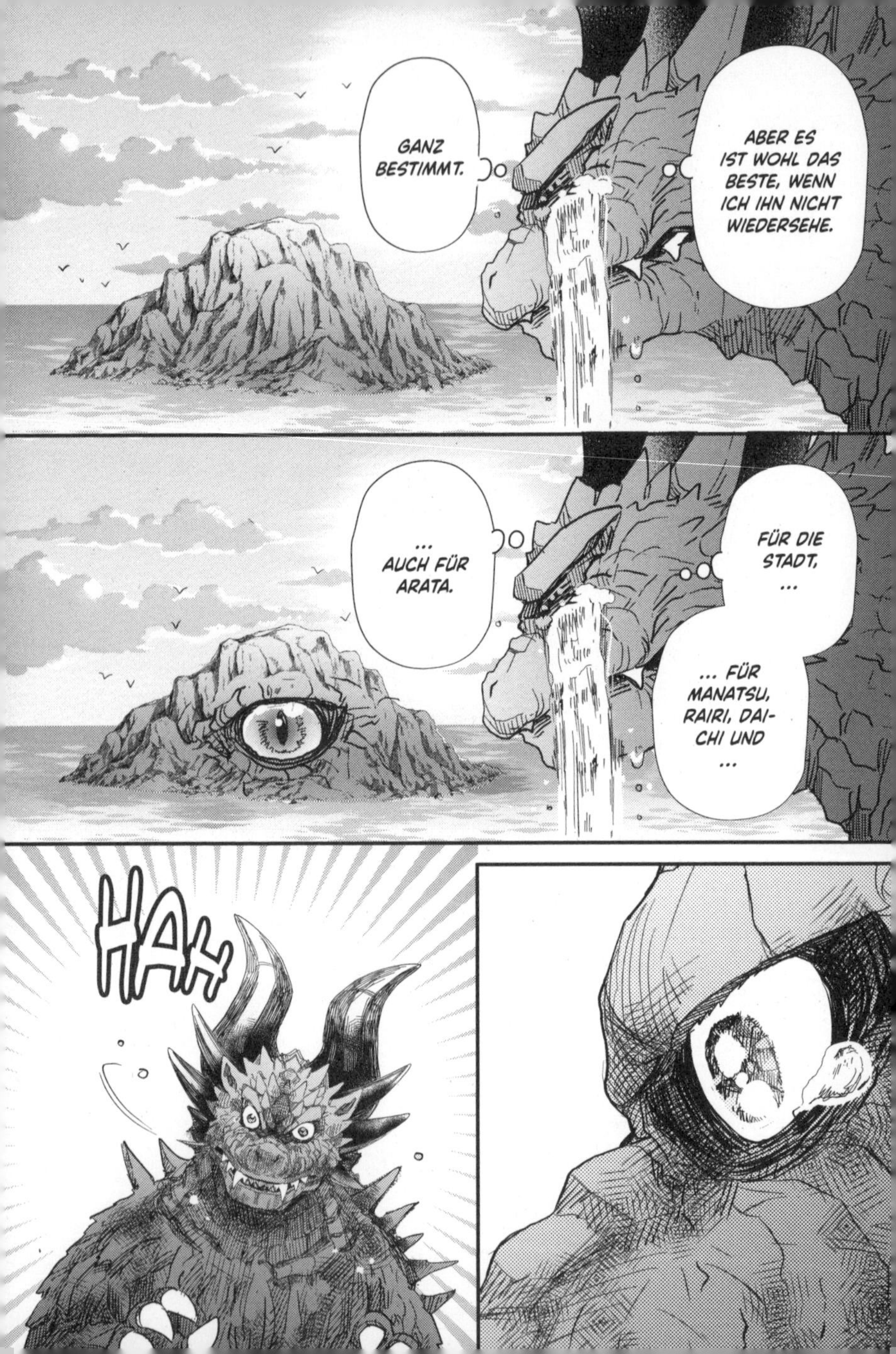
ABER ES IST WOHL DAS BESTE, WENN ICH IHN NICHT WIEDERSEHE.
GANZ BESTIMMT.
FÜR DIE STADT, ...
... FÜR MANATSU, RAIRI, DAICHI UND ...
... AUCH FÜR ARATA.
HAH

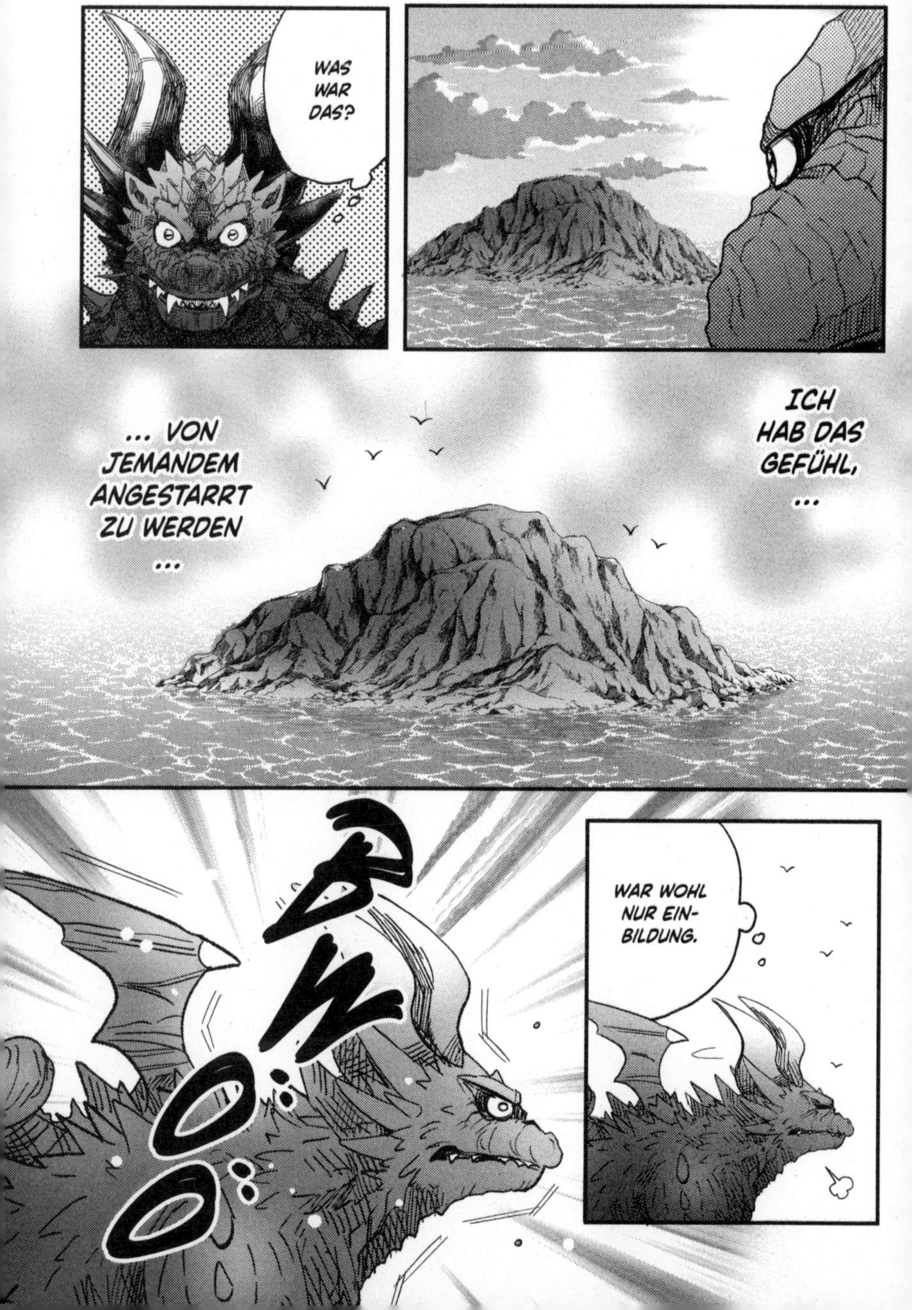

WAS WAR DAS?
ICH HAB DAS GEFÜHL, ...
... VON JEMANDEM ANGESTARRT ZU WERDEN ...
WAR WOHL NUR EIN-BILDUNG.
BWOO

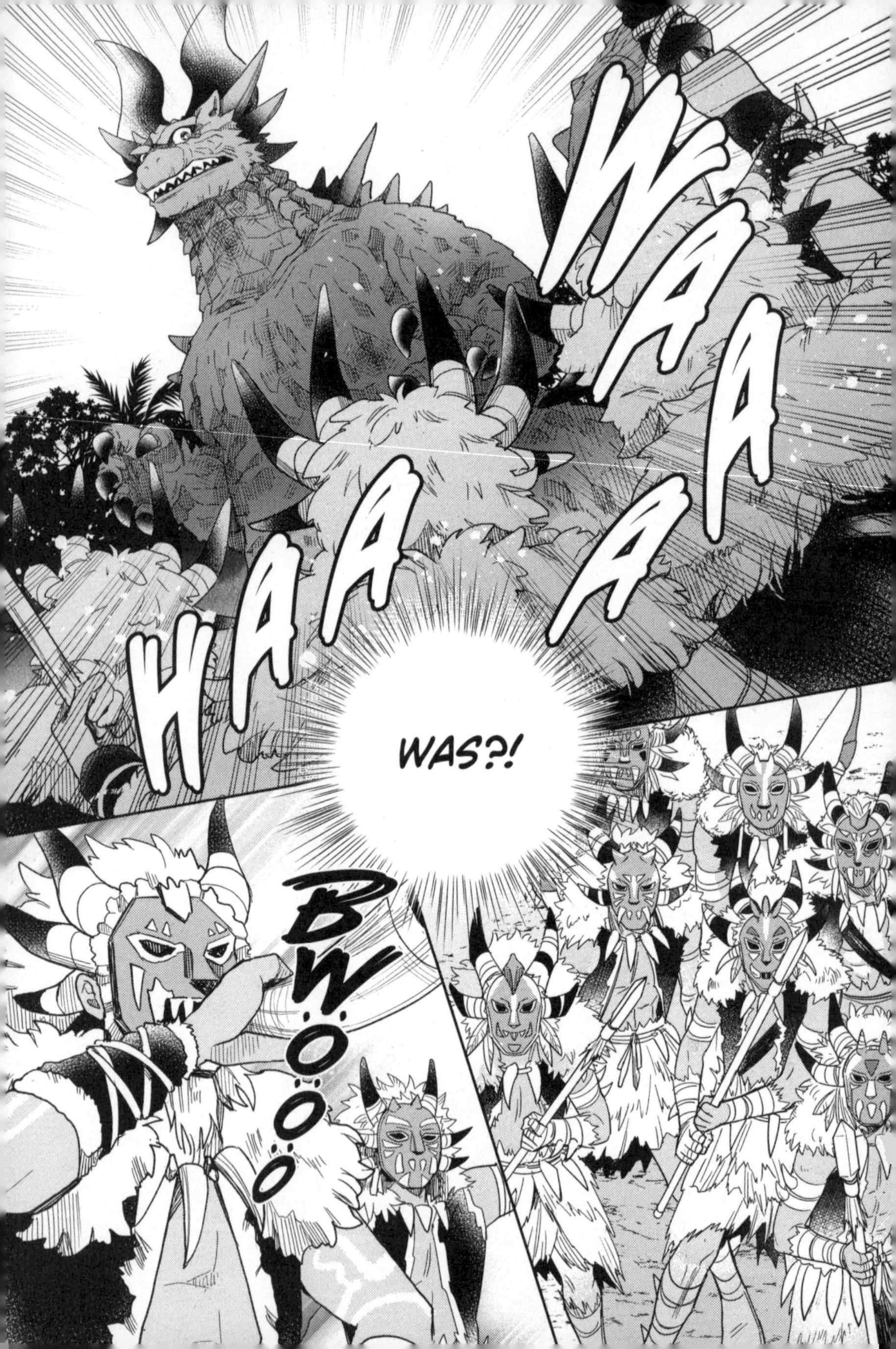
WAAAA
HAAA
WAS?!
BWÖÖÖÖ

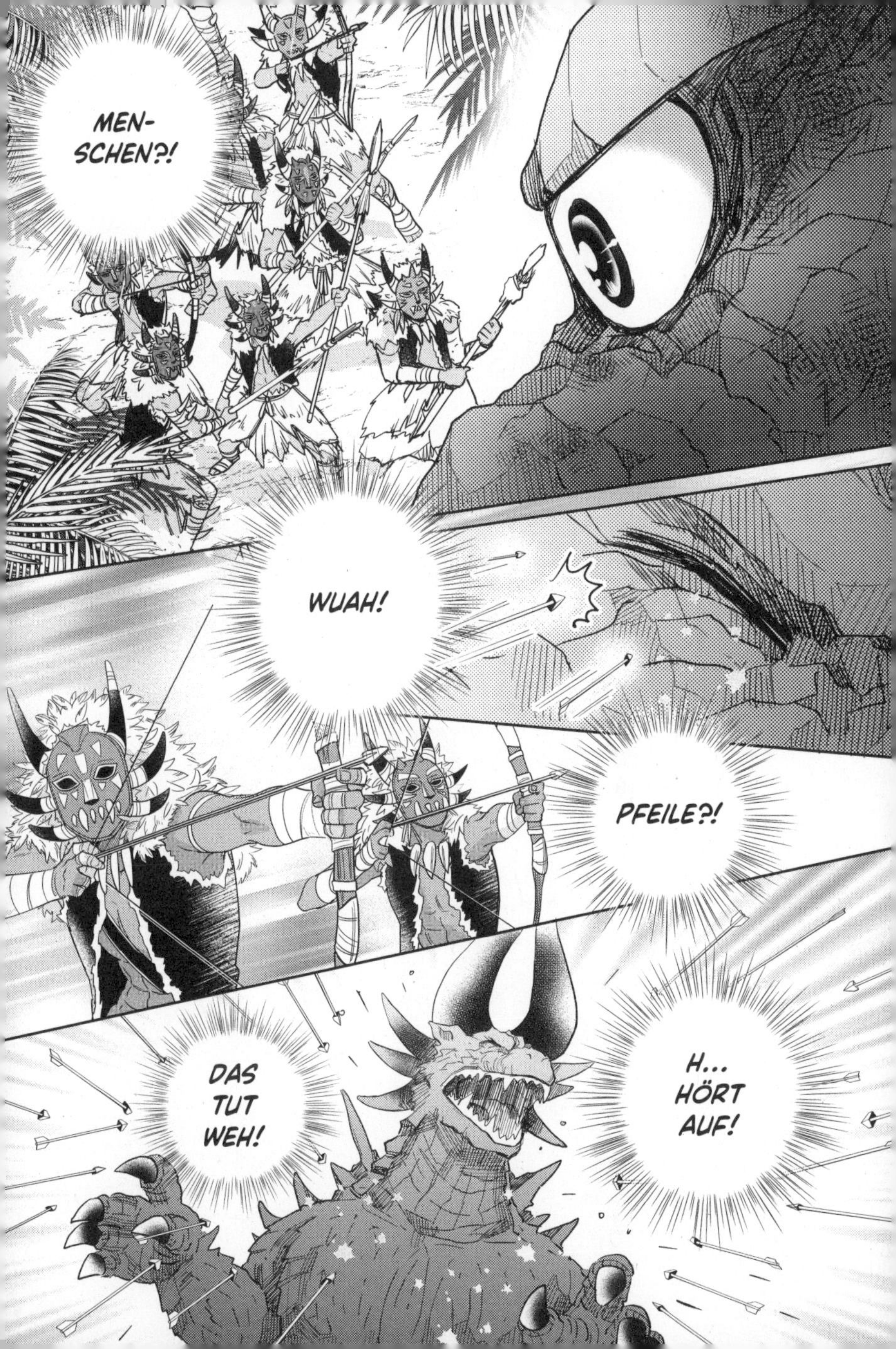
MEN-
SCHEN?!
WUAH!
PFEILE?!
H... HÖRT AUF!
DAS TUT WEH!

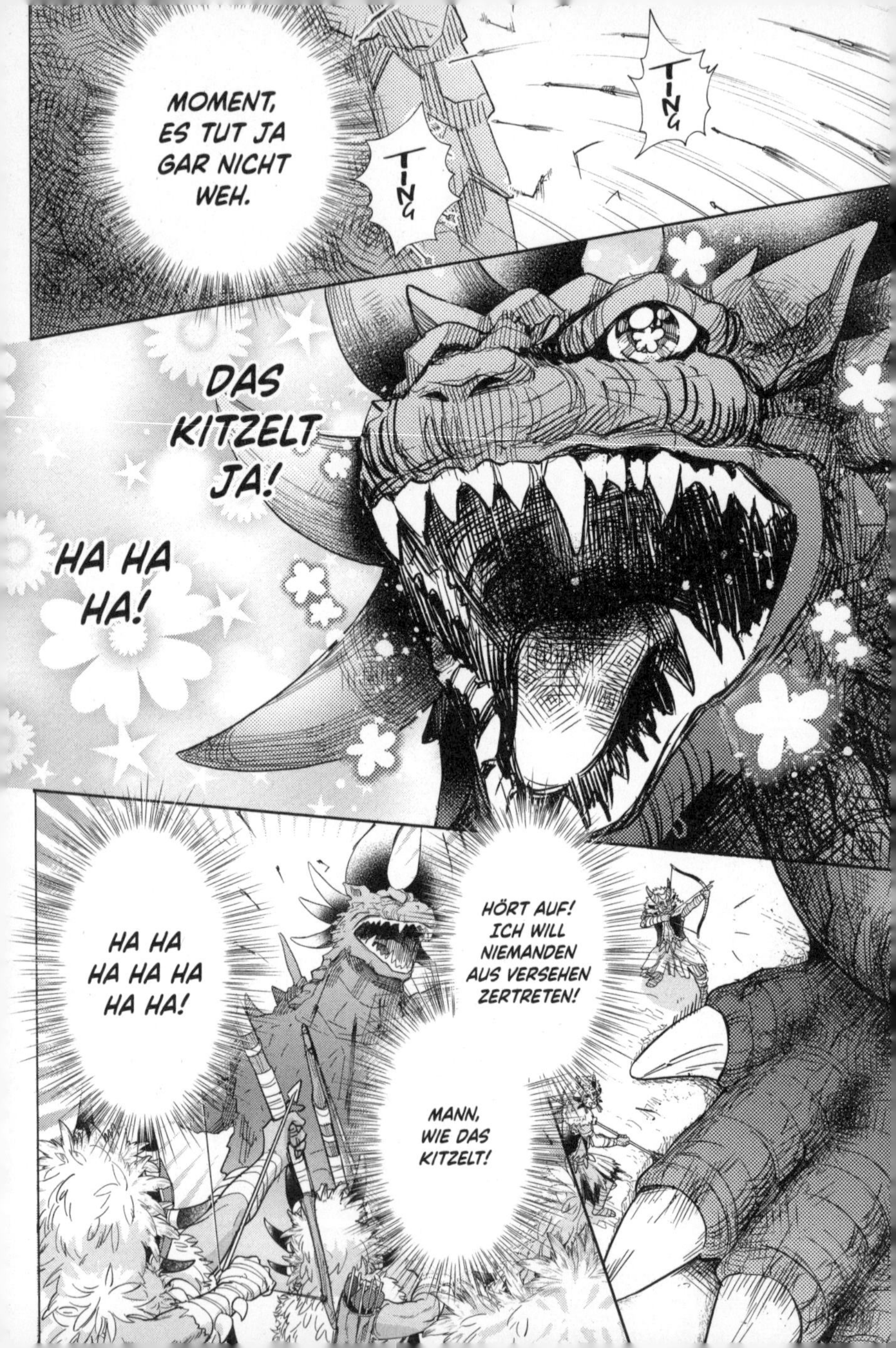
TING
TING
MOMENT, ES TUT JA GAR NICHT WEH.
DAS KITZELT JA!
HA HA HA!
HÖRT AUF! ICH WILL NIEMANDEN AUS VERSEHEN ZERTRETEN!
HA HA HA HA HA HA HA!
MANN, WIE DAS KITZELT!

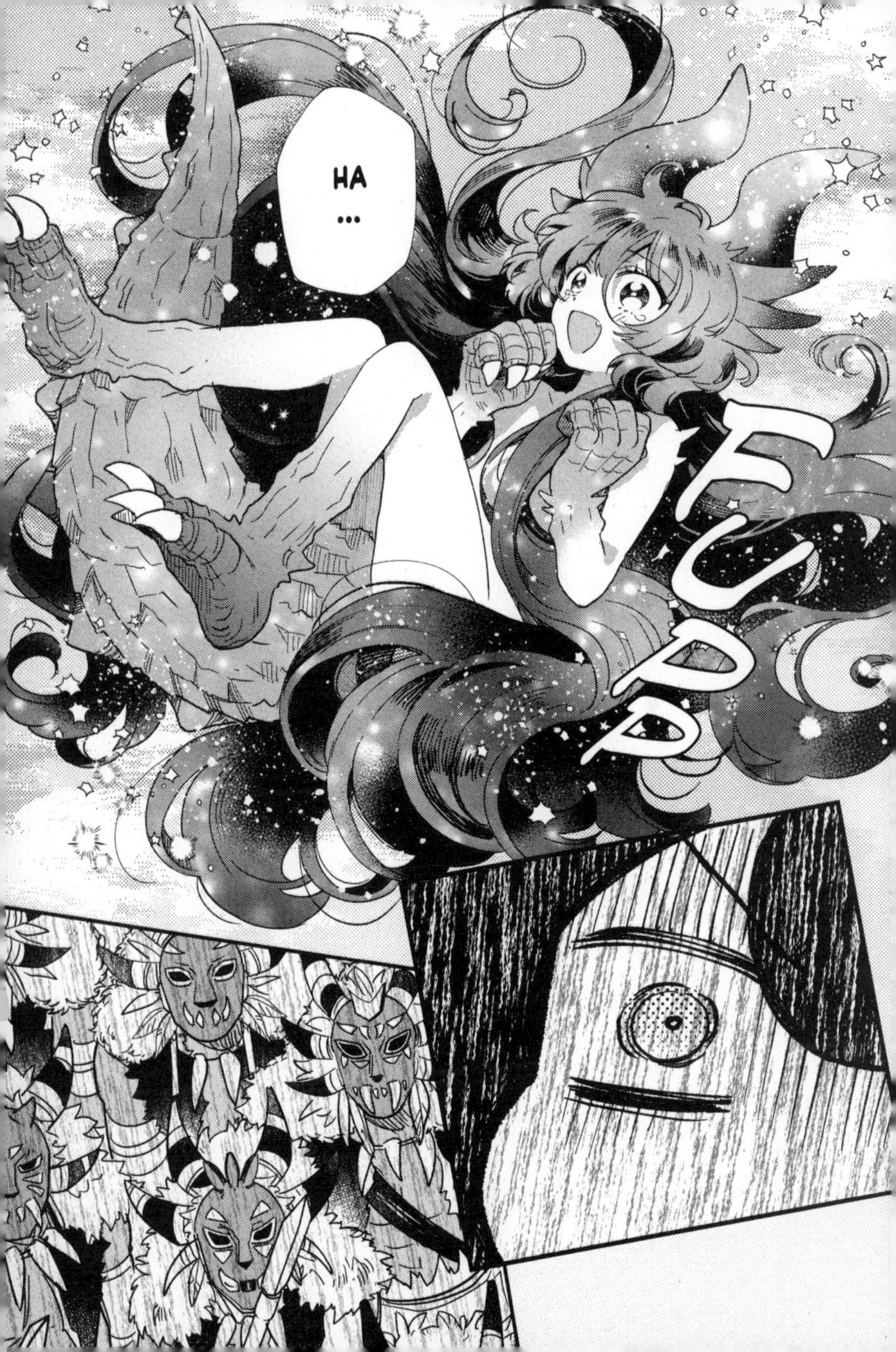

HA
...
FLUPP

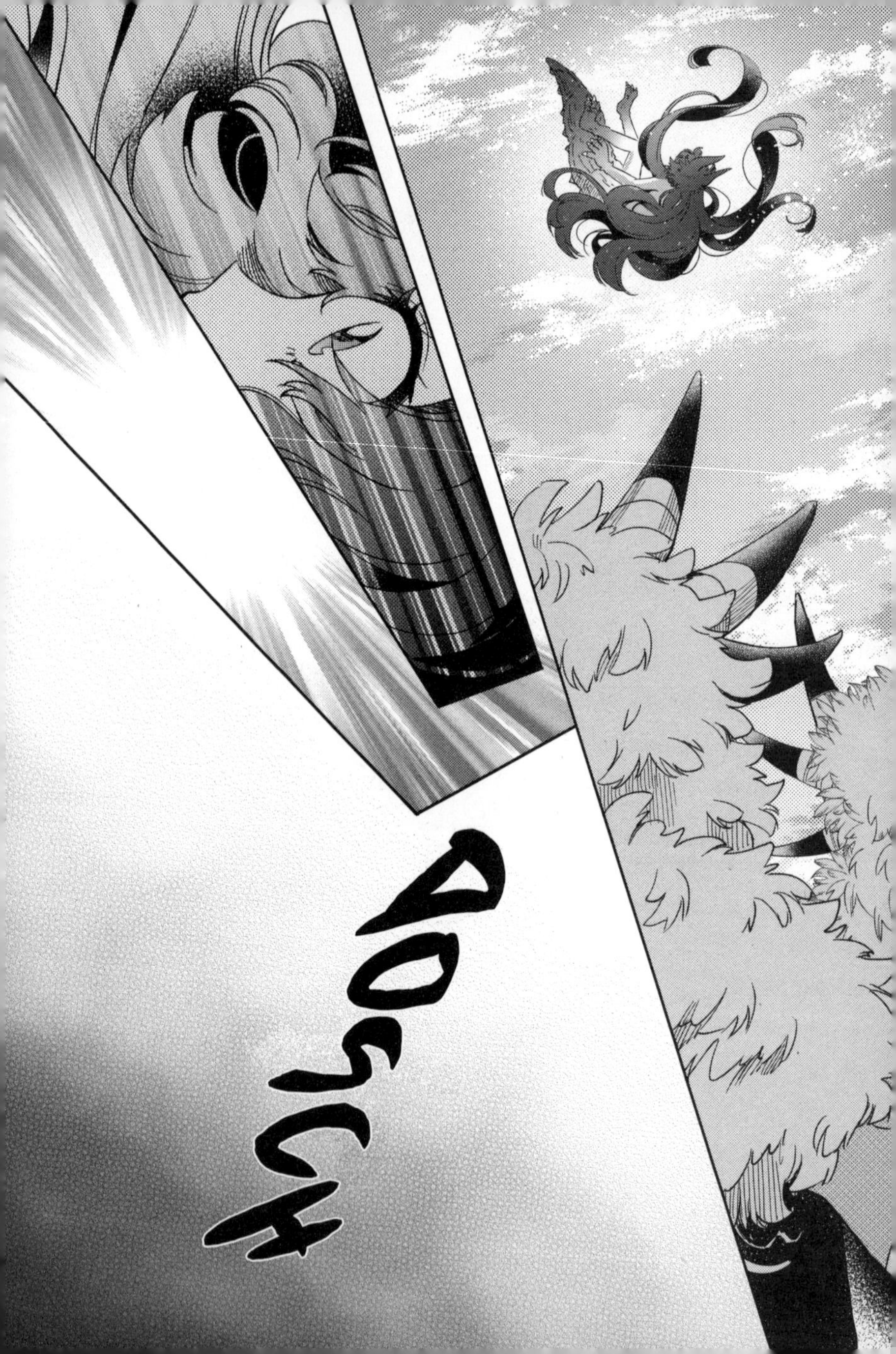
VOSCH

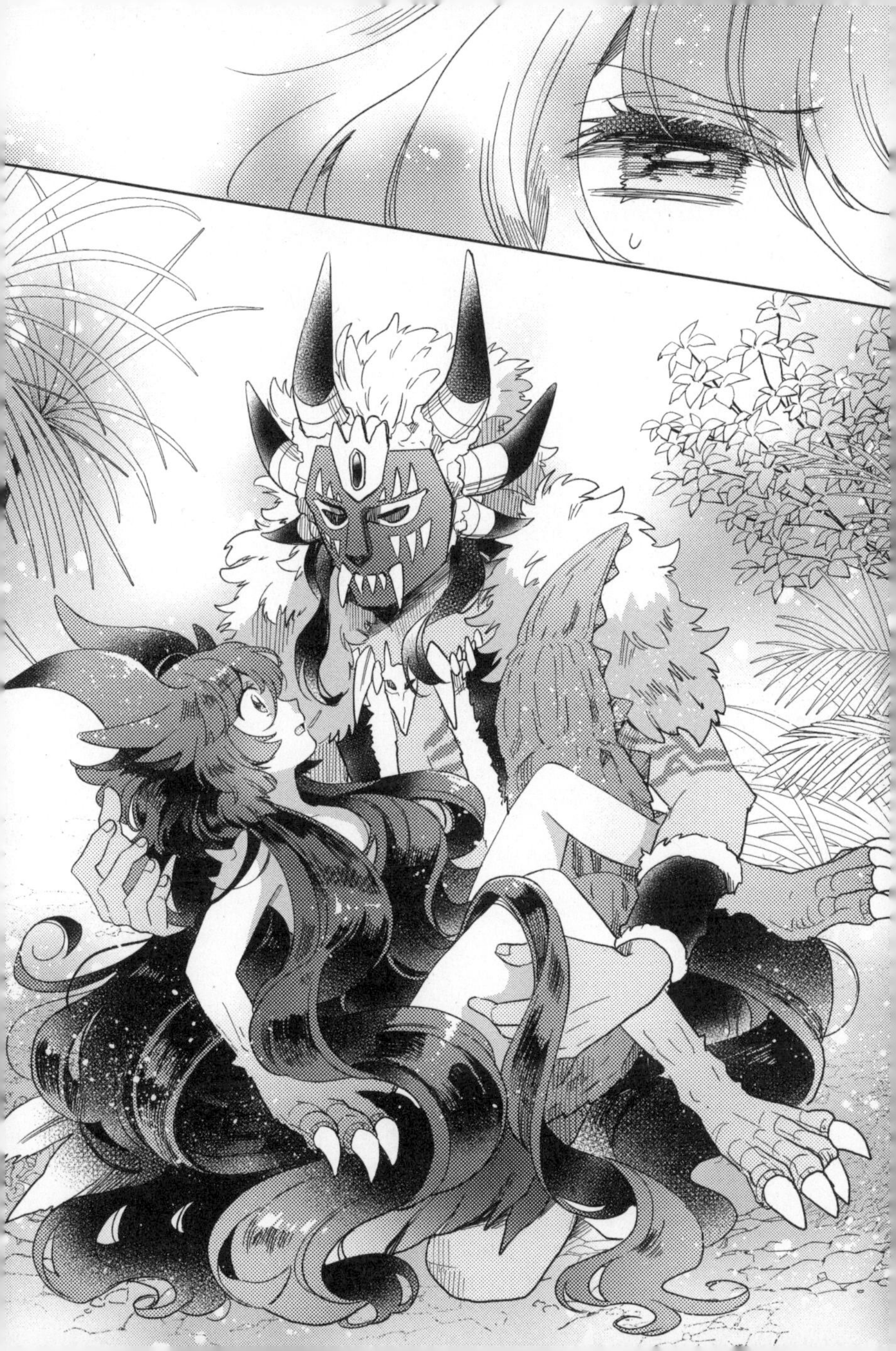

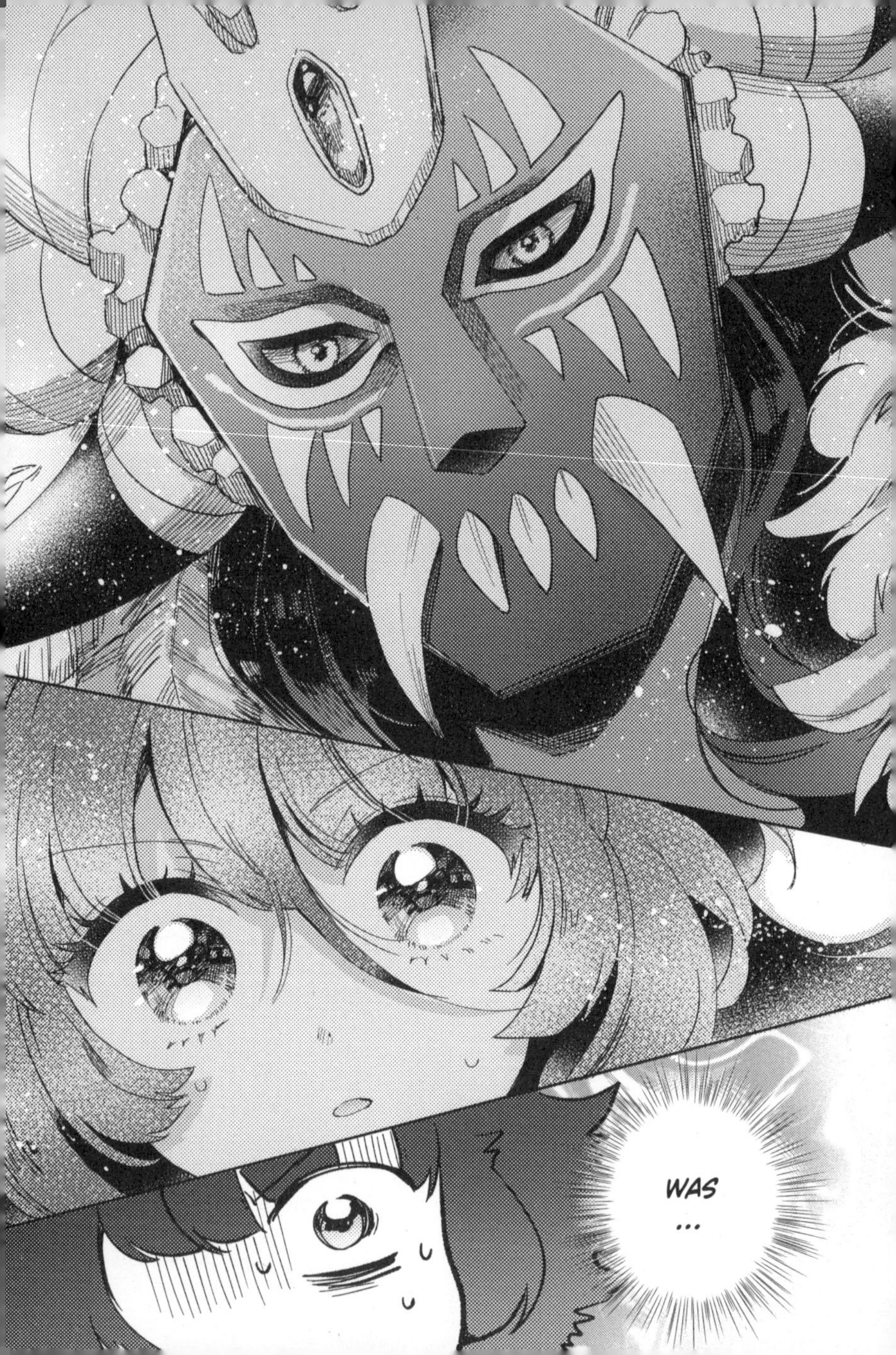
WAS
...

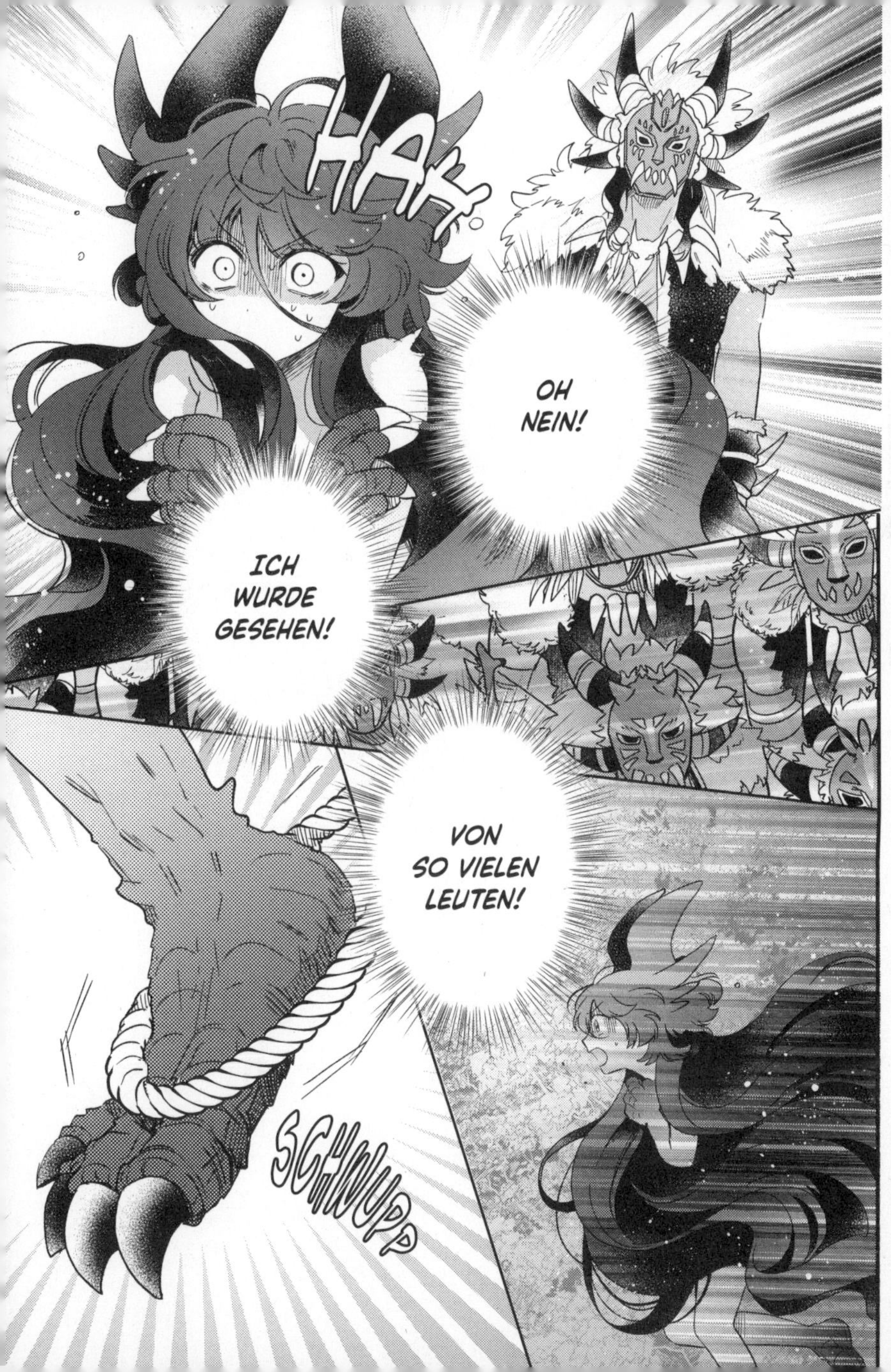
HAH!
OH NEIN!
ICH WURDE GESEHEN!
VON SO VIELEN LEUTEN!
SCHWUPP

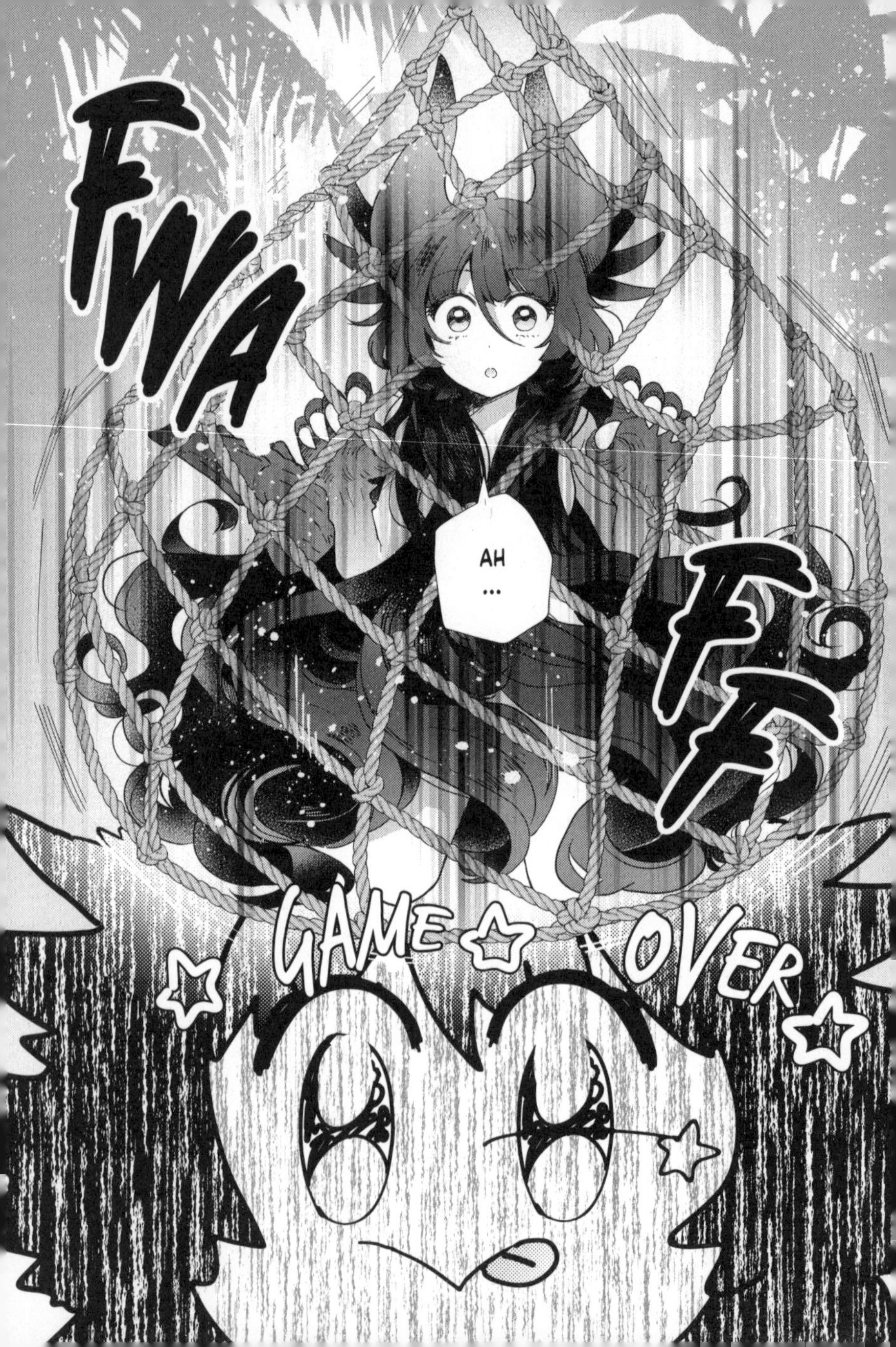
FWA
AH ...
FFF
GAME ☆ OVER ☆

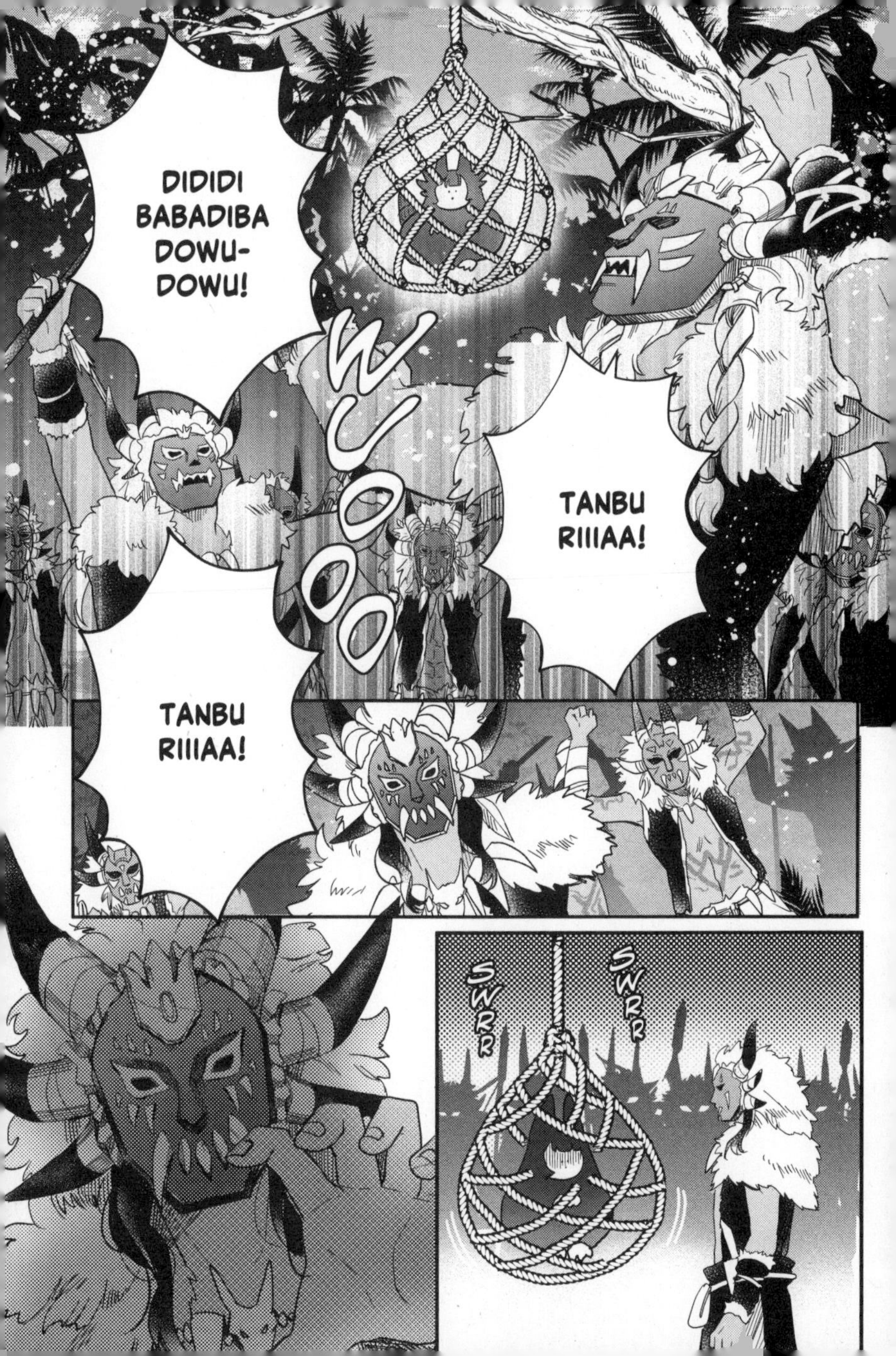

DIDIDI BABADIBA DOWU-DOWU!
WUOOO
TANBU RIIIAA!
TANBU RIIIAA!
SWRR
SWRR

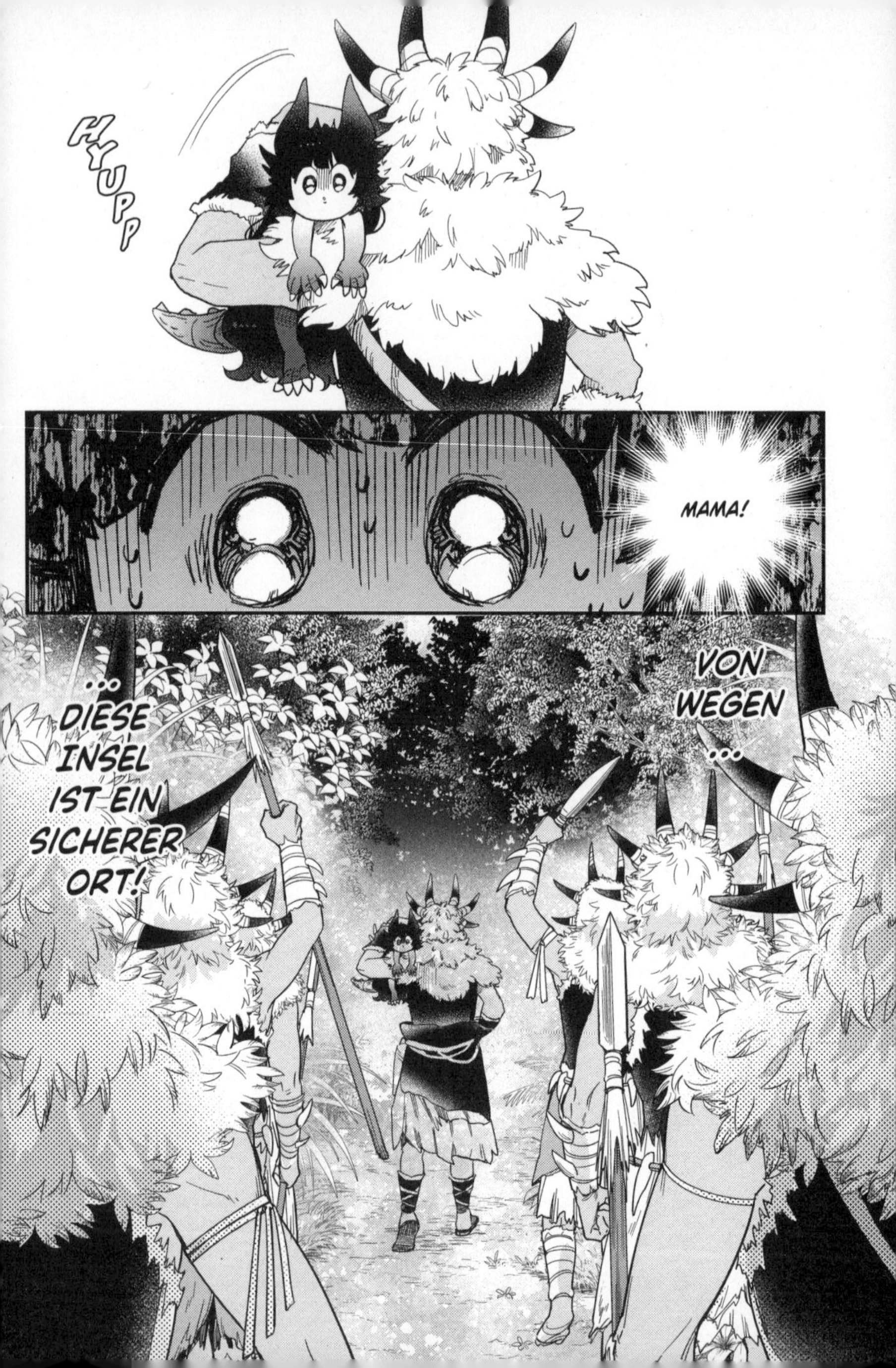
HYUPP
MAMA!
VON WEGEN ...
... DIESE INSEL IST EIN SICHERER ORT!

MONSTERMÄSSIG
VERKNALLT

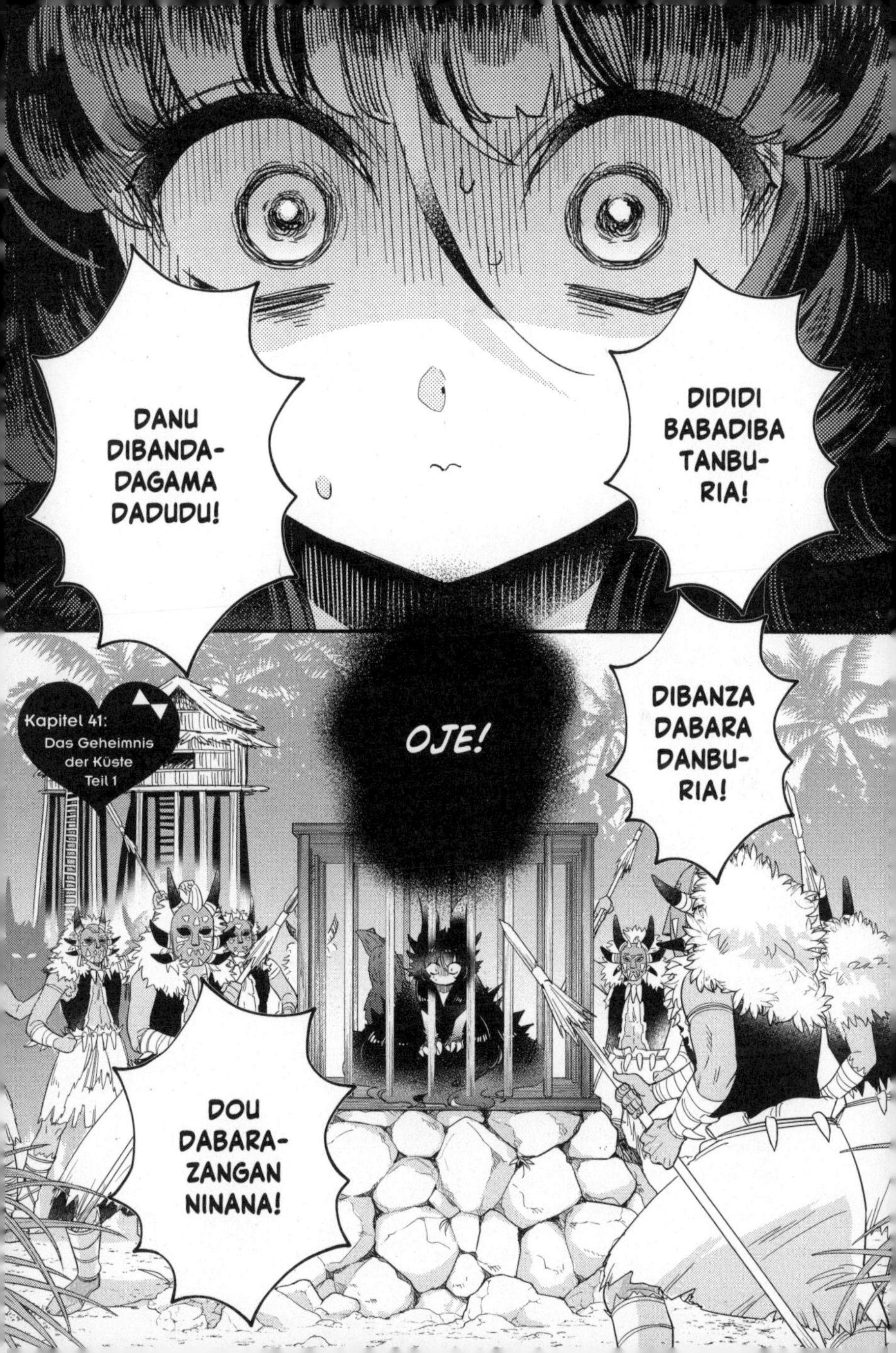
DIDIDI BABADIBA TANBU-RIA!
DANU DIBANDA-DAGAMA DADUDU!
DIBANZA DABARA DANBU-RIA!
OJE!
Kapitel 41: Das Geheimnis der Küste Teil 1
DOU DABARA-ZANGAN NINANA!

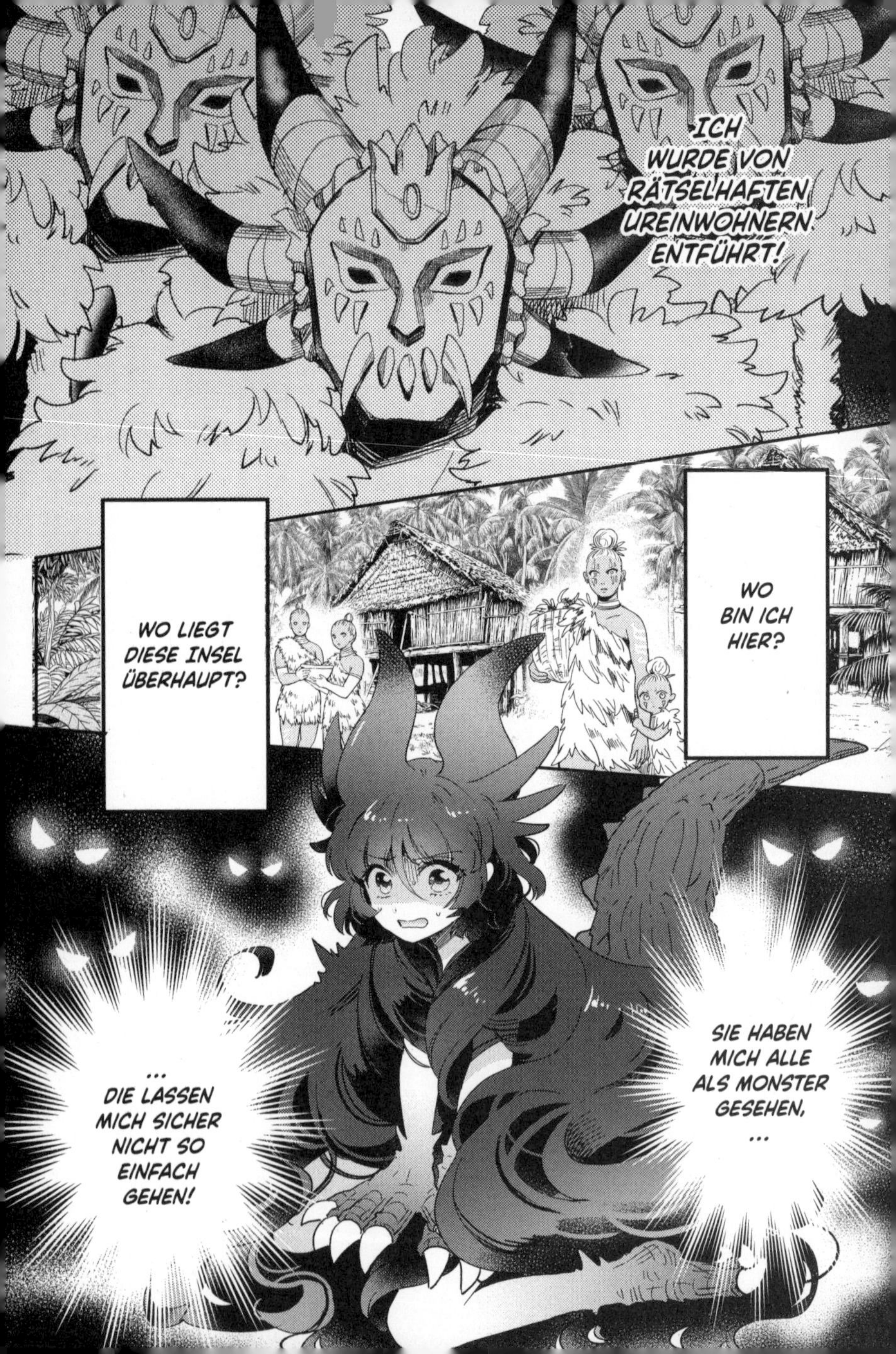
ICH WURDE VON RÄTSELHAFTEN UREINWOHNERN ENTFÜHRT!
WO BIN ICH HIER?
WO LIEGT DIESE INSEL ÜBERHAUPT?
SIE HABEN MICH ALLE ALS MONSTER GESEHEN, ...
... DIE LASSEN MICH SICHER NICHT SO EINFACH GEHEN!

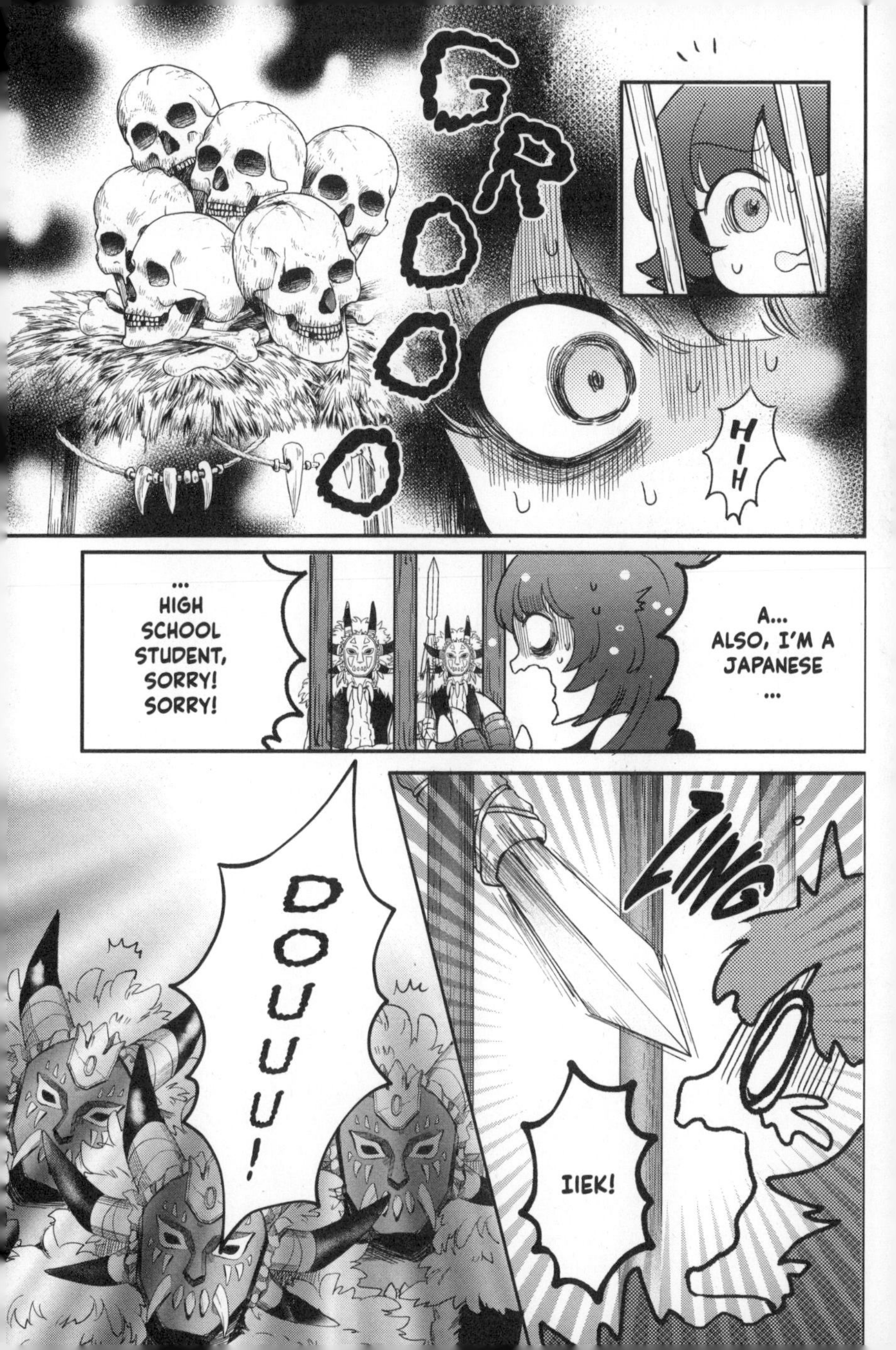
GROOOO
HIH
A... ALSO, I'M A JAPANESE ...
... HIGH SCHOOL STUDENT, SORRY! SORRY!
ZING
IIEK!
DOUUUU!

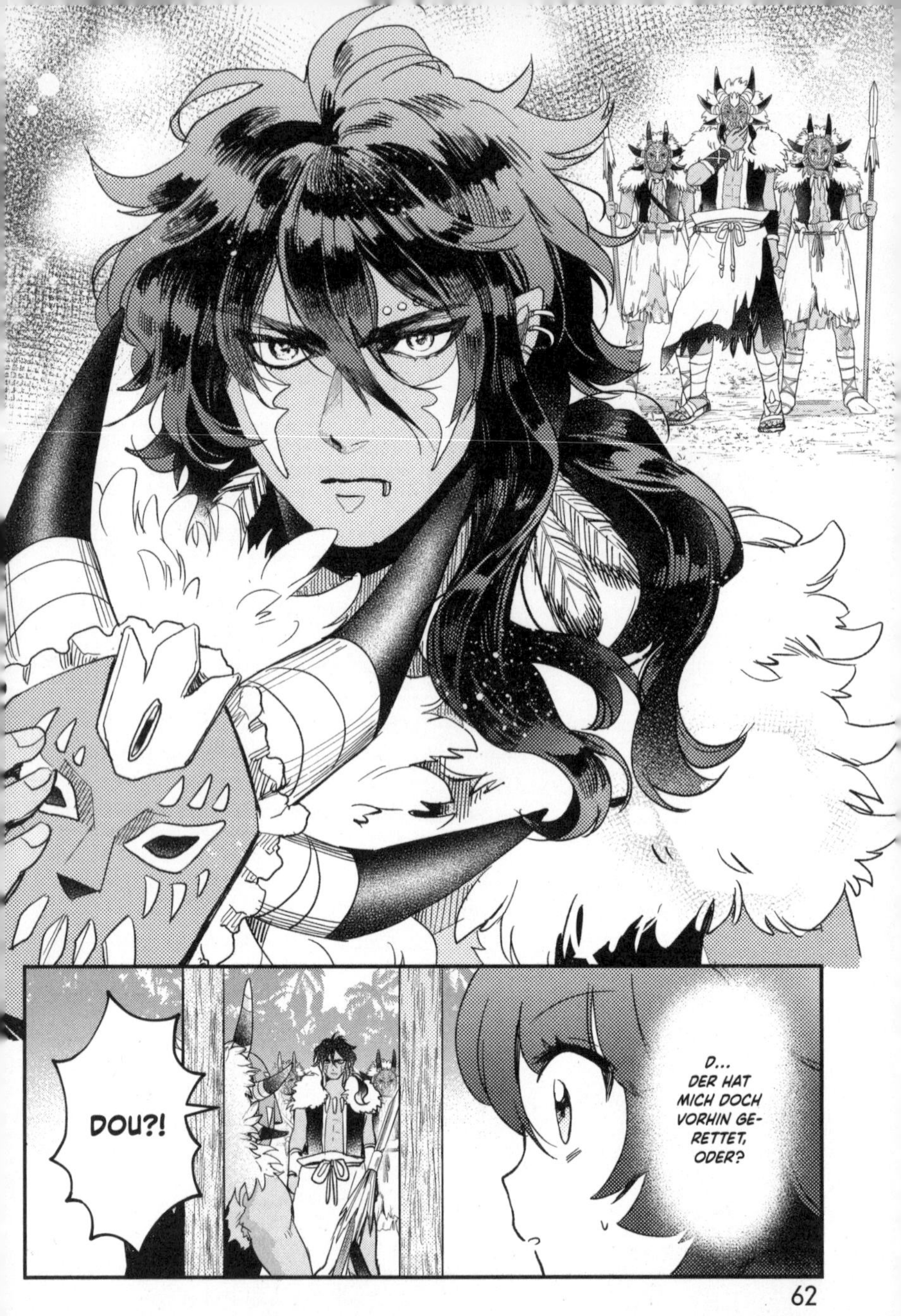
D... DER HAT MICH DOCH VORHIN GE-RETTET, ODER?
DOU?!

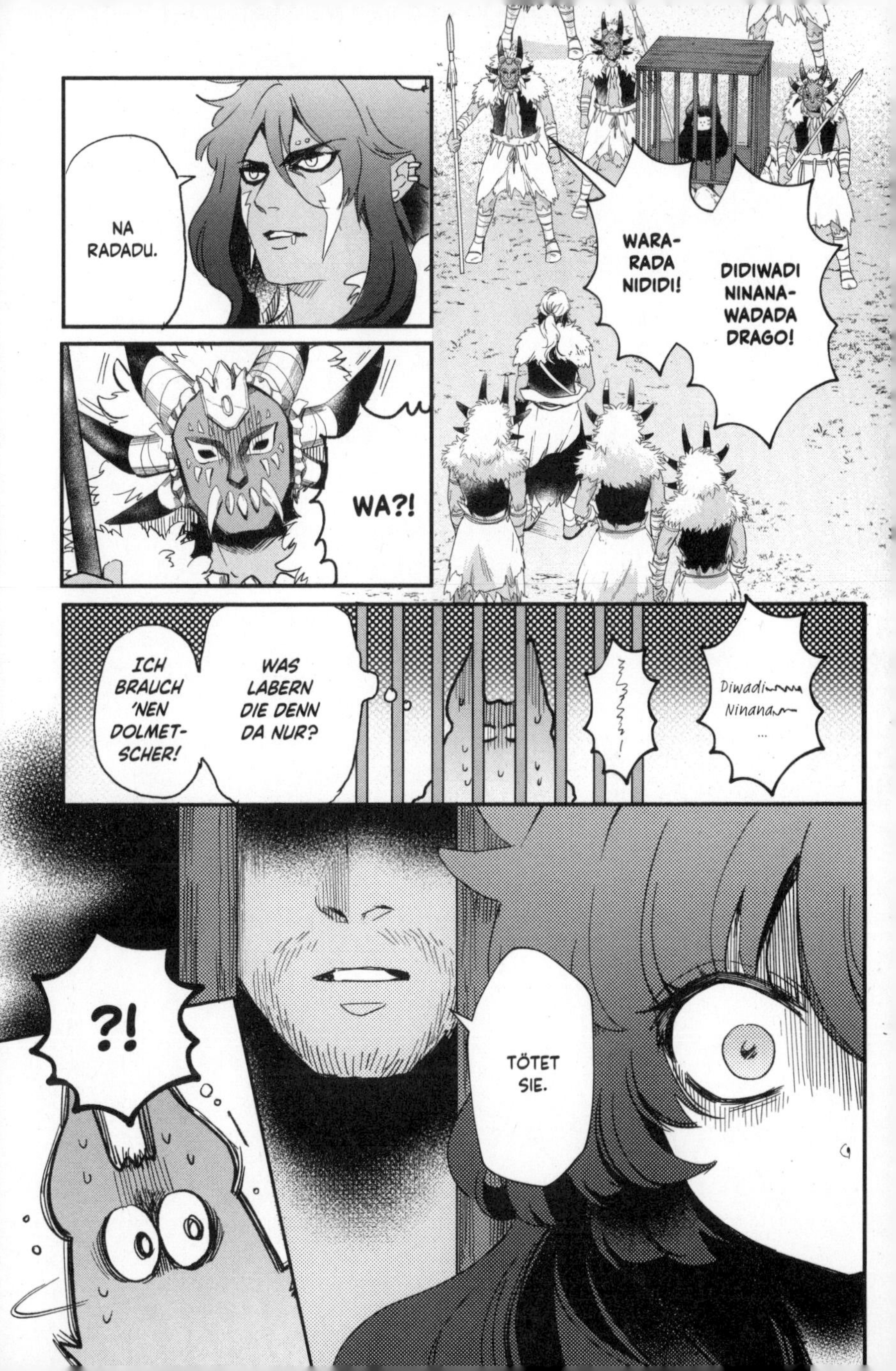
DIDIWADI NINANA-WADADA DRAGO!
WARA-RADA NIDIDI!
NA RADADU.
WA?!
Diwadi~ Ninana~ ...
WAS LABERN DIE DENN DA NUR?
ICH BRAUCH 'NEN DOLMETSCHER!
TÖTET SIE.
?!

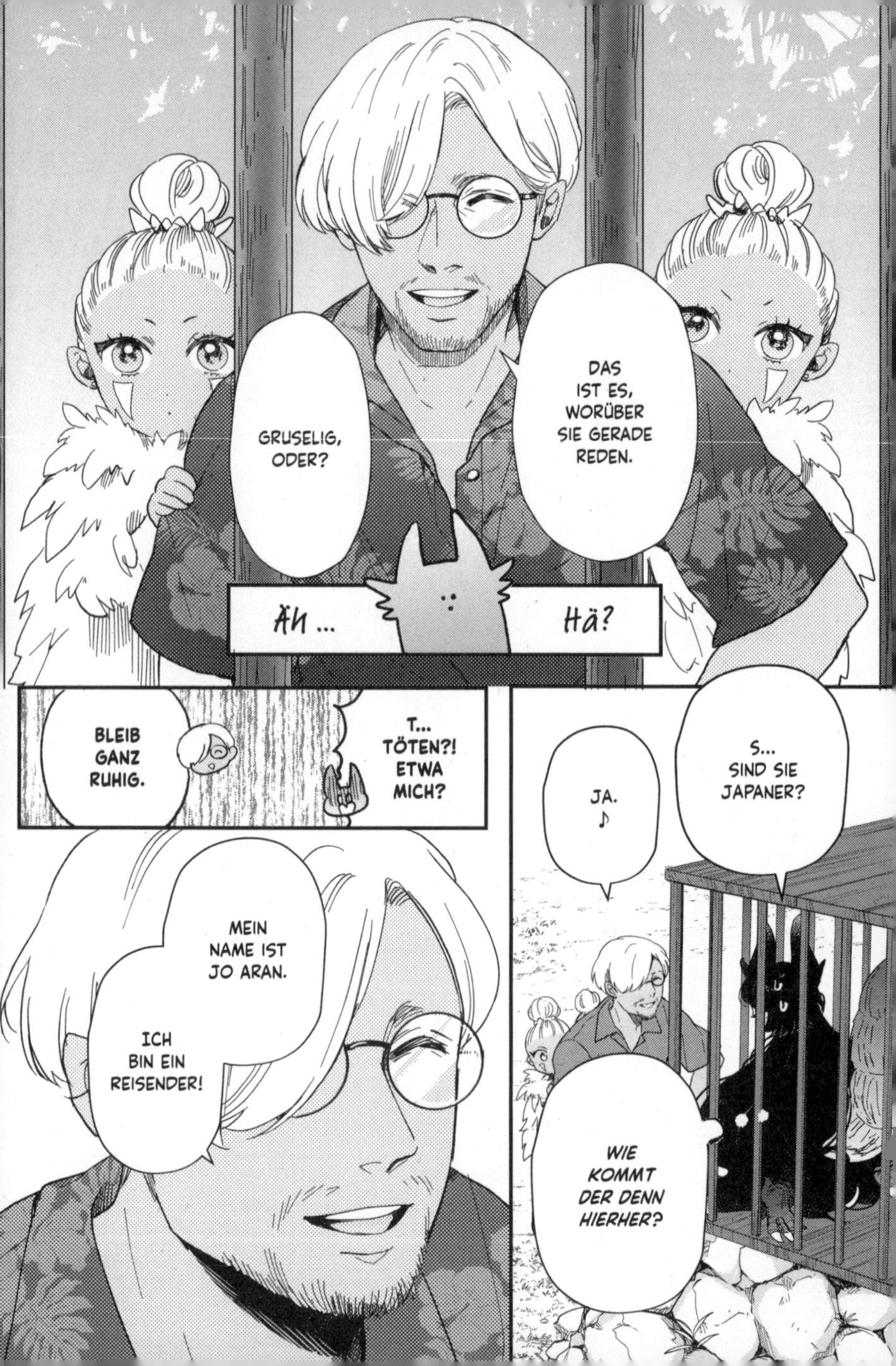
DAS IST ES, WORÜBER SIE GERADE REDEN.
GRUSELIG, ODER?
Hä?
Äh ...
S... SIND SIE JAPANER?
JA. ♪
WIE KOMMT DER DENN HIERHER?
T... TÖTEN?! ETWA MICH?
BLEIB GANZ RUHIG.
MEIN NAME IST JO ARAN.
ICH BIN EIN REISENDER!

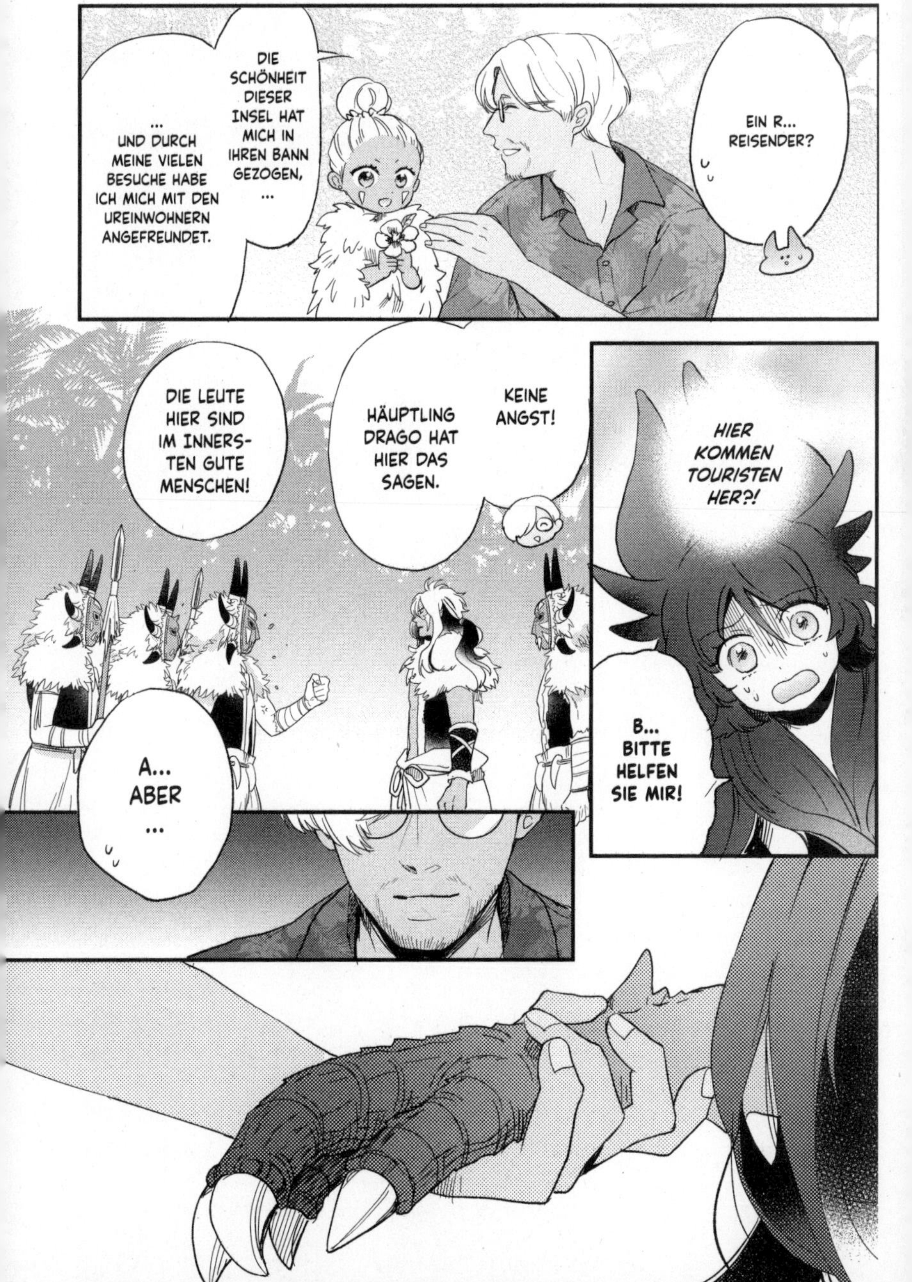
EIN R... REISENDER?
DIE SCHÖNHEIT DIESER INSEL HAT MICH IN IHREN BANN GEZOGEN, ...
... UND DURCH MEINE VIELEN BESUCHE HABE ICH MICH MIT DEN UREINWOHNERN ANGEFREUNDET.
HIER KOMMEN TOURISTEN HER?!
KEINE ANGST!
HÄUPTLING DRAGO HAT HIER DAS SAGEN.
DIE LEUTE HIER SIND IM INNERS-TEN GUTE MENSCHEN!
B... BITTE HELFEN SIE MIR!
A... ABER ...

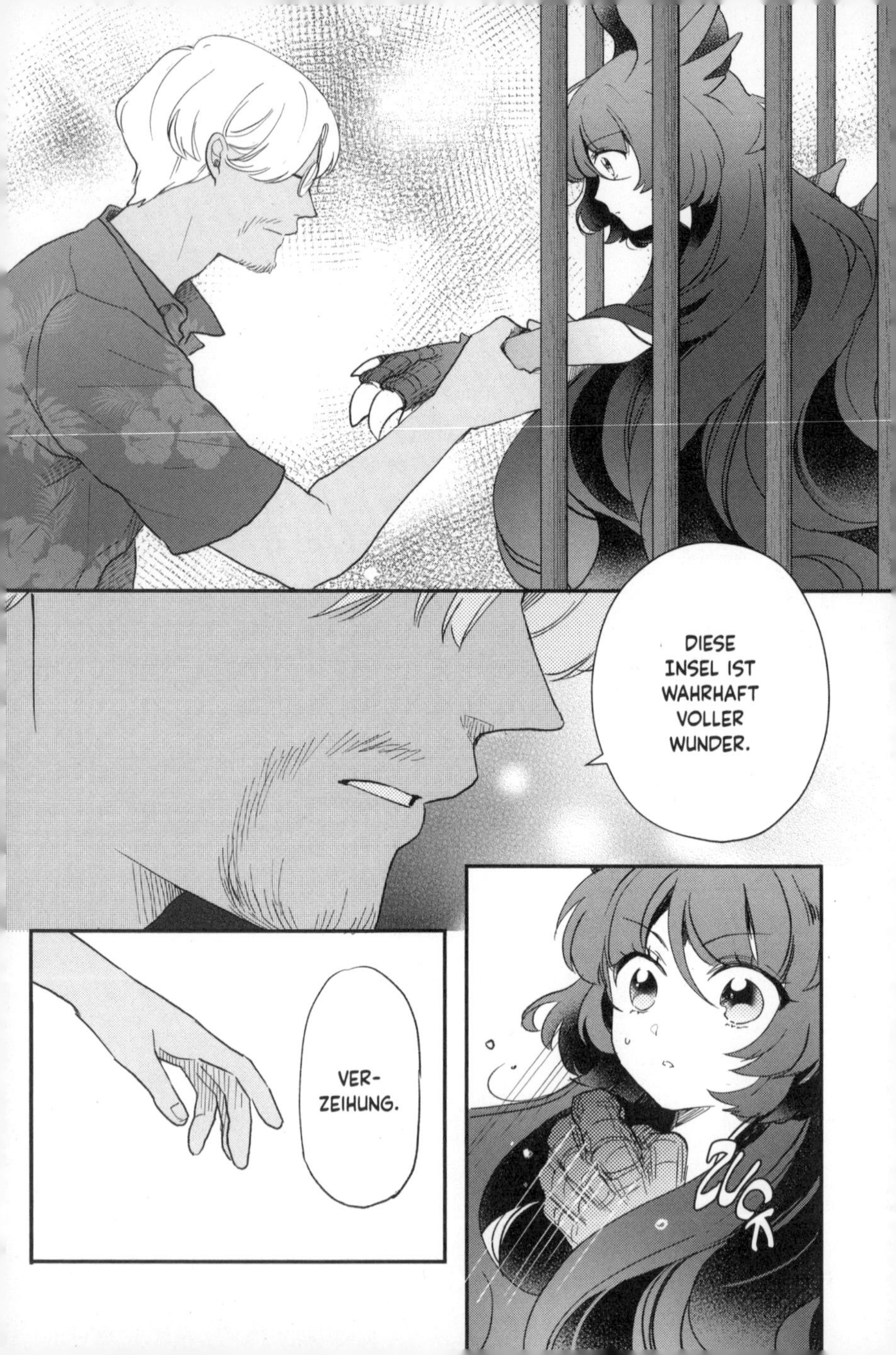
DIESE INSEL IST WAHRHAFT VOLLER WUNDER.
VER-
ZEIHUNG.
ZUCK

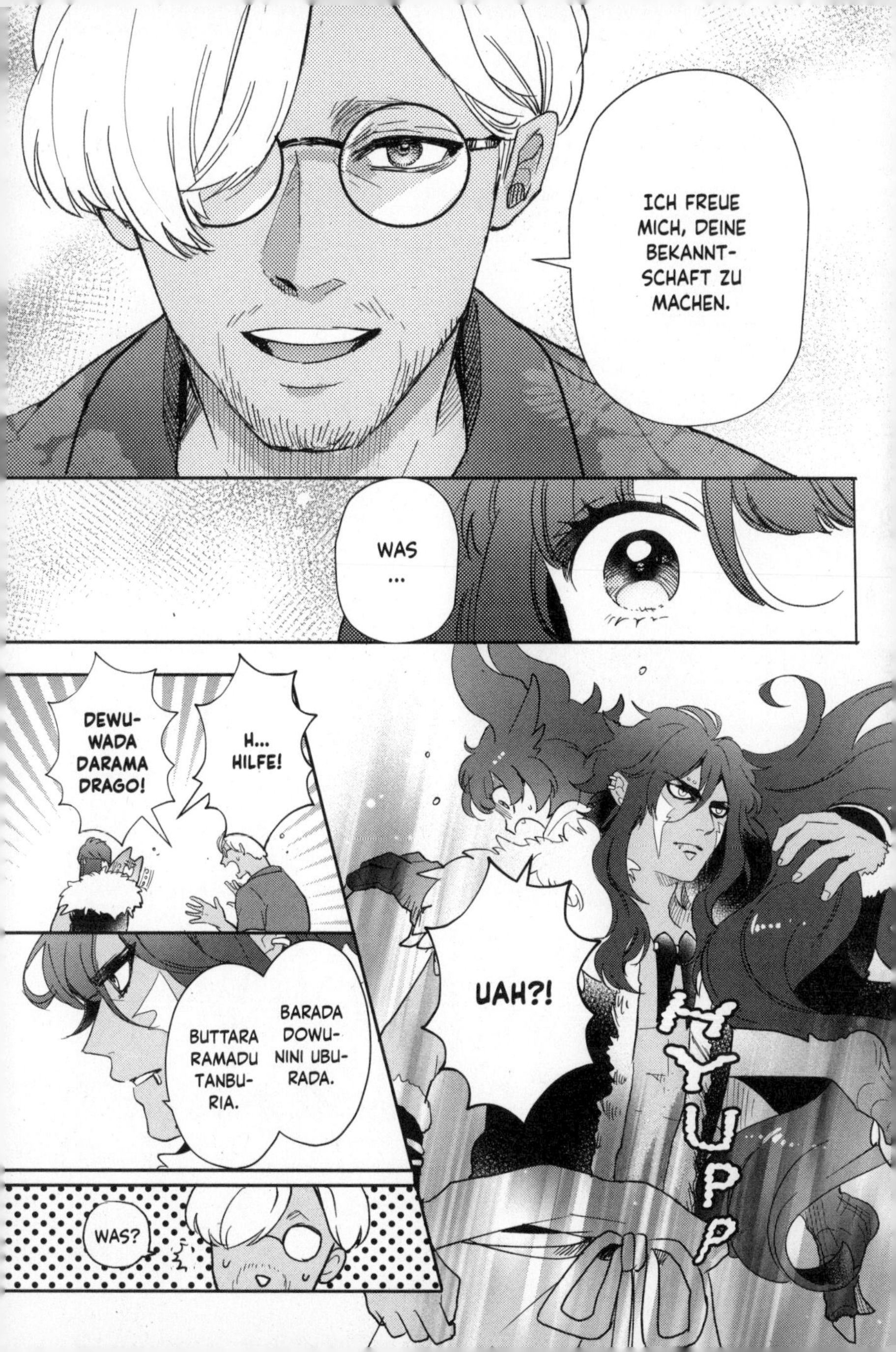
ICH FREUE MICH, DEINE BEKANNT-SCHAFT ZU MACHEN.
WAS ...
UAH?!
HYUPP
H... HILFE!
DEWU-WADA DARAMA DRAGO!
BARADA DOWU-NINI UBU-RADA.
BUTTARA RAMADU TANBU-RIA.
WAS?

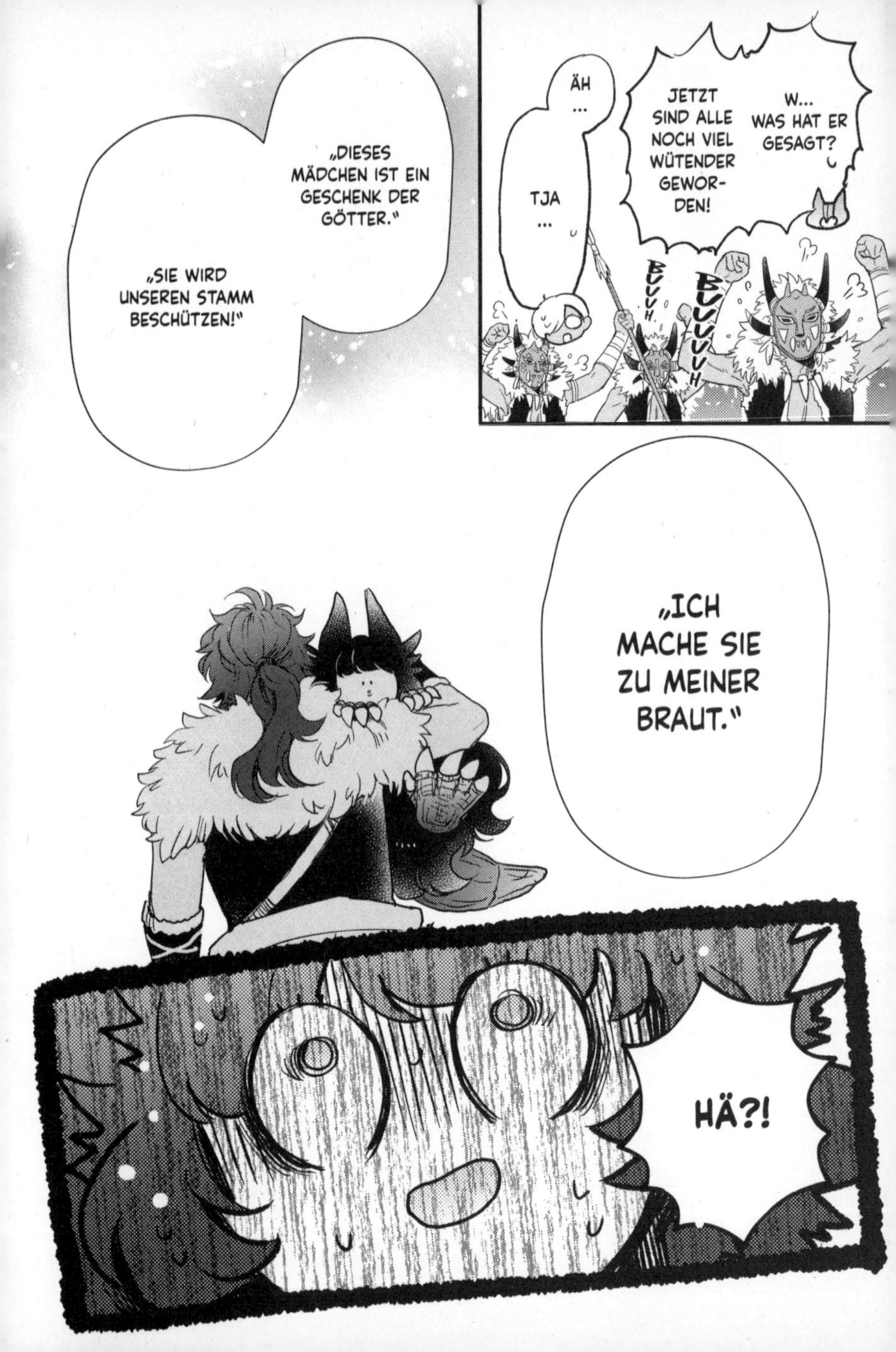
W... WAS HAT ER GESAGT?
JETZT SIND ALLE NOCH VIEL WÜTENDER GEWOR-DEN!
ÄH ...
TJA ...
BUUUH
BUUUUUUH
„DIESES MÄDCHEN IST EIN GESCHENK DER GÖTTER."
„SIE WIRD UNSEREN STAMM BESCHÜTZEN!"
„ICH MACHE SIE ZU MEINER BRAUT."
HÄ?!

MONSTERMÄSSIG VERKNALLT

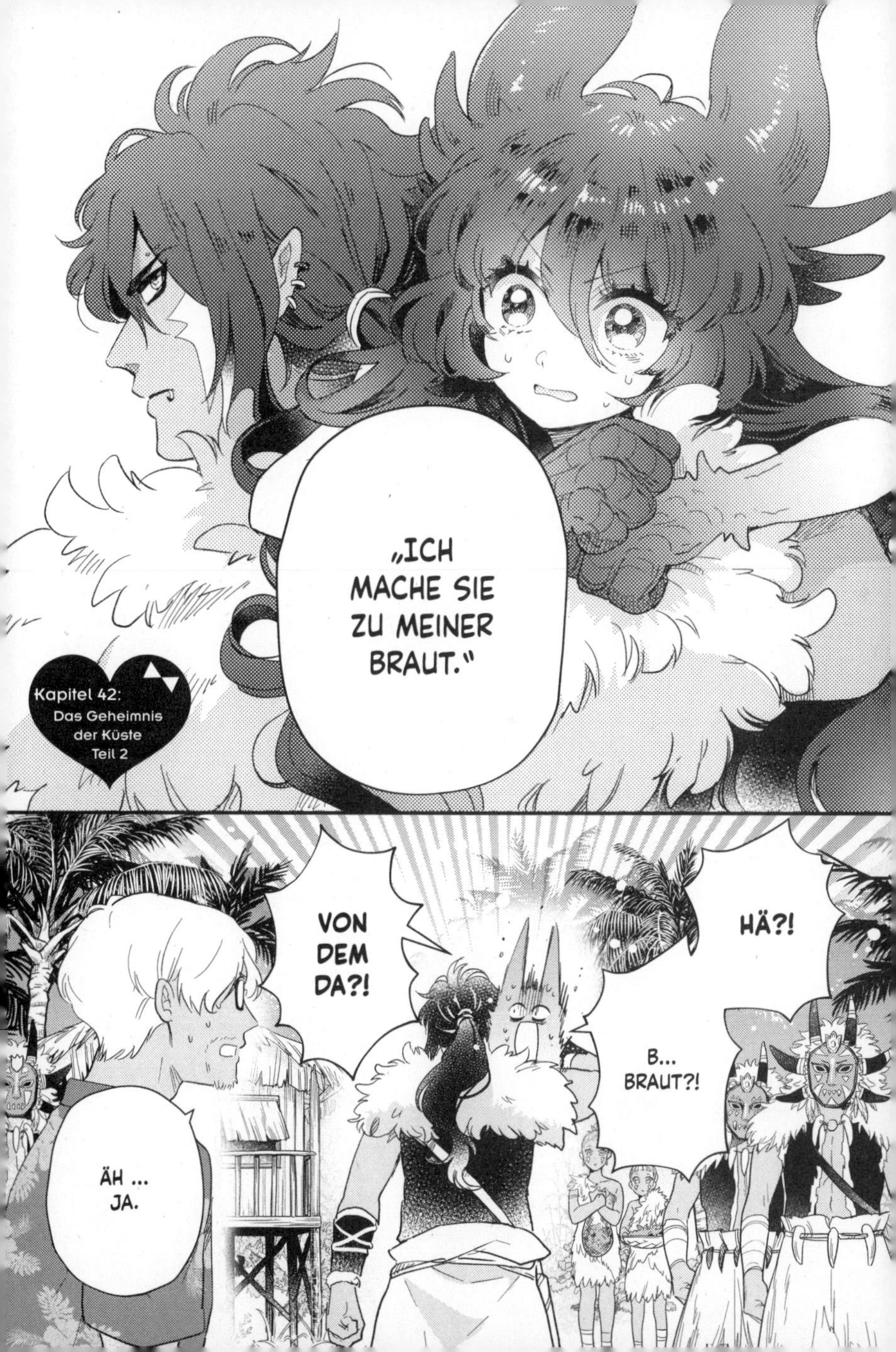
„ICH MACHE SIE ZU MEINER BRAUT."
Kapitel 42: Das Geheimnis der Küste Teil 2
HÄ?!
B... BRAUT?!
VON DEM DA?!
ÄH ... JA.

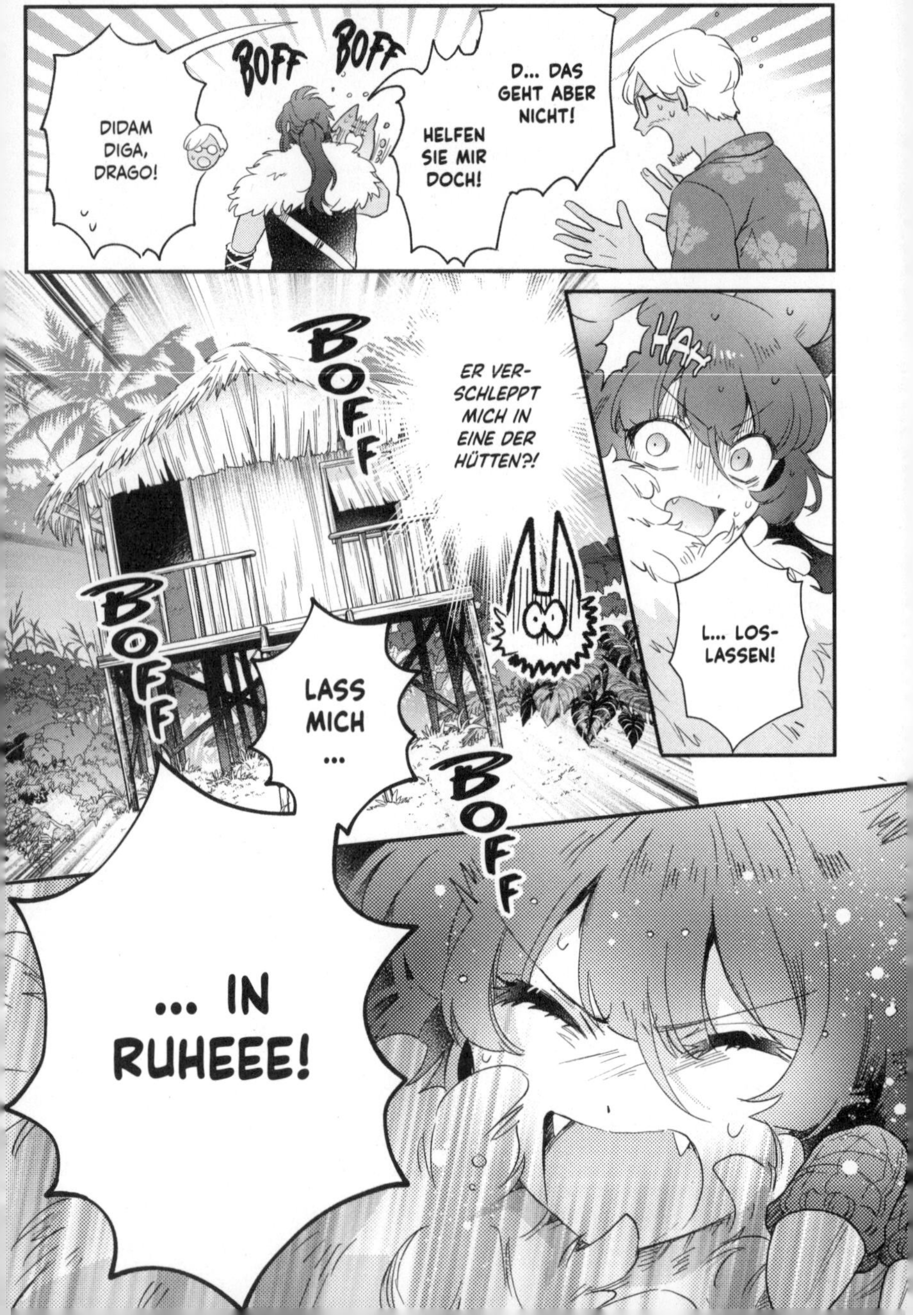
D... DAS GEHT ABER NICHT!
HELFEN SIE MIR DOCH!
BOFF BOFF
DIDAM DIGA, DRAGO!
HAH
ER VER-SCHLEPPT MICH IN EINE DER HÜTTEN?!
BOFF
L... LOS-LASSEN!
BOFF
LASS MICH ...
BOFF
... IN RUHEEE!

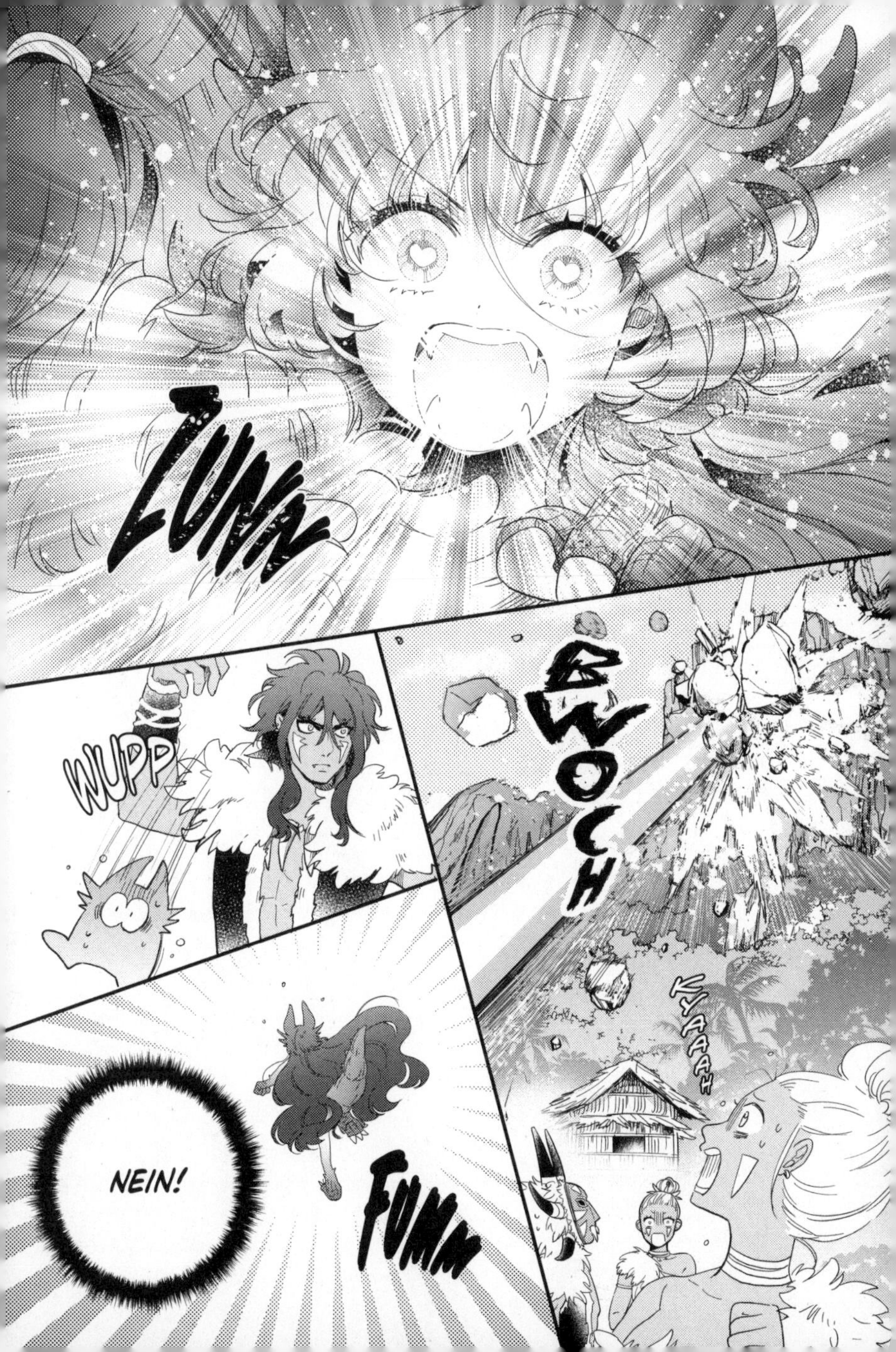
ZUNN
BWOCH
KYAAAAH
WUPP
NEIN!
FUMM

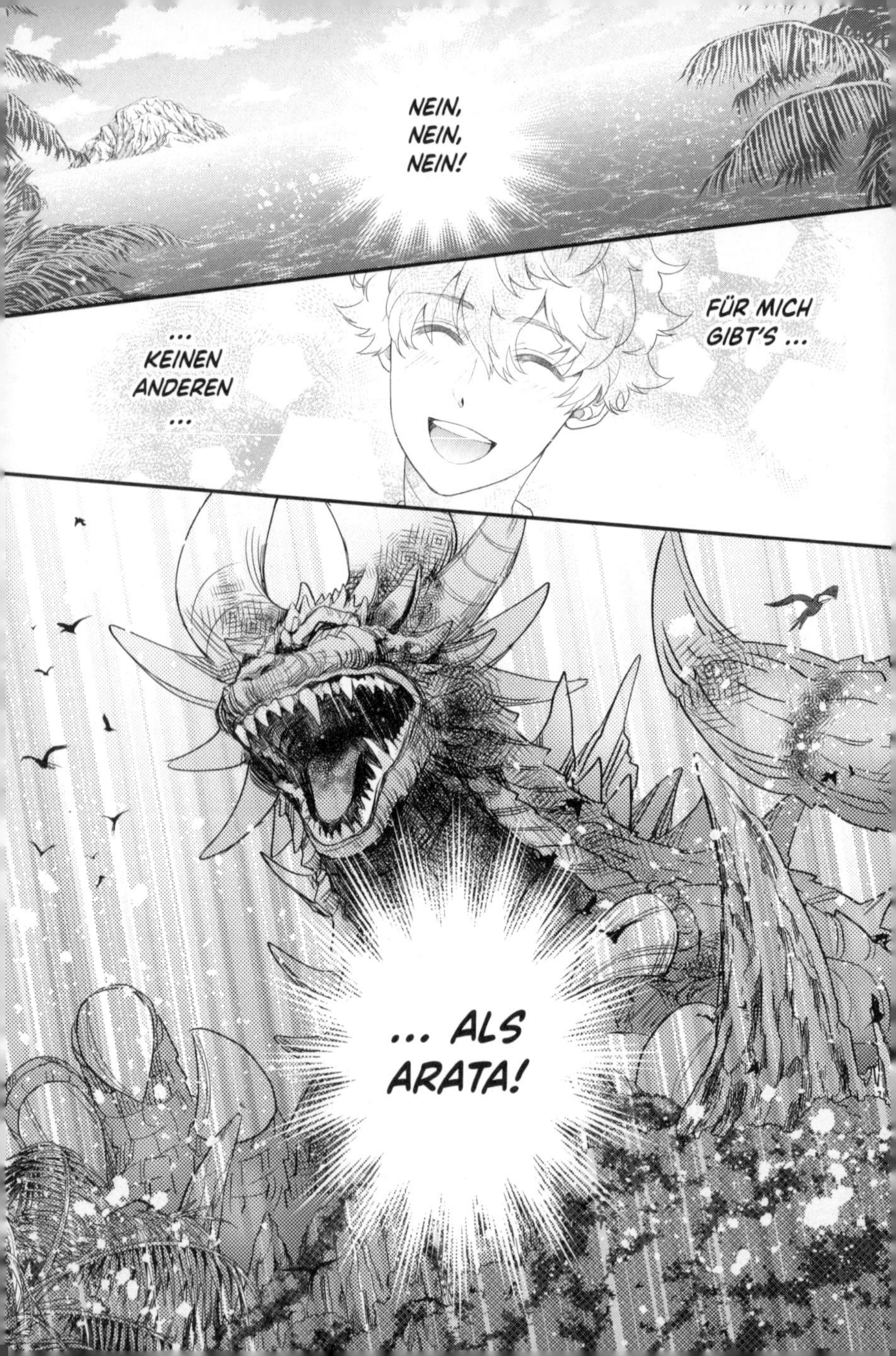
NEIN, NEIN, NEIN!
FÜR MICH GIBT'S ...
... KEINEN ANDEREN ...
... ALS ARATA!

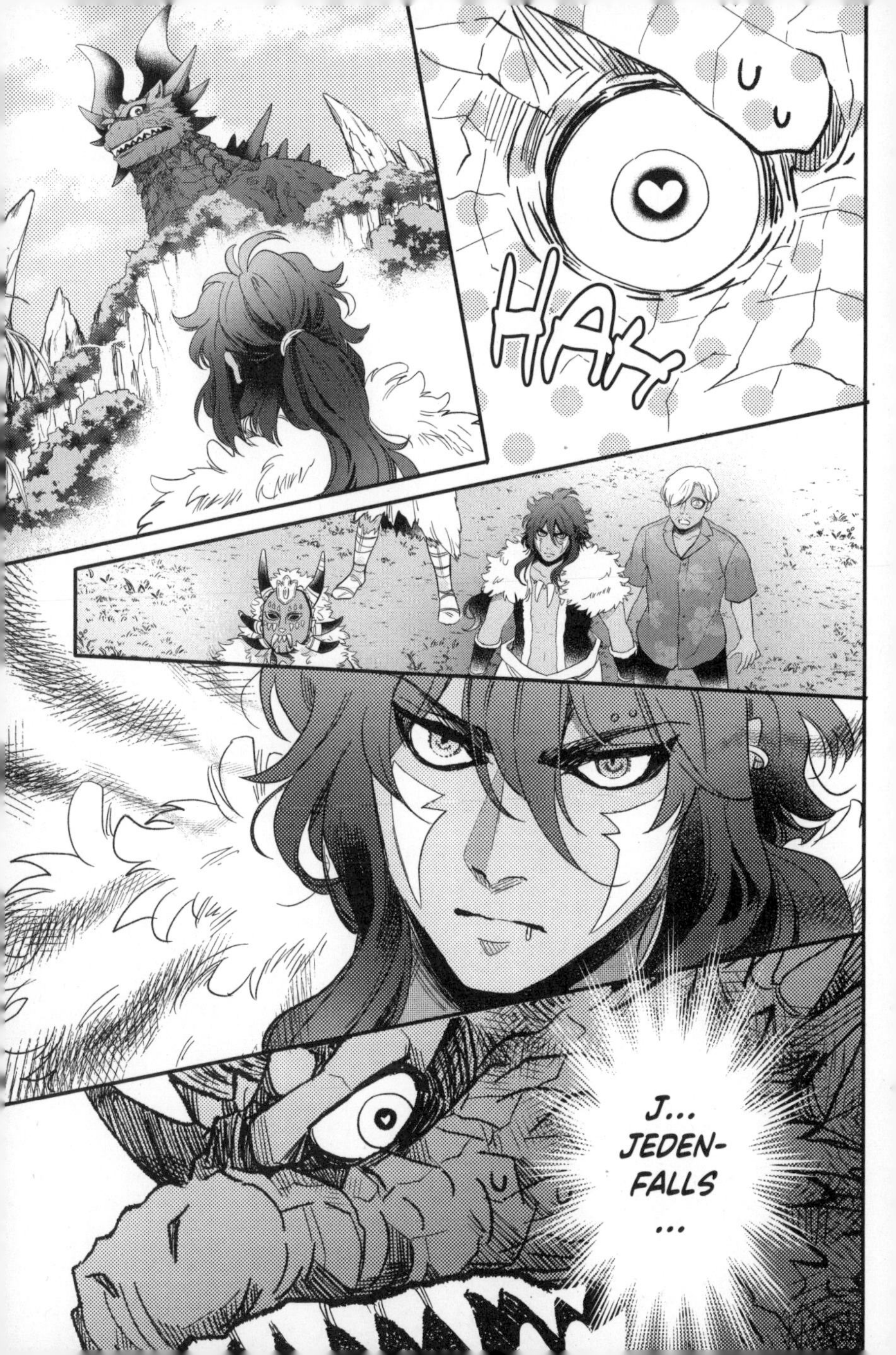
HAK
J... JEDEN-FALLS ...

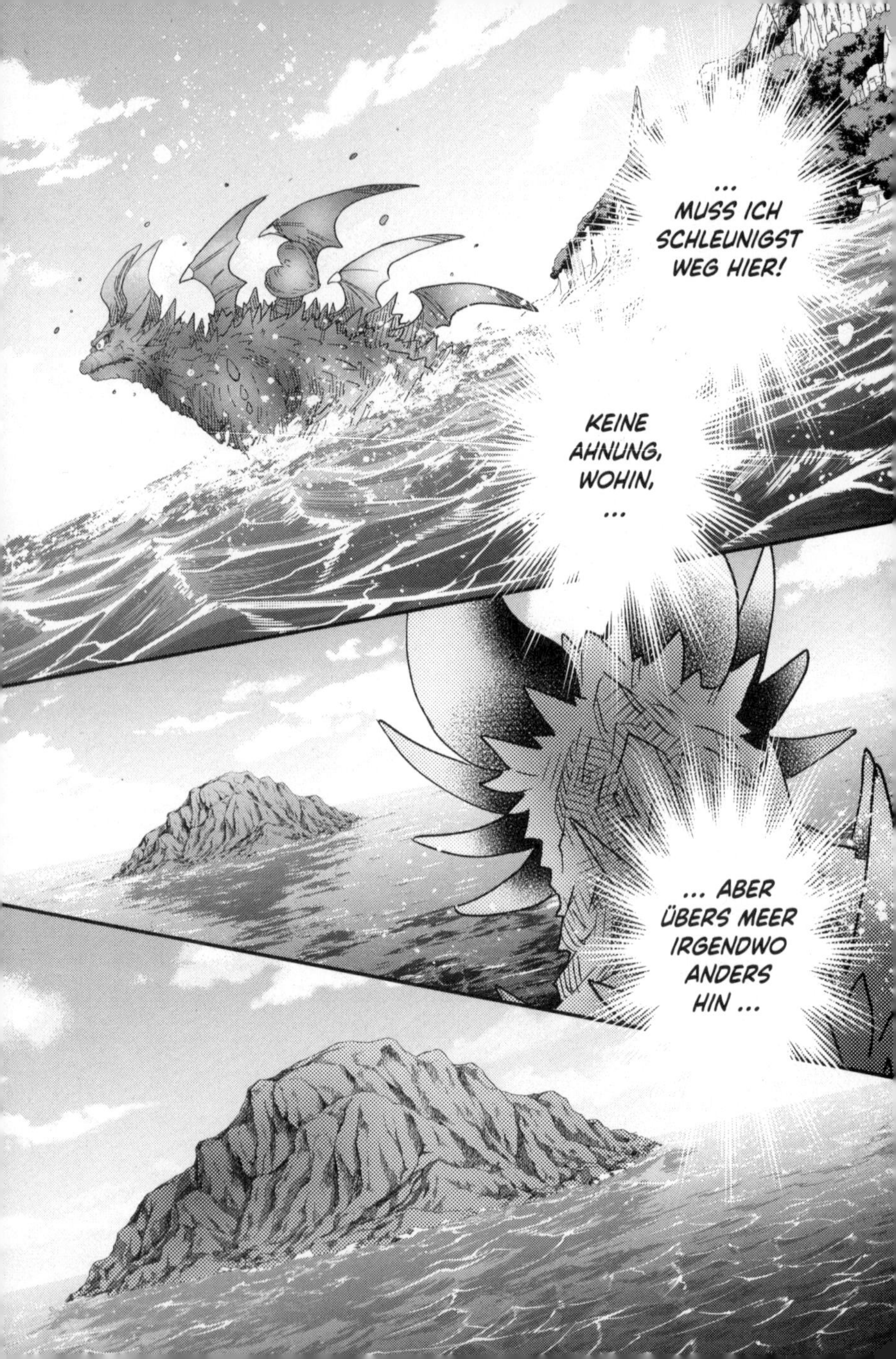
... MUSS ICH SCHLEUNIGST WEG HIER!
KEINE AHNUNG, WOHIN, ...
... ABER ÜBERS MEER IRGENDWO ANDERS HIN ...

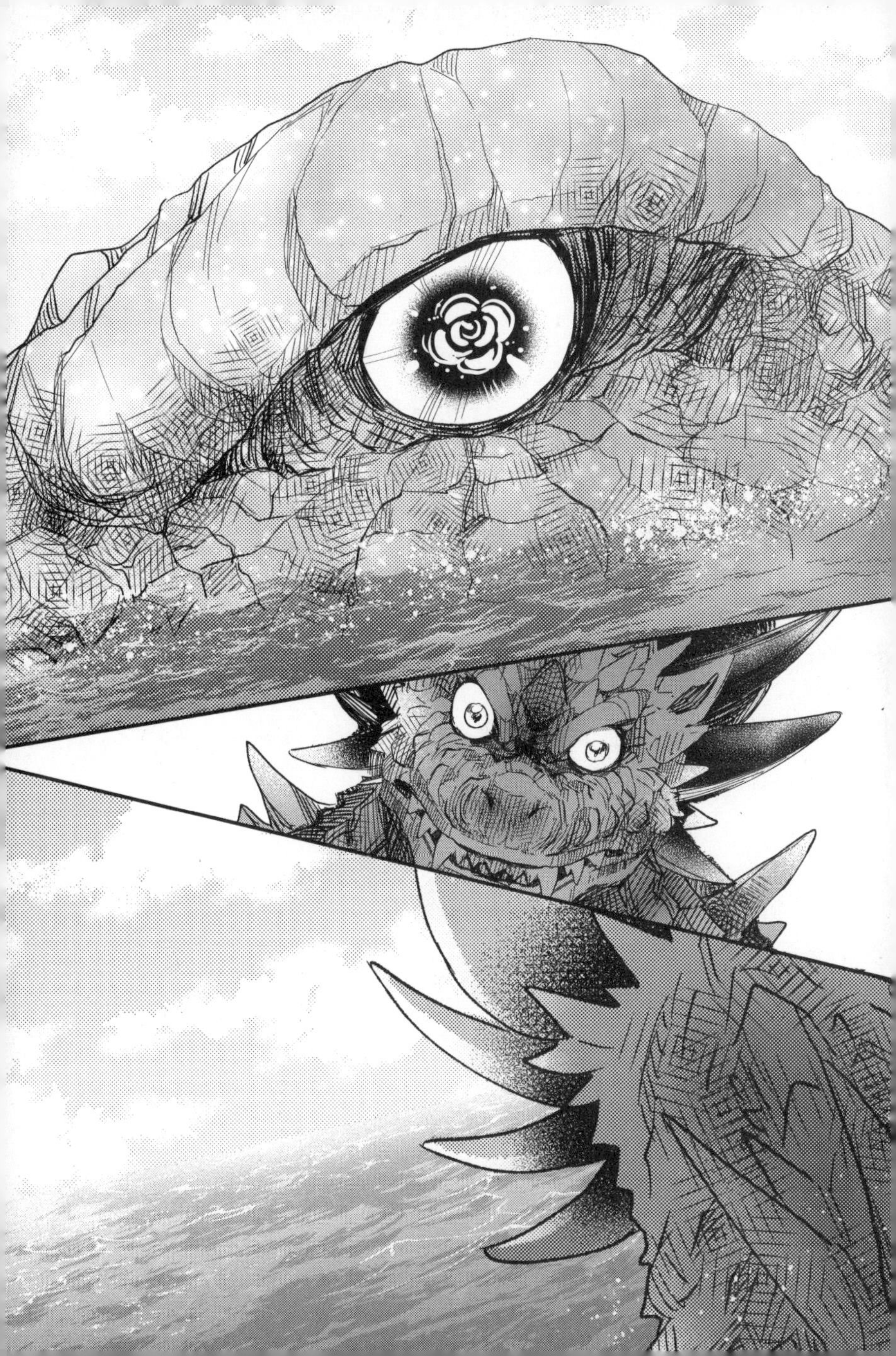

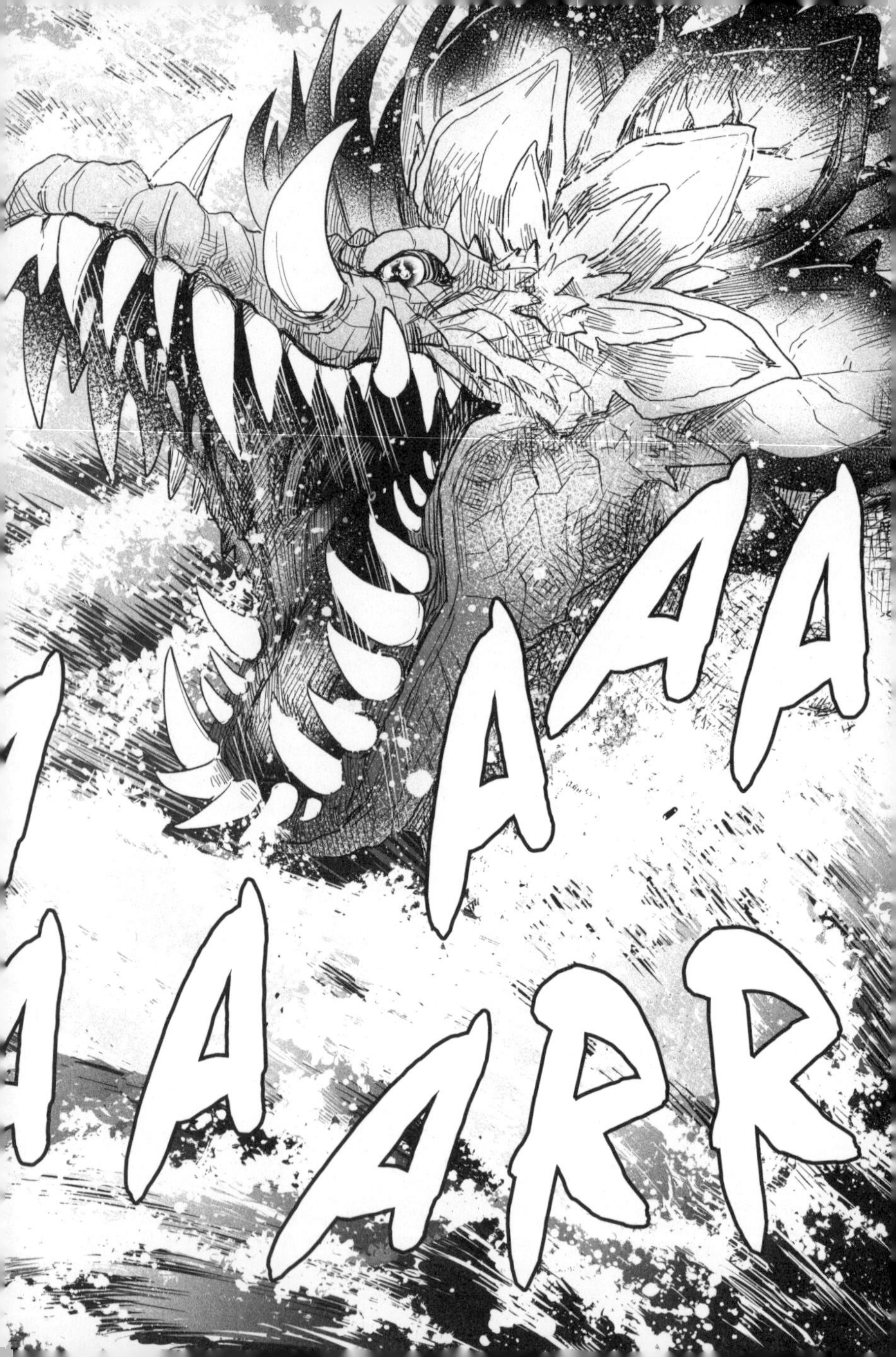
AAA
AARR

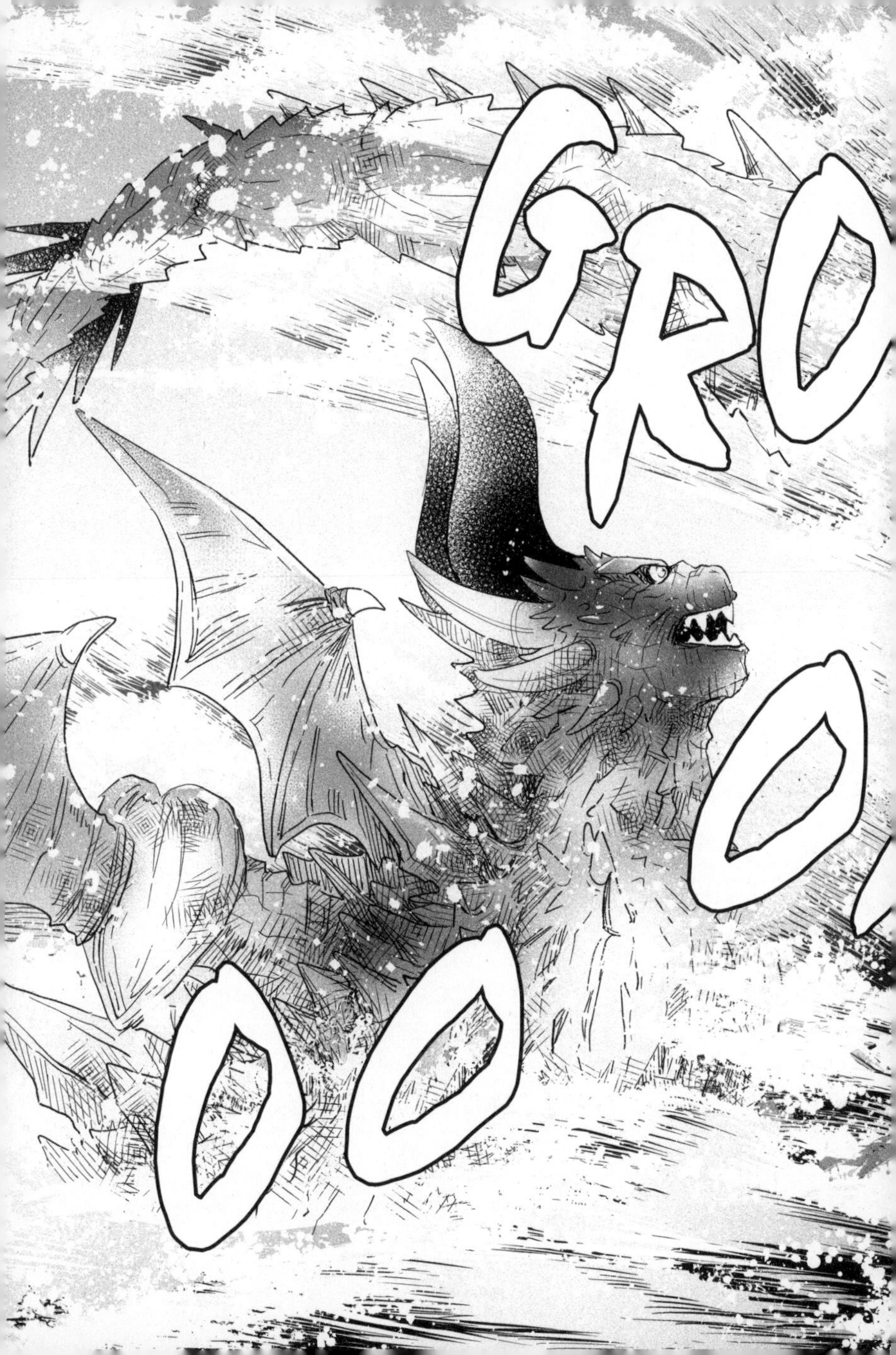
GROOOOO

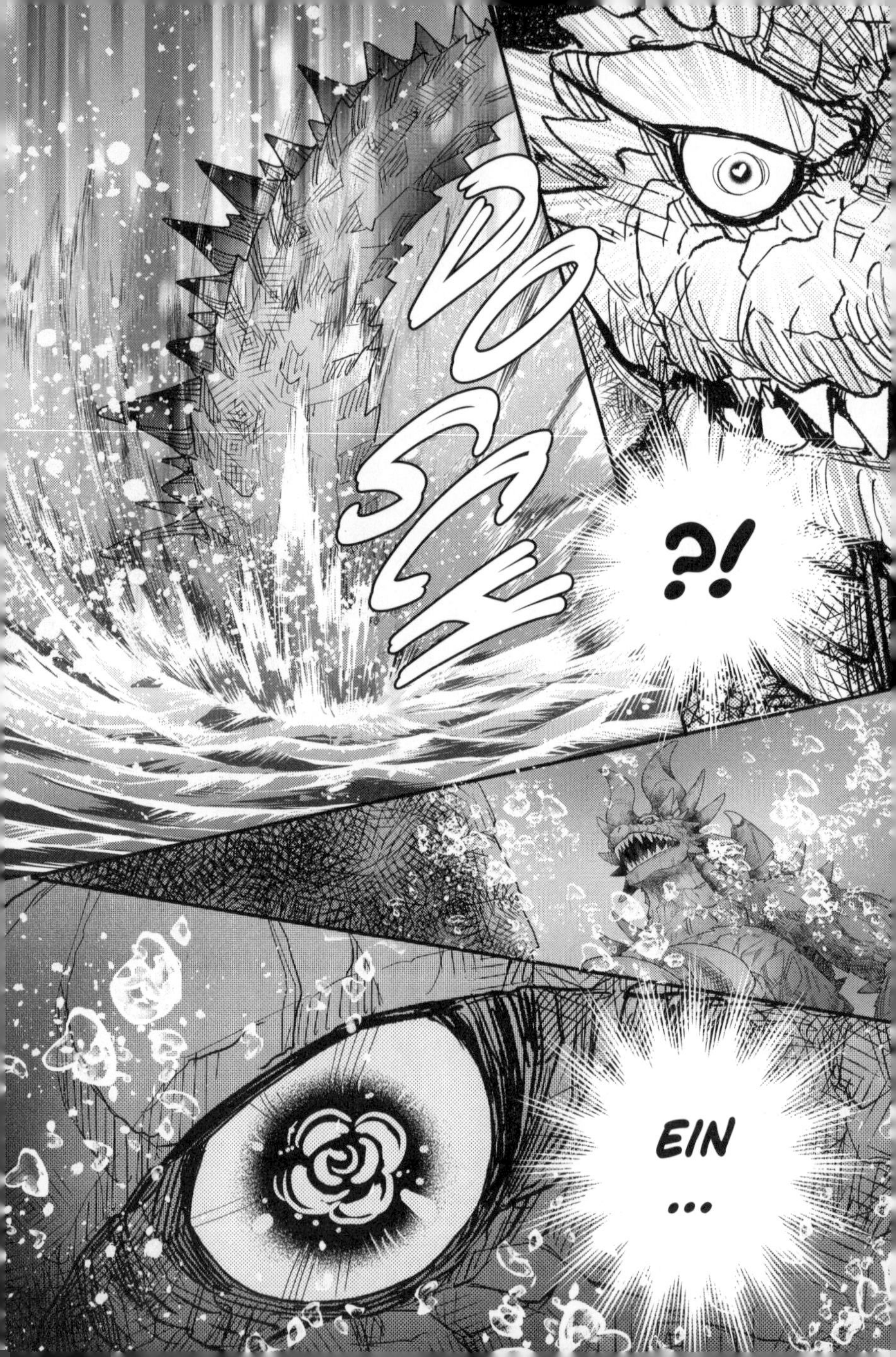

PLOSCH
?!
EIN ...

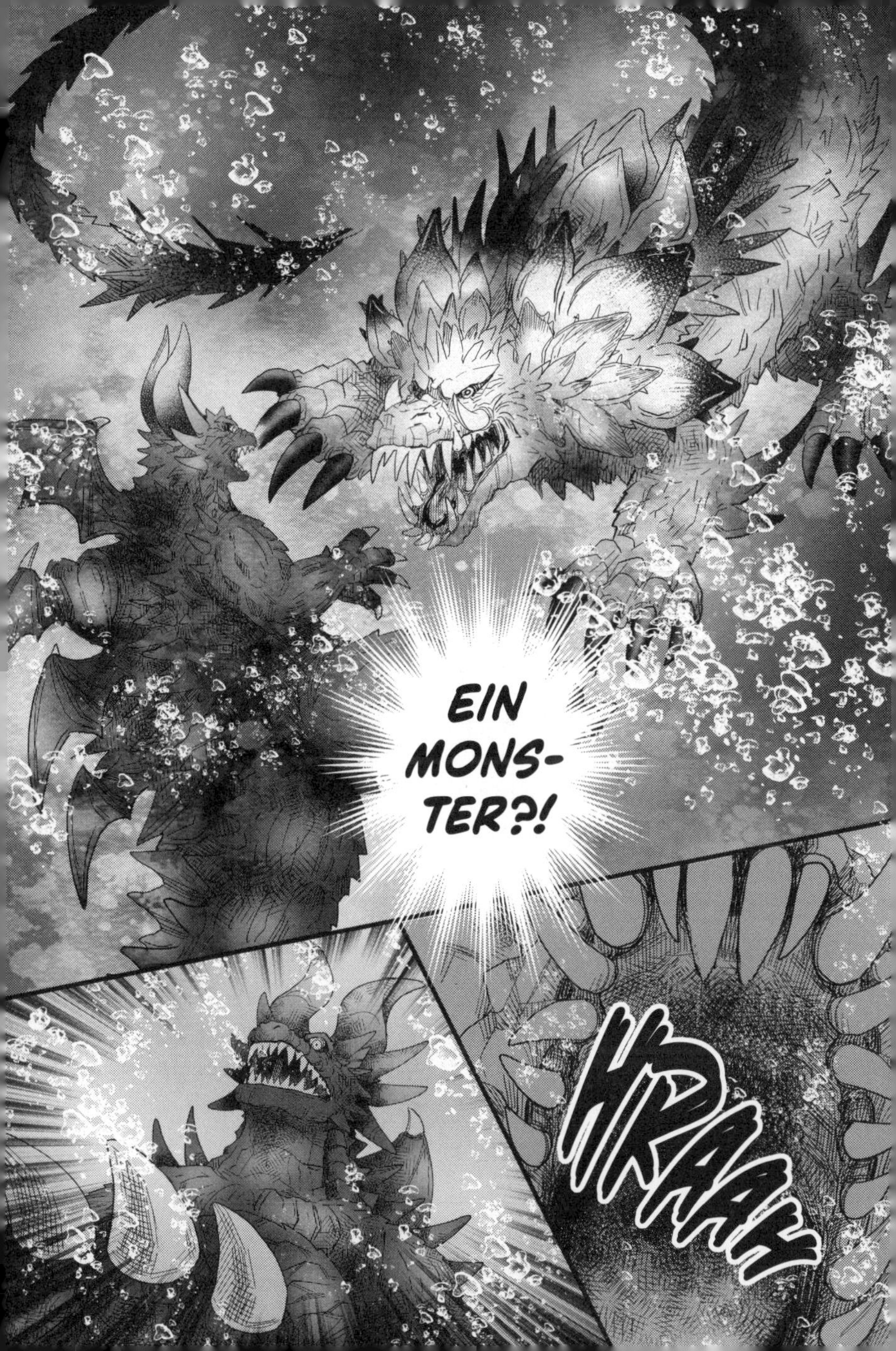
EIN MONS-TER?!
KRAAAH

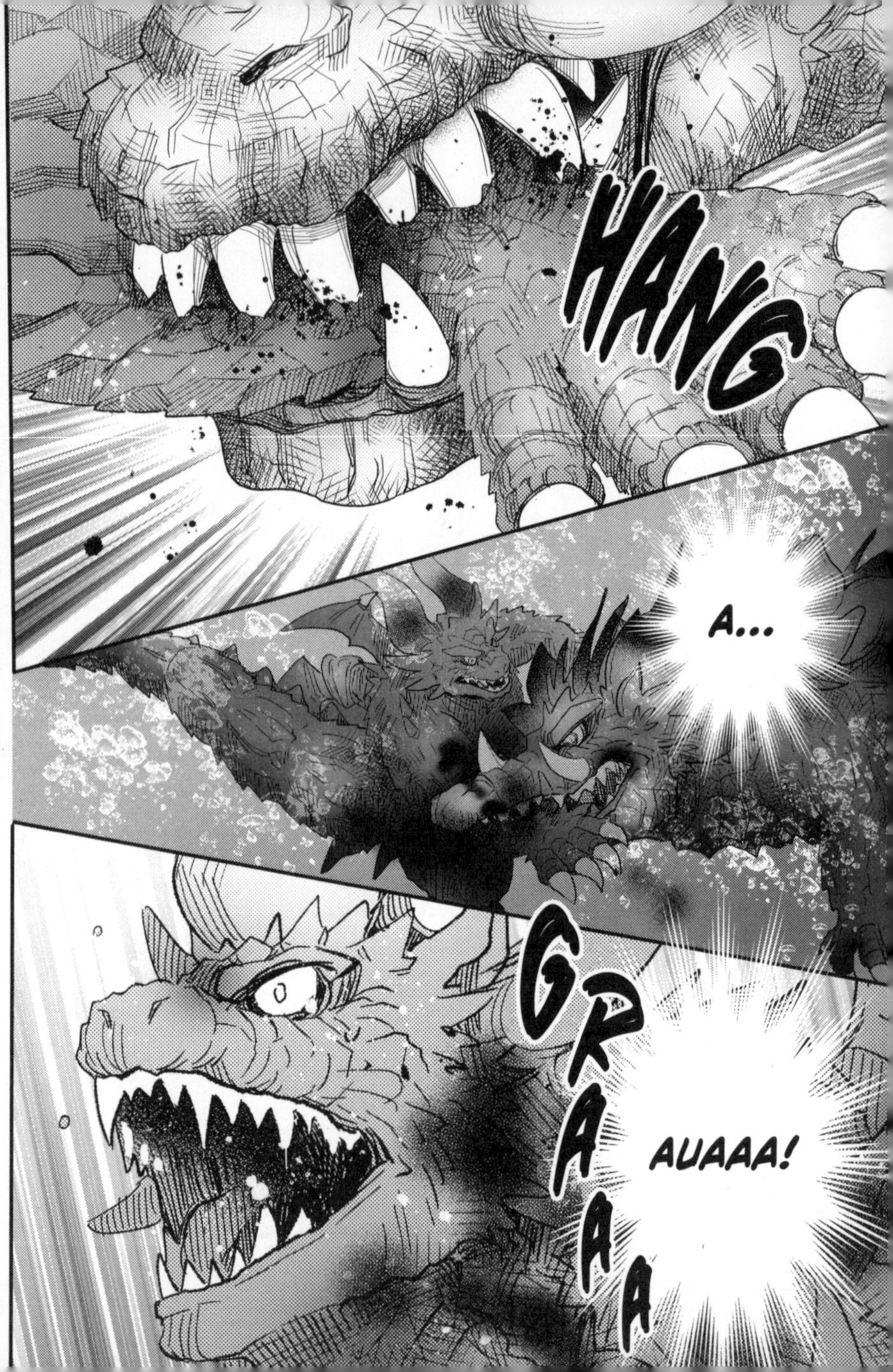
HANG
A...
GRAAAAA
AUAAA!

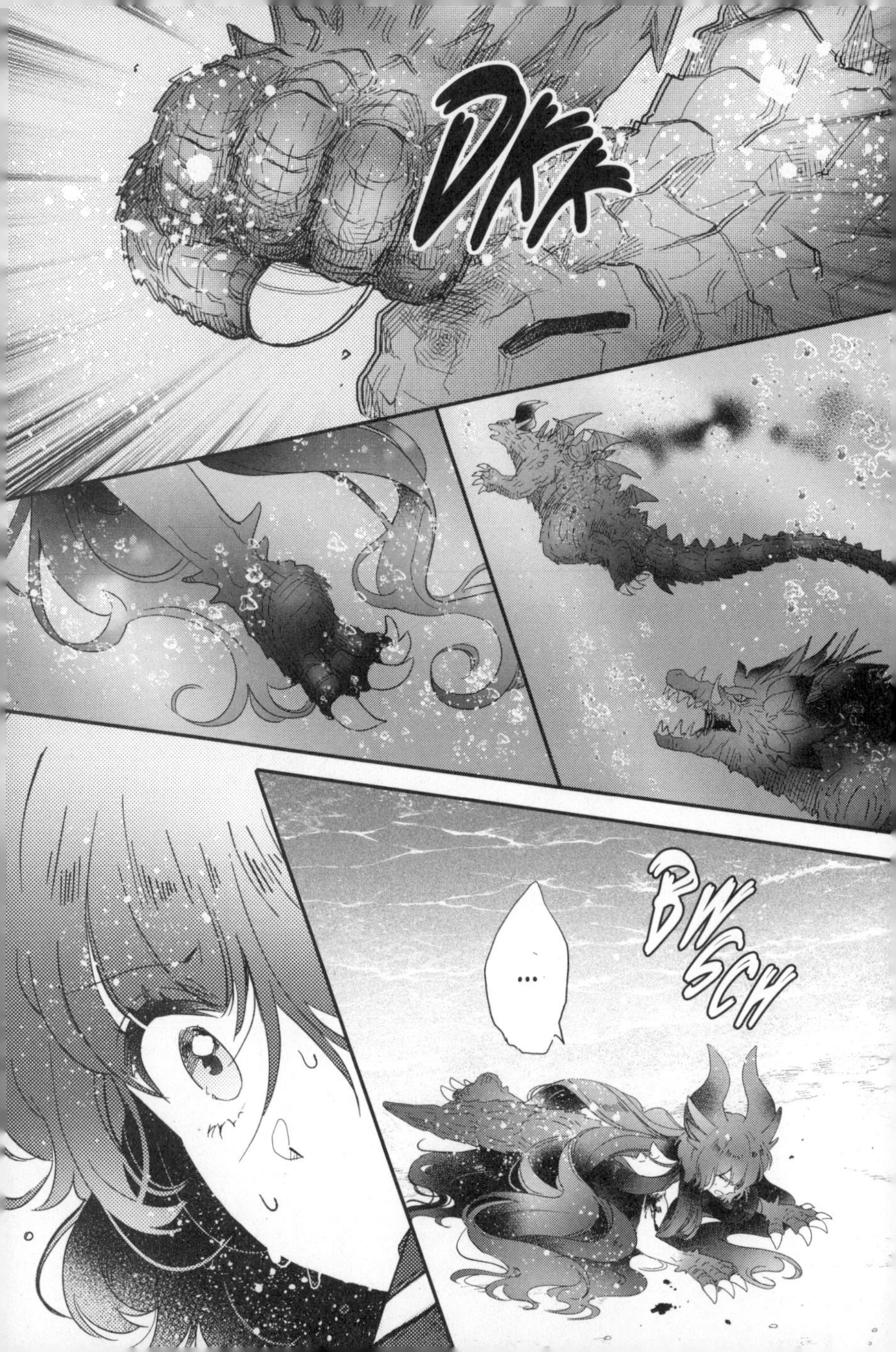

DKK
...
BWSCH

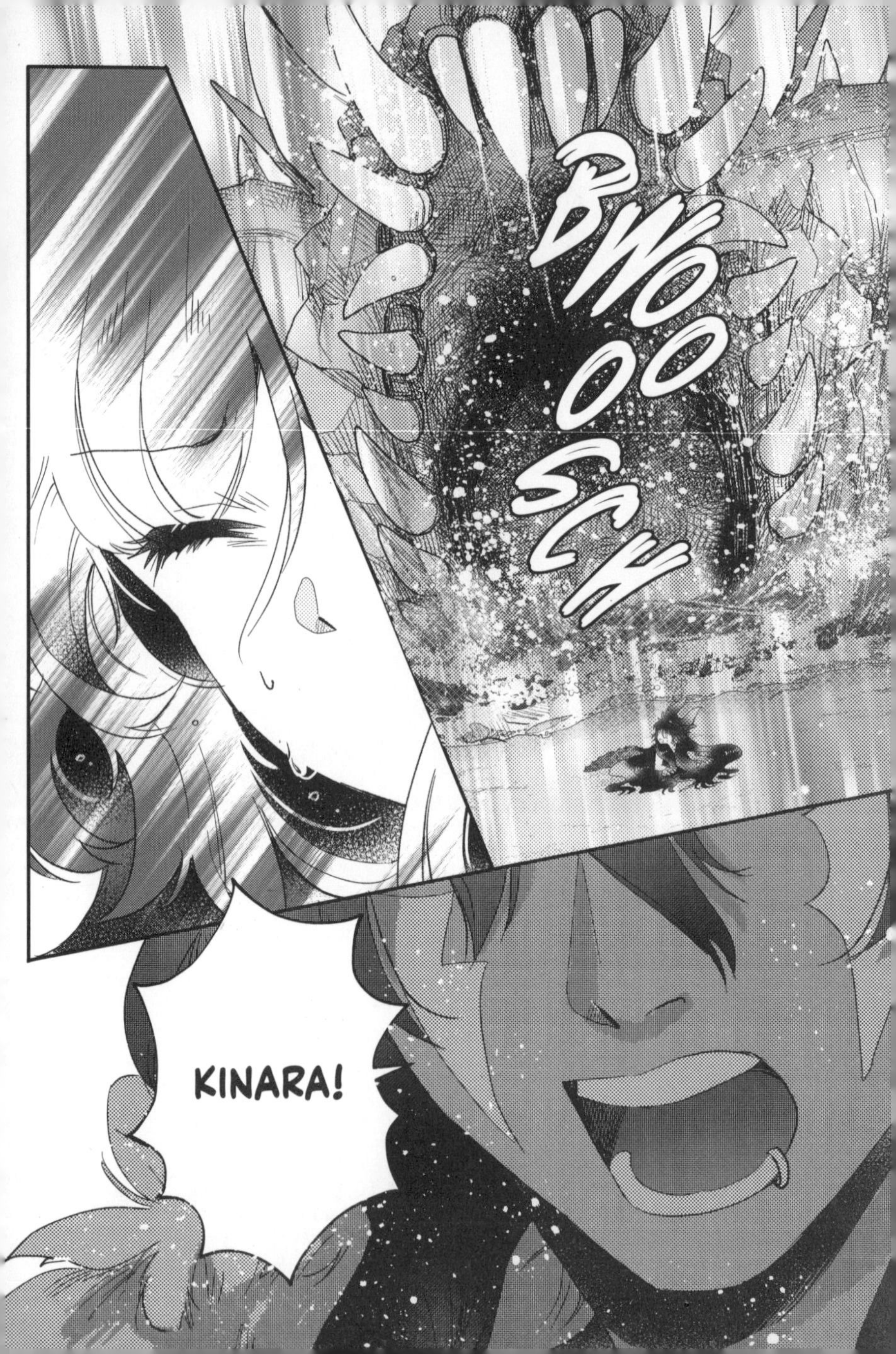
BWOOOSCH
KINARA!

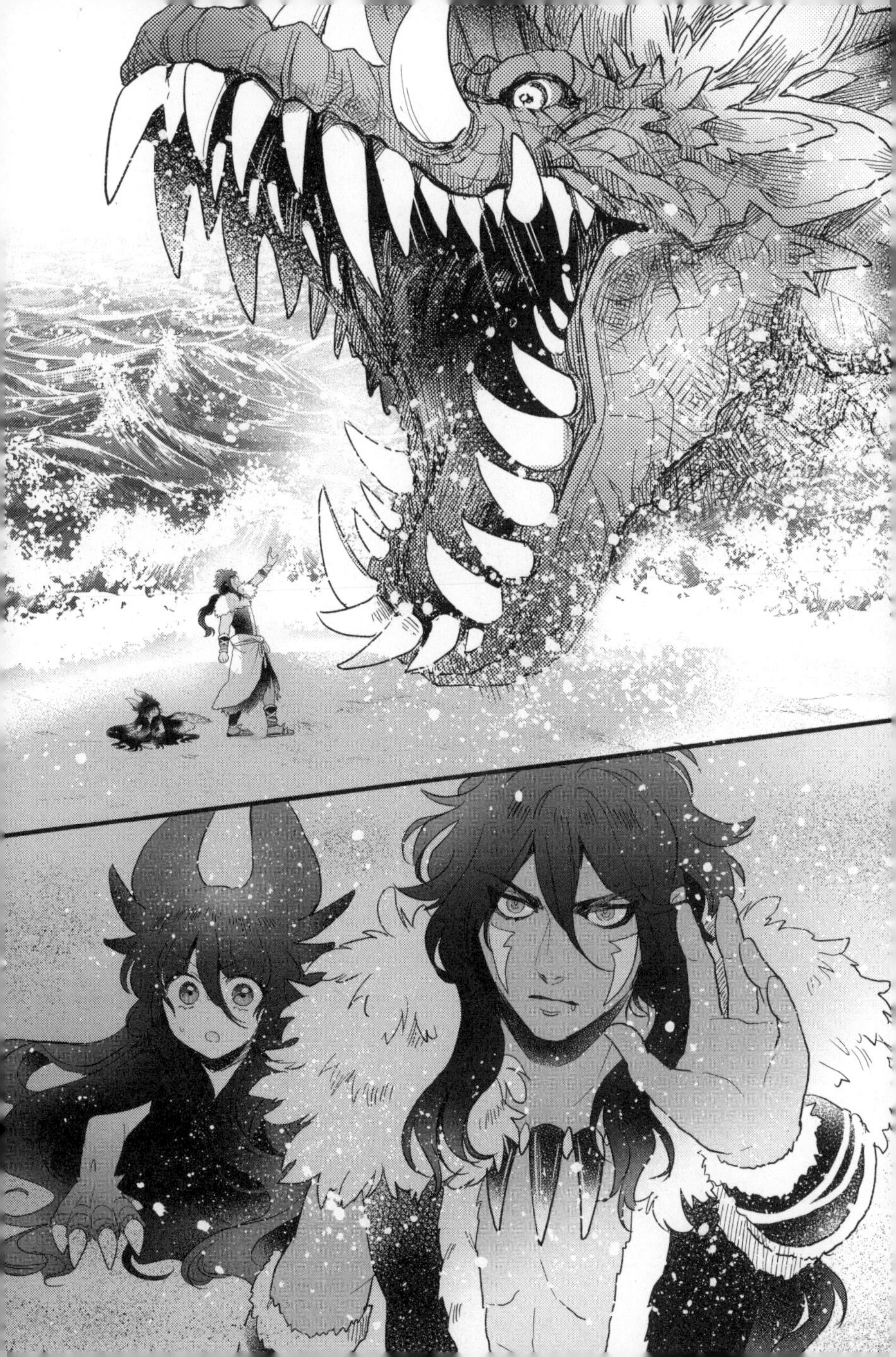

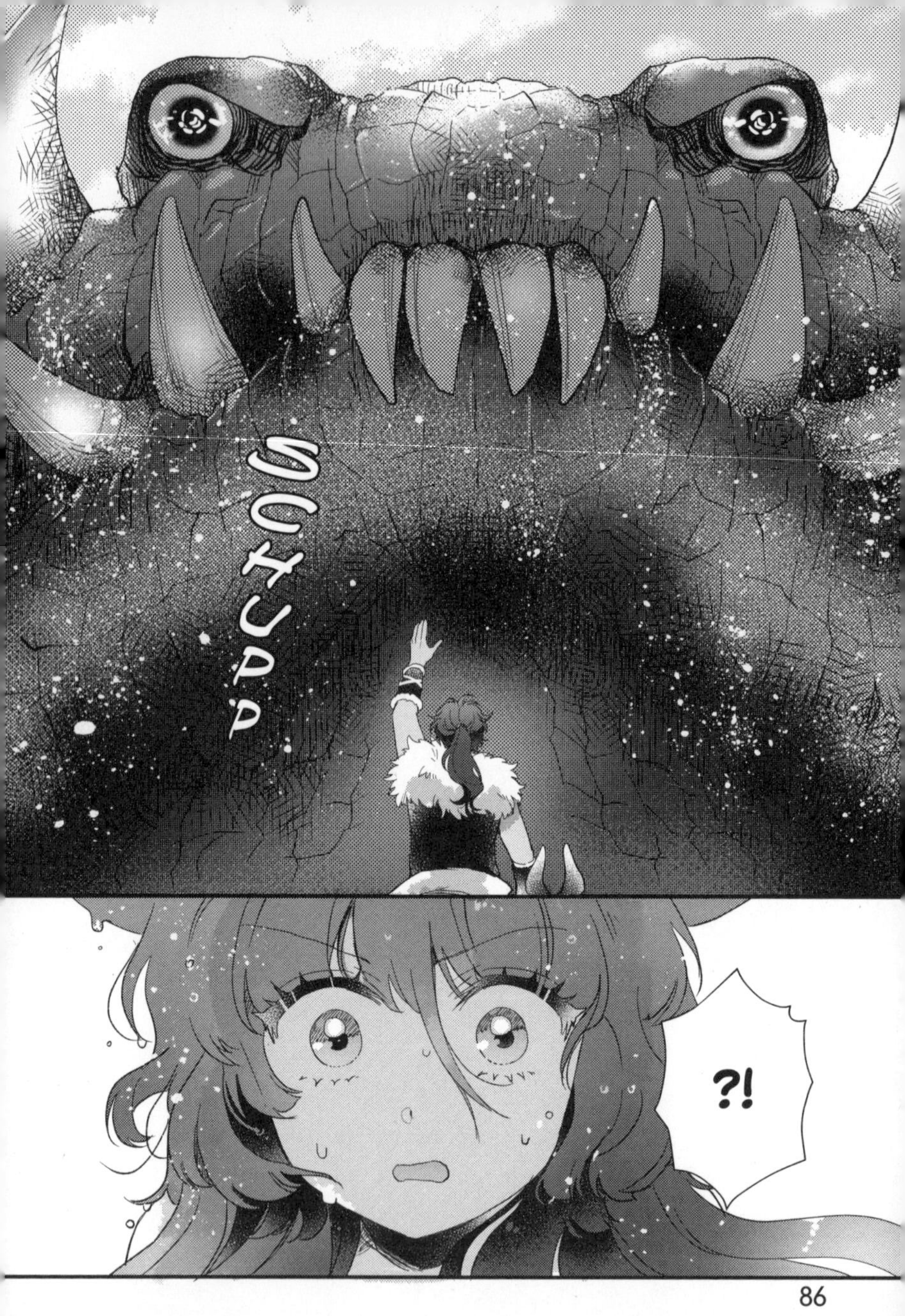
SCHUPP
?!

MONSTERMÄSSIG
VERKNALLT

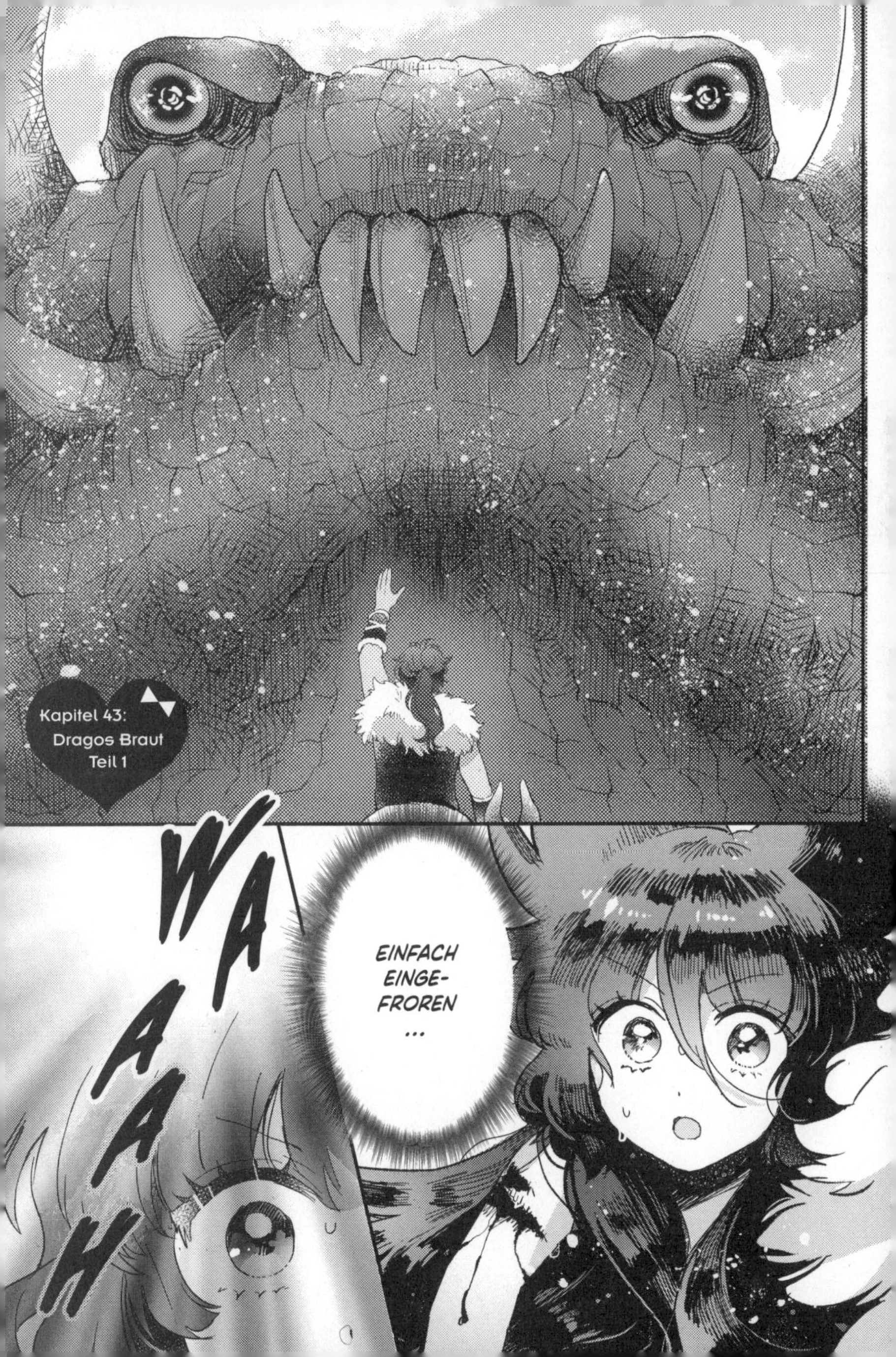
Kapitel 43:
Dragos Braut
Teil 1
WAAAAAH
EINFACH EINGE-FROREN ...

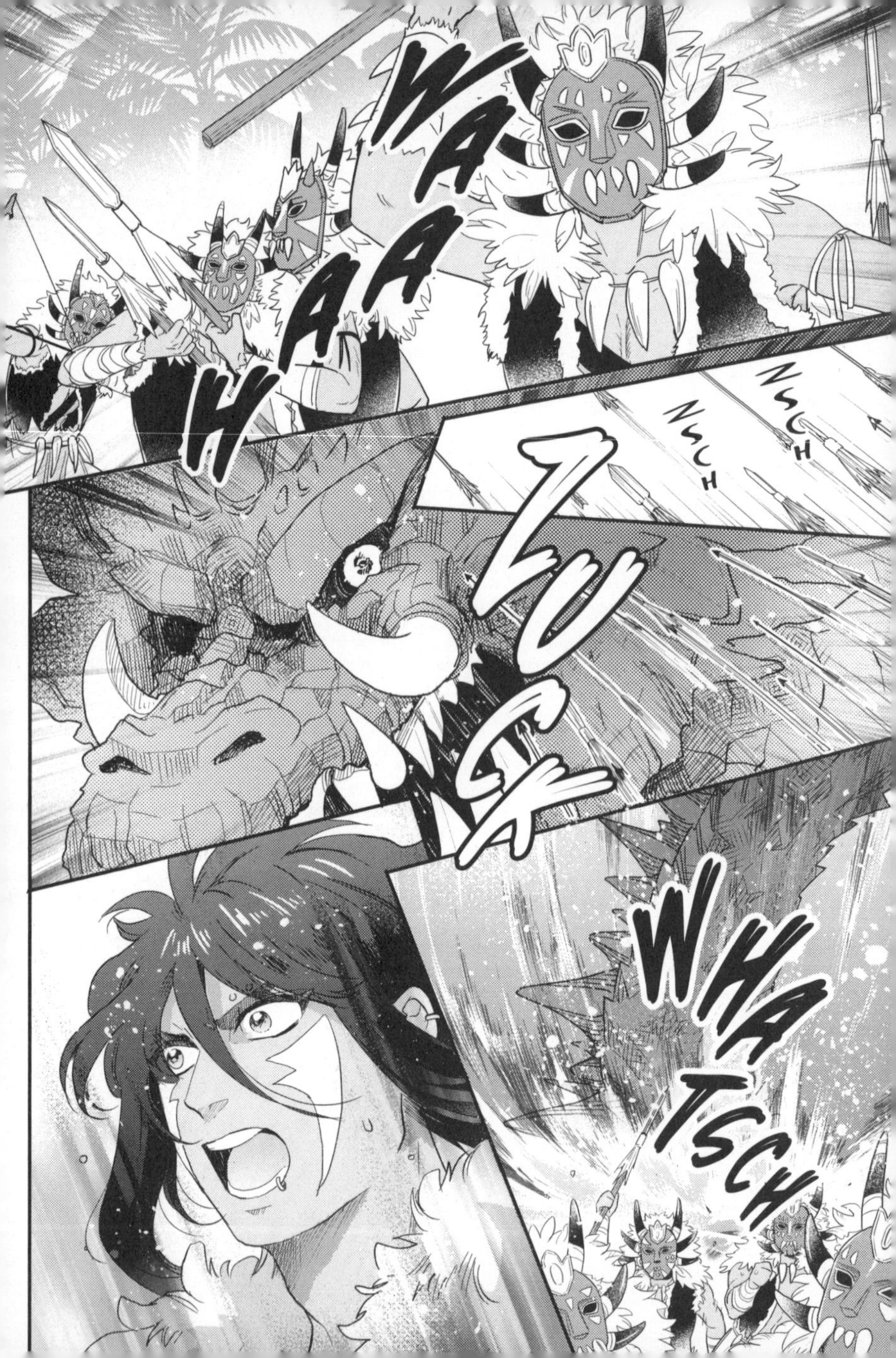
WAAAAH
NSCH
NSCH
ZLUCK
WHATSCH

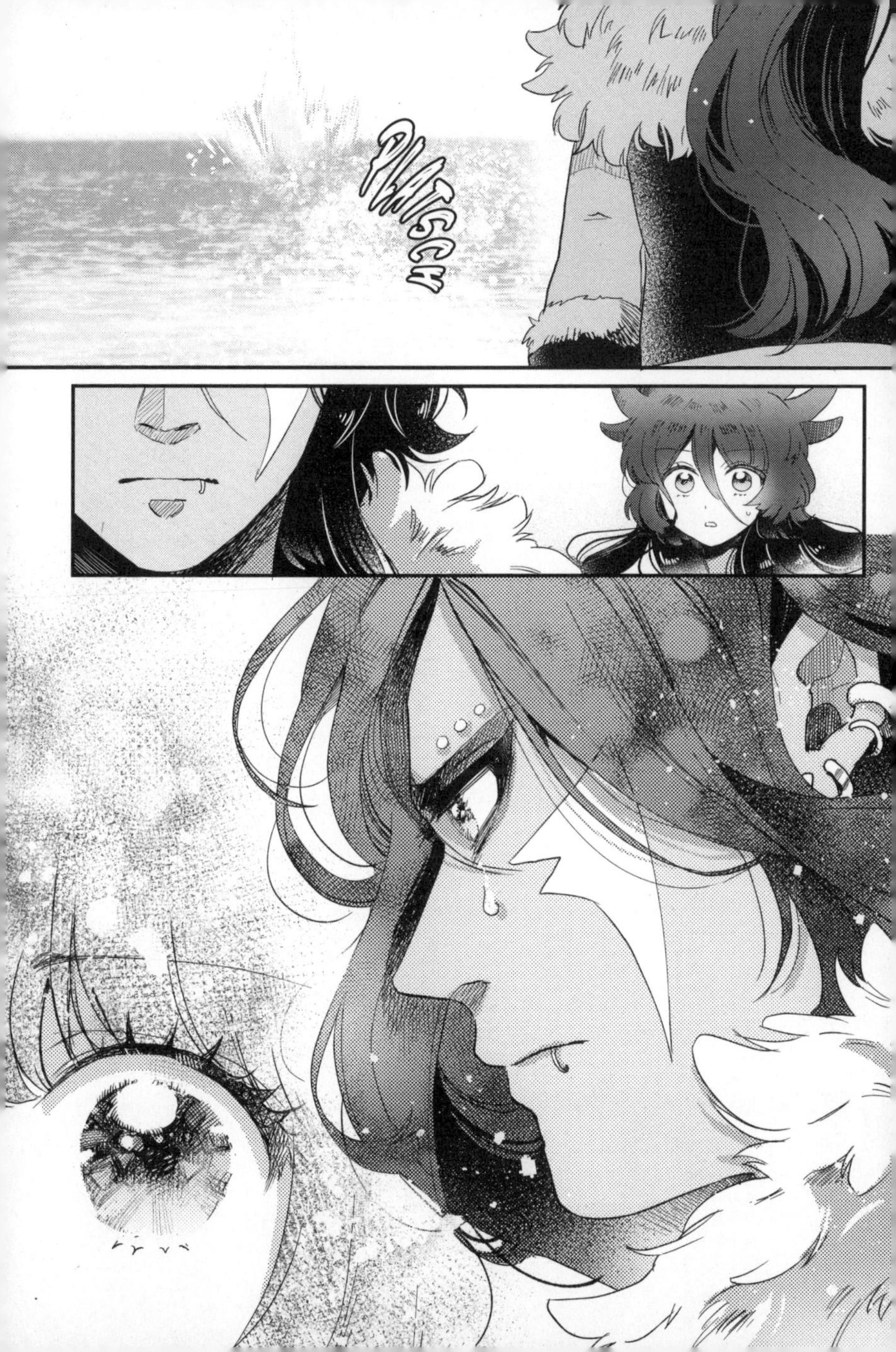
PLATSCH

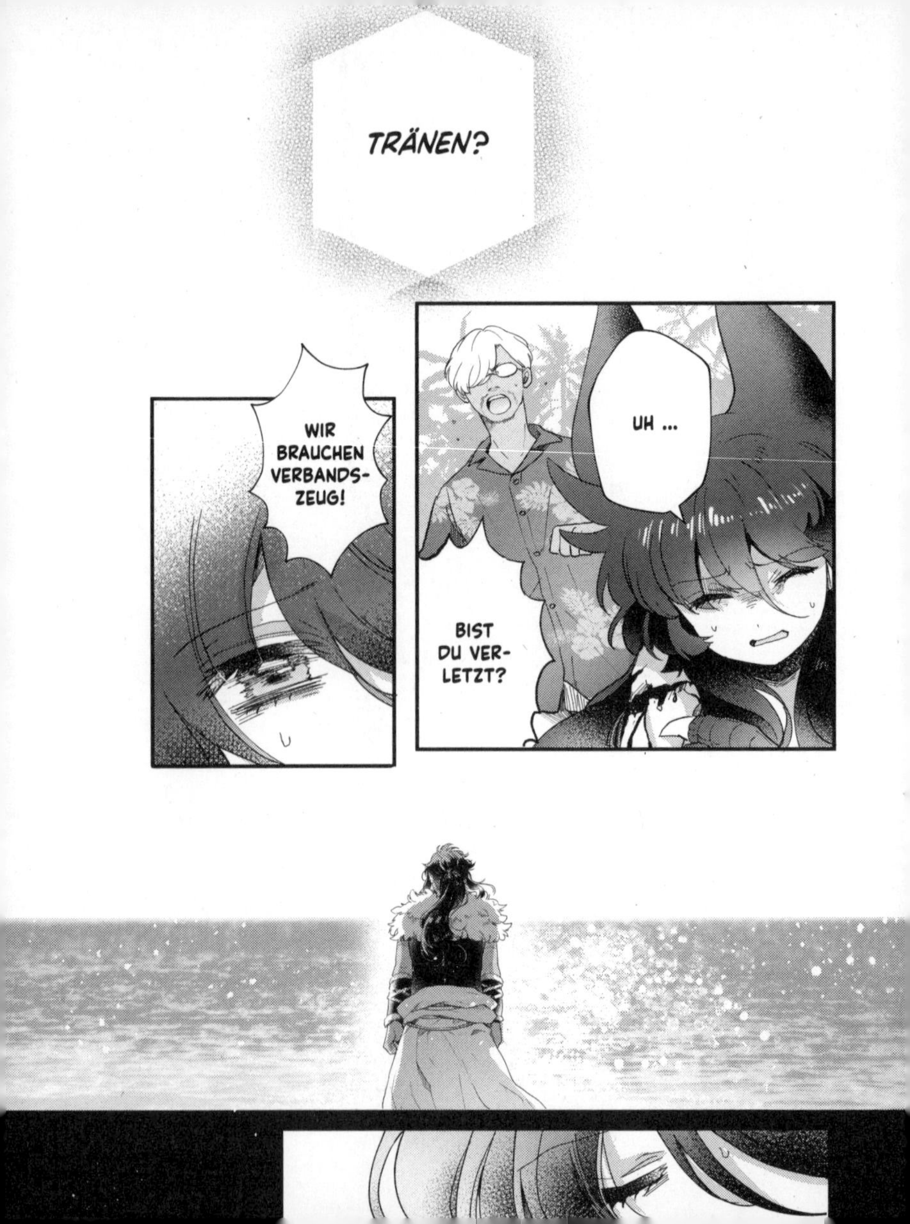
TRÄNEN?
UH ...
BIST DU VERLETZT?
WIR BRAUCHEN VERBANDSZEUG!

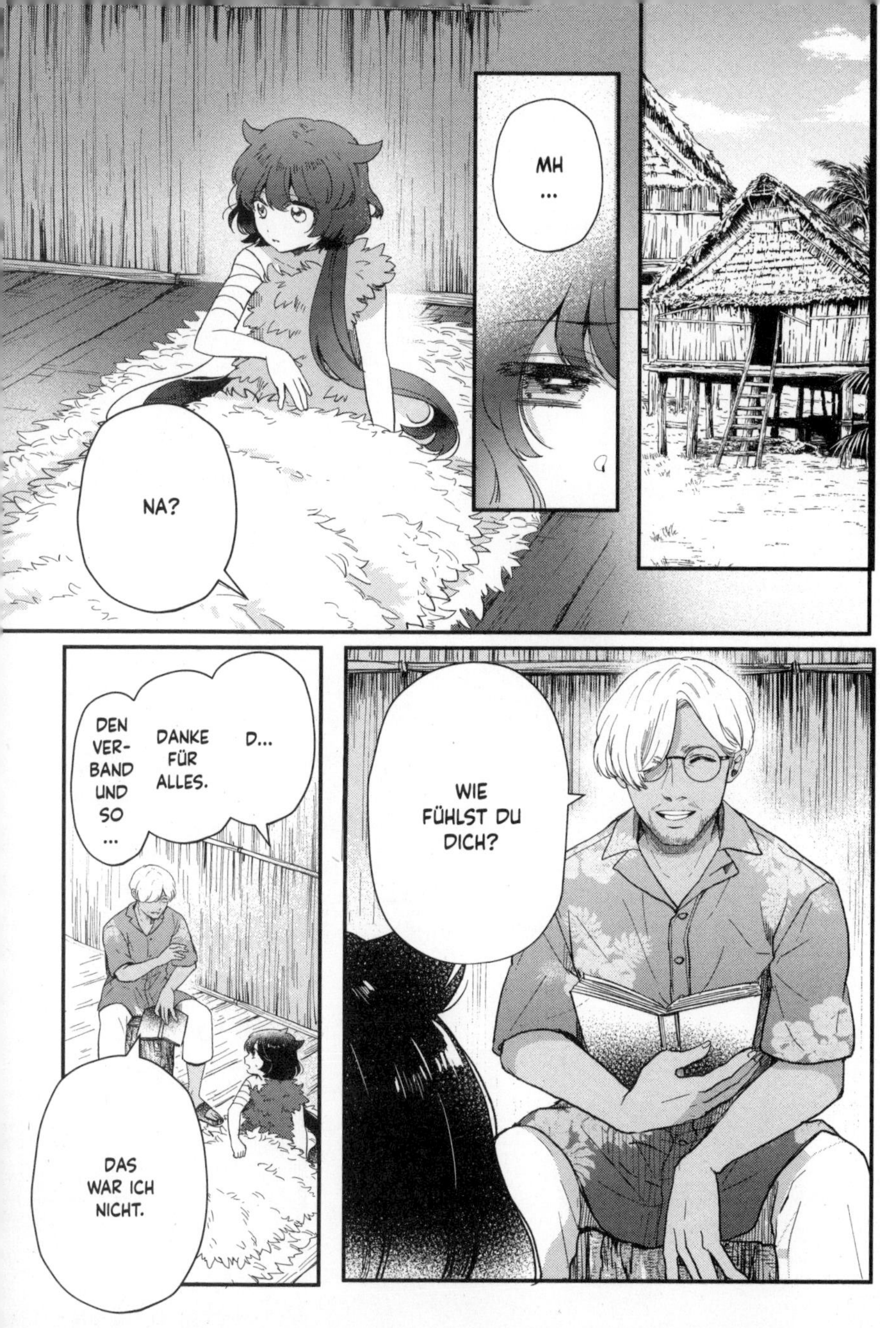
MH ...
NA?
WIE FÜHLST DU DICH?
D... DANKE FÜR ALLES.
DEN VERBAND UND SO ...
DAS WAR ICH NICHT.

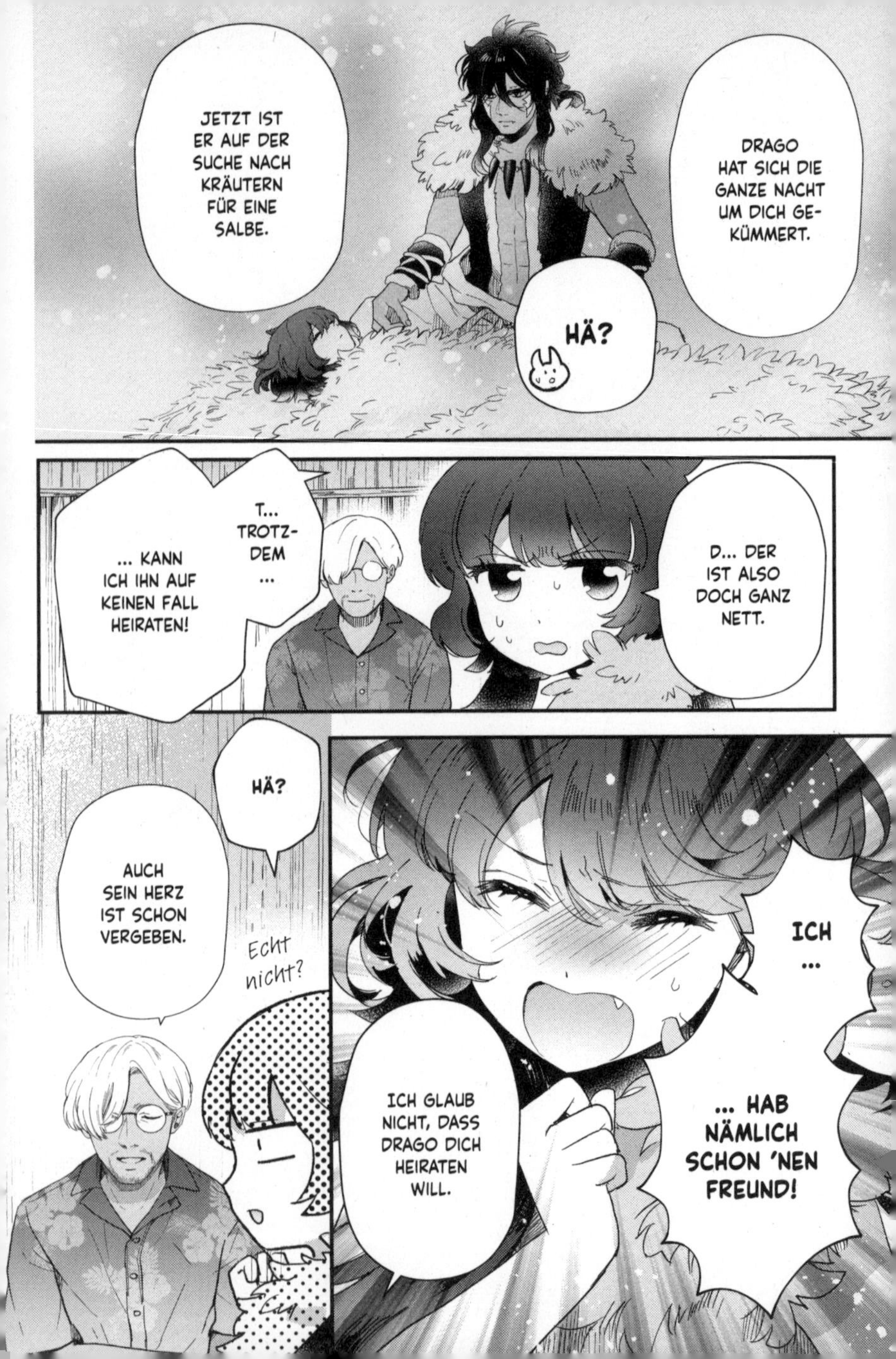
DRAGO HAT SICH DIE GANZE NACHT UM DICH GE-KÜMMERT.
JETZT IST ER AUF DER SUCHE NACH KRÄUTERN FÜR EINE SALBE.
HÄ?
D... DER IST ALSO DOCH GANZ NETT.
T... TROTZ-DEM ...
... KANN ICH IHN AUF KEINEN FALL HEIRATEN!
ICH ...
... HAB NÄMLICH SCHON 'NEN FREUND!
ICH GLAUB NICHT, DASS DRAGO DICH HEIRATEN WILL.
HÄ?
AUCH SEIN HERZ IST SCHON VERGEBEN.
Echt nicht?

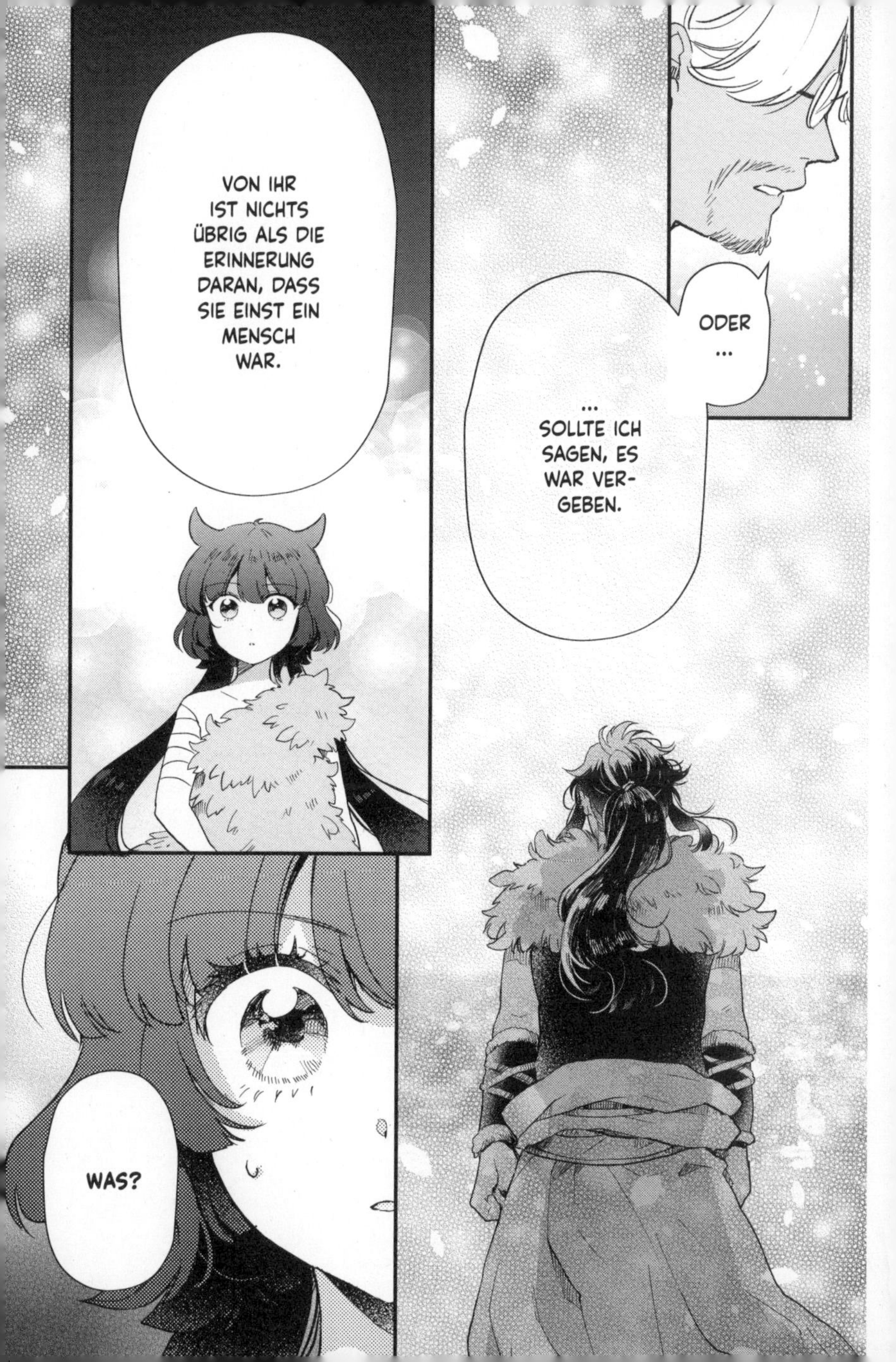
ODER …
… SOLLTE ICH SAGEN, ES WAR VER-GEBEN.
VON IHR IST NICHTS ÜBRIG ALS DIE ERINNERUNG DARAN, DASS SIE EINST EIN MENSCH WAR.
WAS?

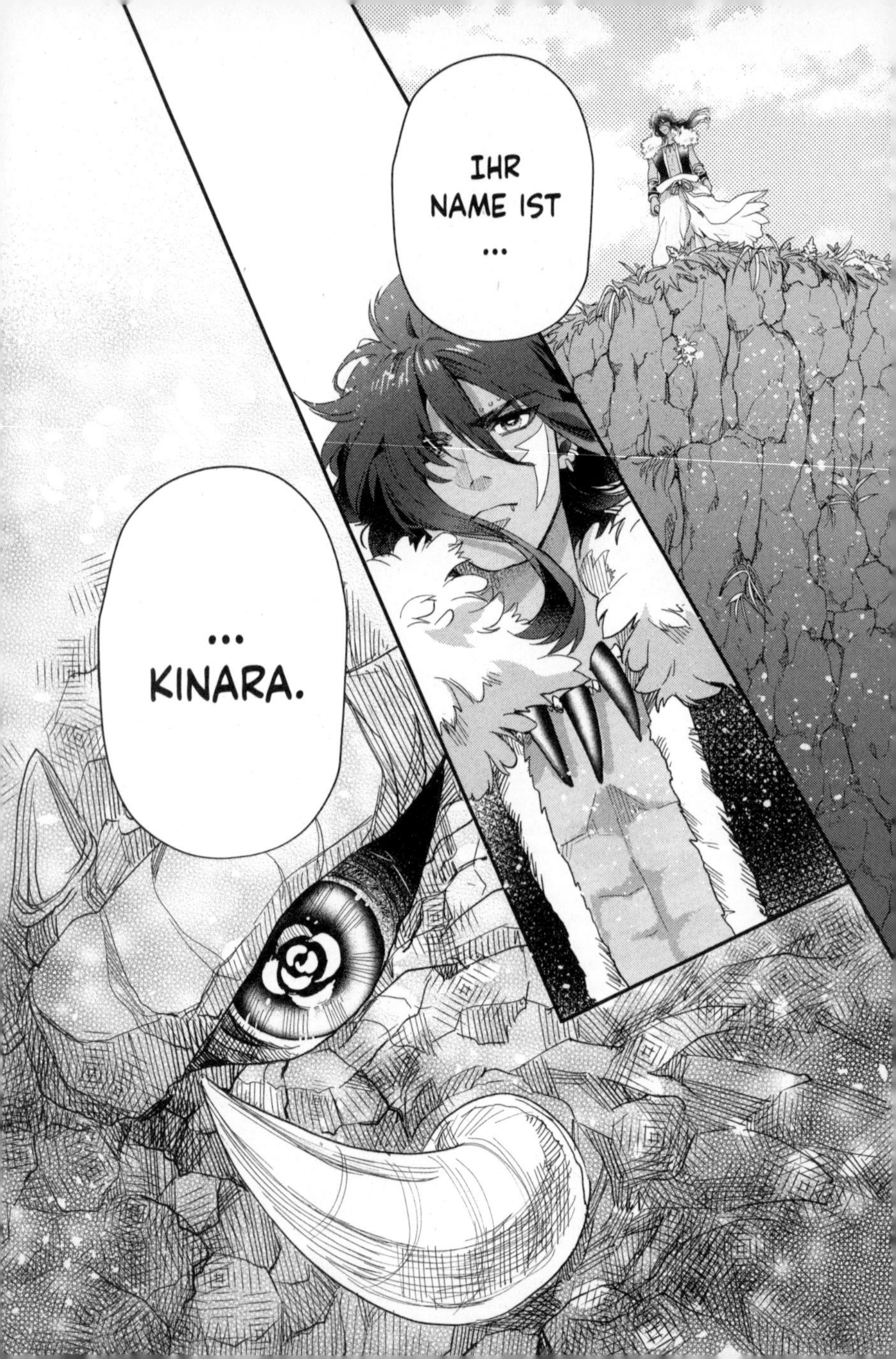
IHR NAME IST ...
... KINARA.

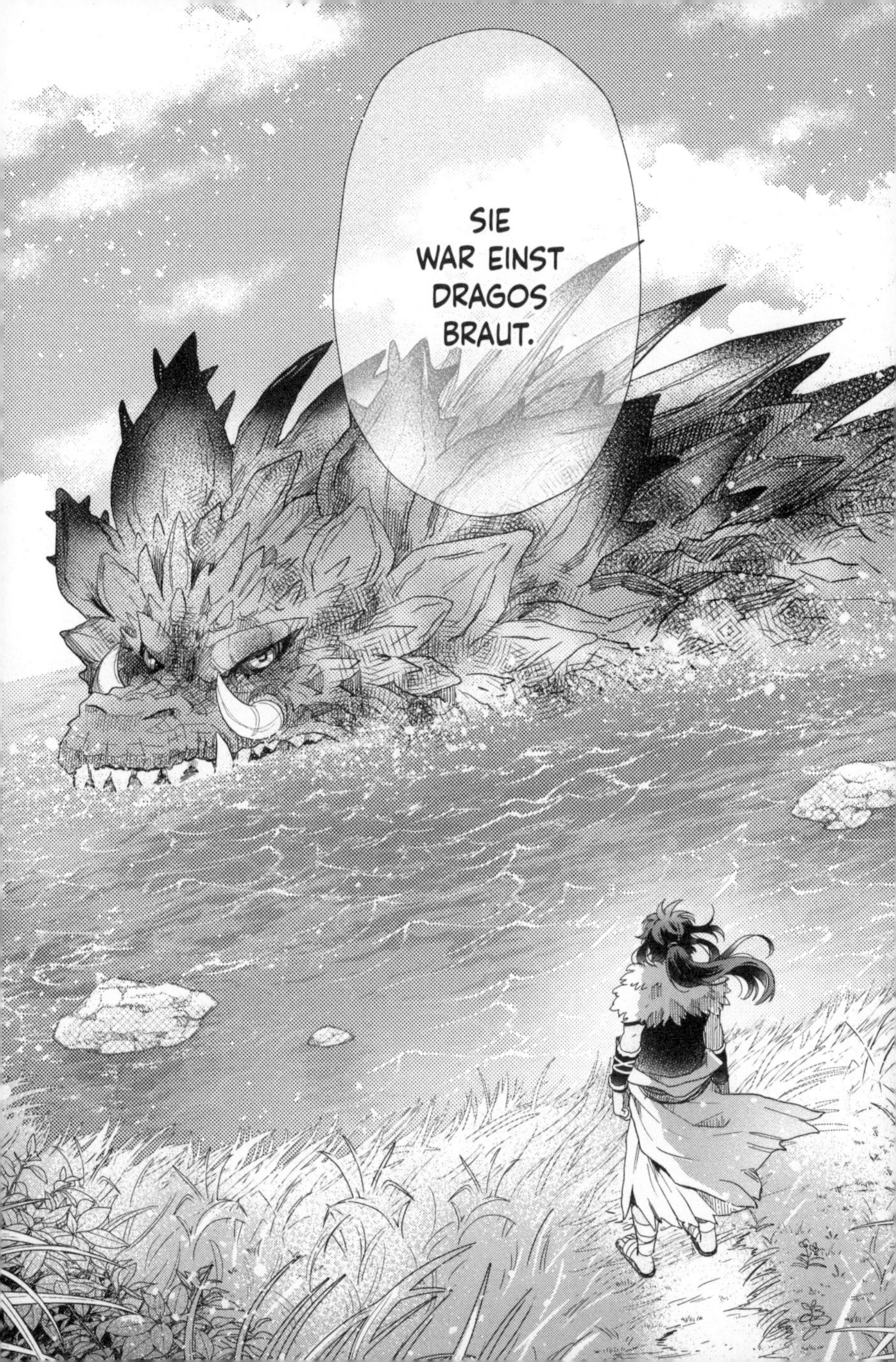
SIE WAR EINST DRAGOS BRAUT.

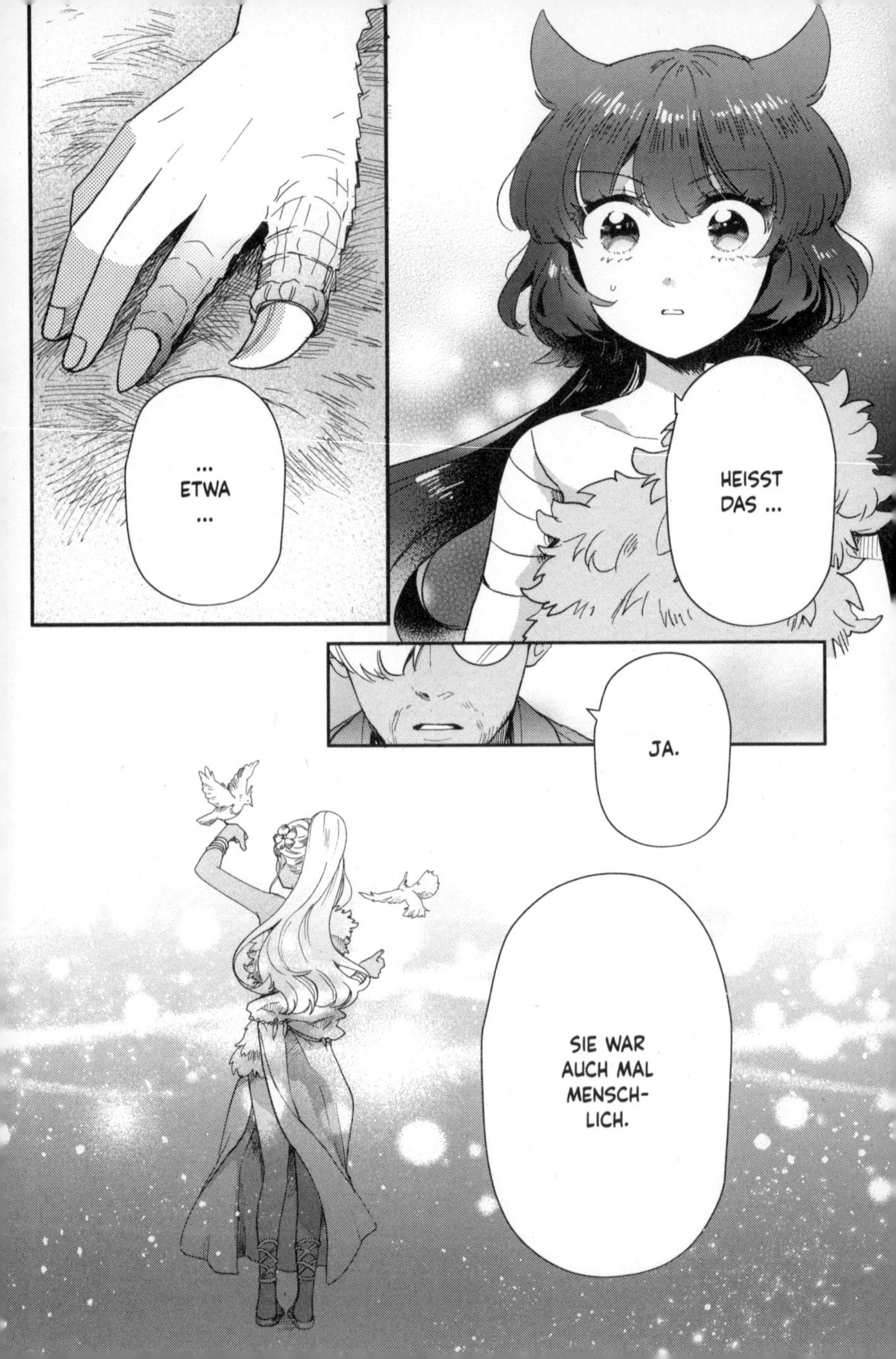
HEISST DAS ...
... ETWA ...
JA.
SIE WAR AUCH MAL MENSCH-LICH.

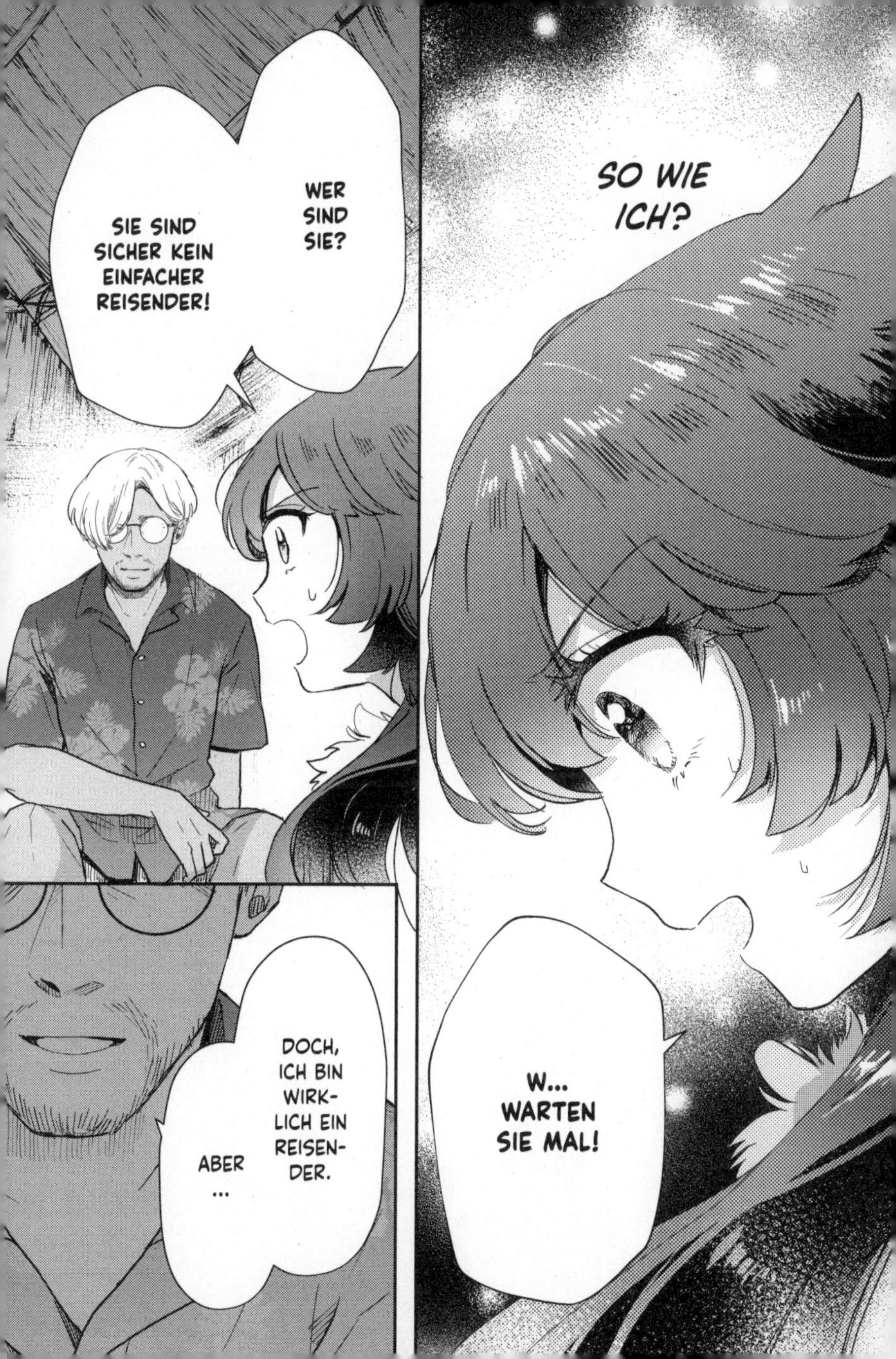
SO WIE ICH?
W... WARTEN SIE MAL!
WER SIND SIE?
SIE SIND SICHER KEIN EINFACHER REISENDER!
DOCH, ICH BIN WIRKLICH EIN REISENDER.
ABER ...

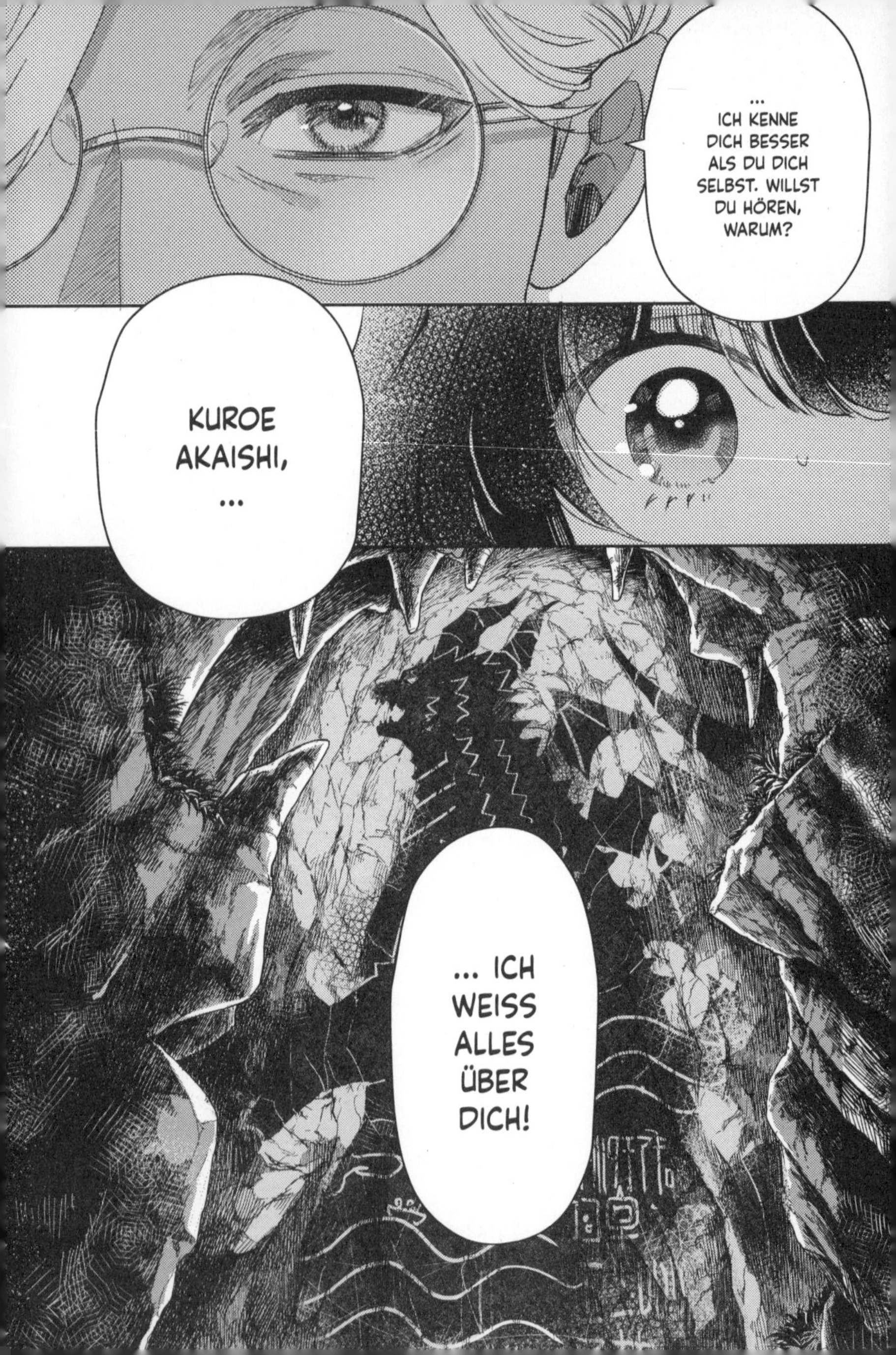
... ICH KENNE DICH BESSER ALS DU DICH SELBST. WILLST DU HÖREN, WARUM?
KUROE AKAISHI, ...
... ICH WEISS ALLES ÜBER DICH!

MONSTERMÄSSIG VERKNALLT

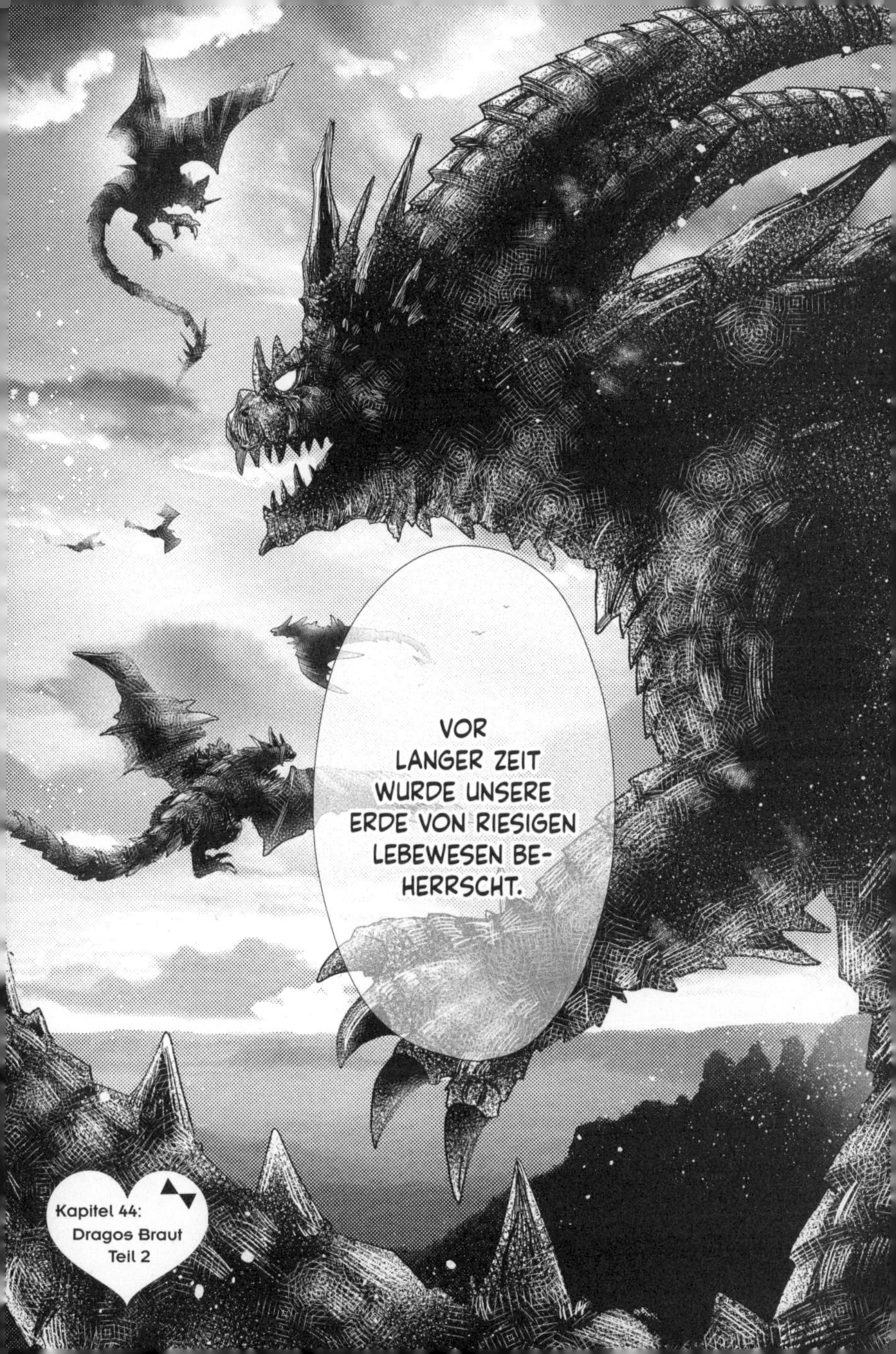
VOR LANGER ZEIT WURDE UNSERE ERDE VON RIESIGEN LEBEWESEN BE-HERRSCHT.
Kapitel 44: Dragos Braut Teil 2

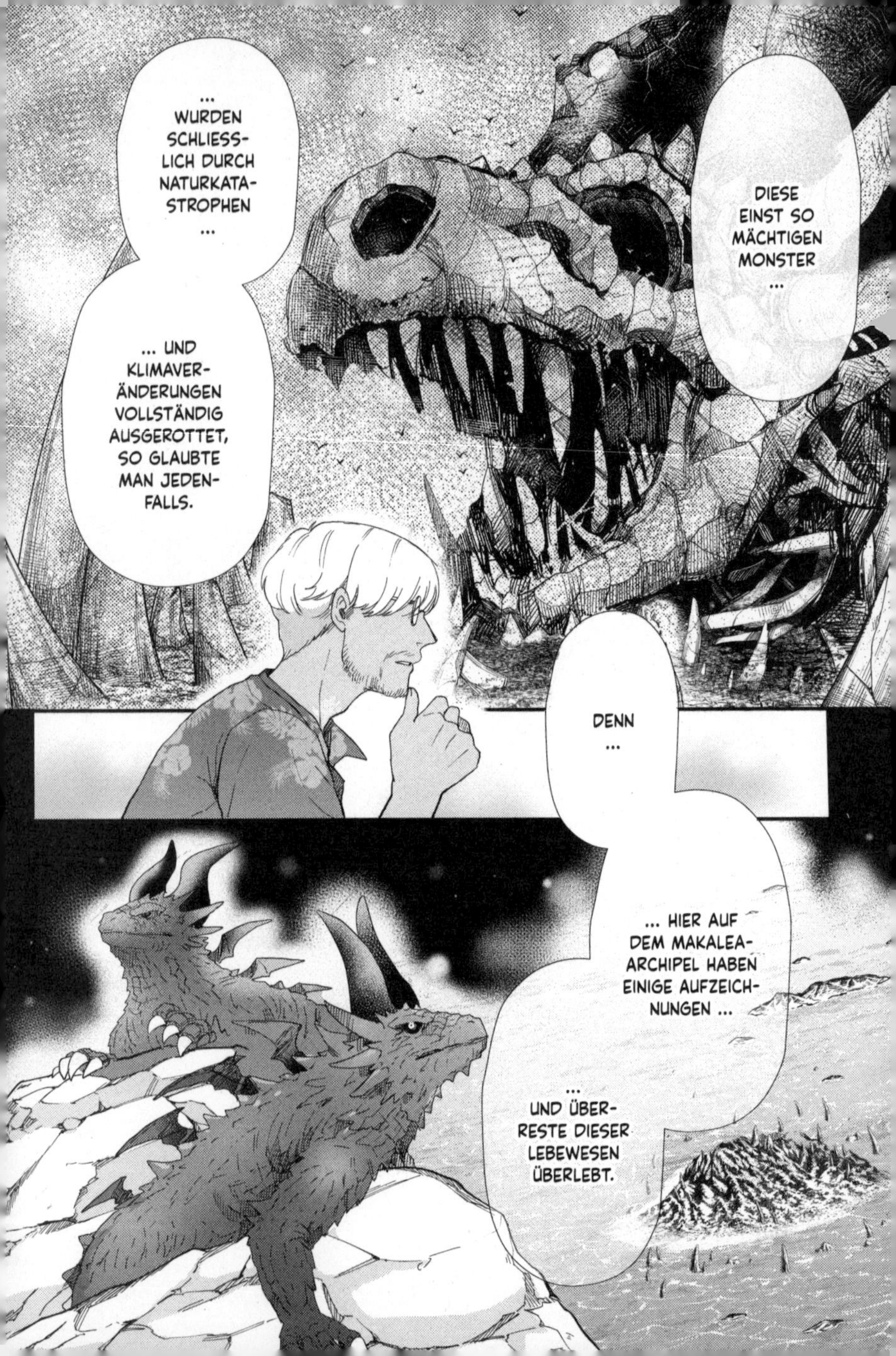
DIESE EINST SO MÄCHTIGEN MONSTER ...
... WURDEN SCHLIESS-LICH DURCH NATURKATA-STROPHEN ...
... UND KLIMAVER-ÄNDERUNGEN VOLLSTÄNDIG AUSGEROTTET, SO GLAUBTE MAN JEDEN-FALLS.
DENN ...
... HIER AUF DEM MAKALEA-ARCHIPEL HABEN EINIGE AUFZEICH-NUNGEN ...
... UND ÜBER-RESTE DIESER LEBEWESEN ÜBERLEBT.

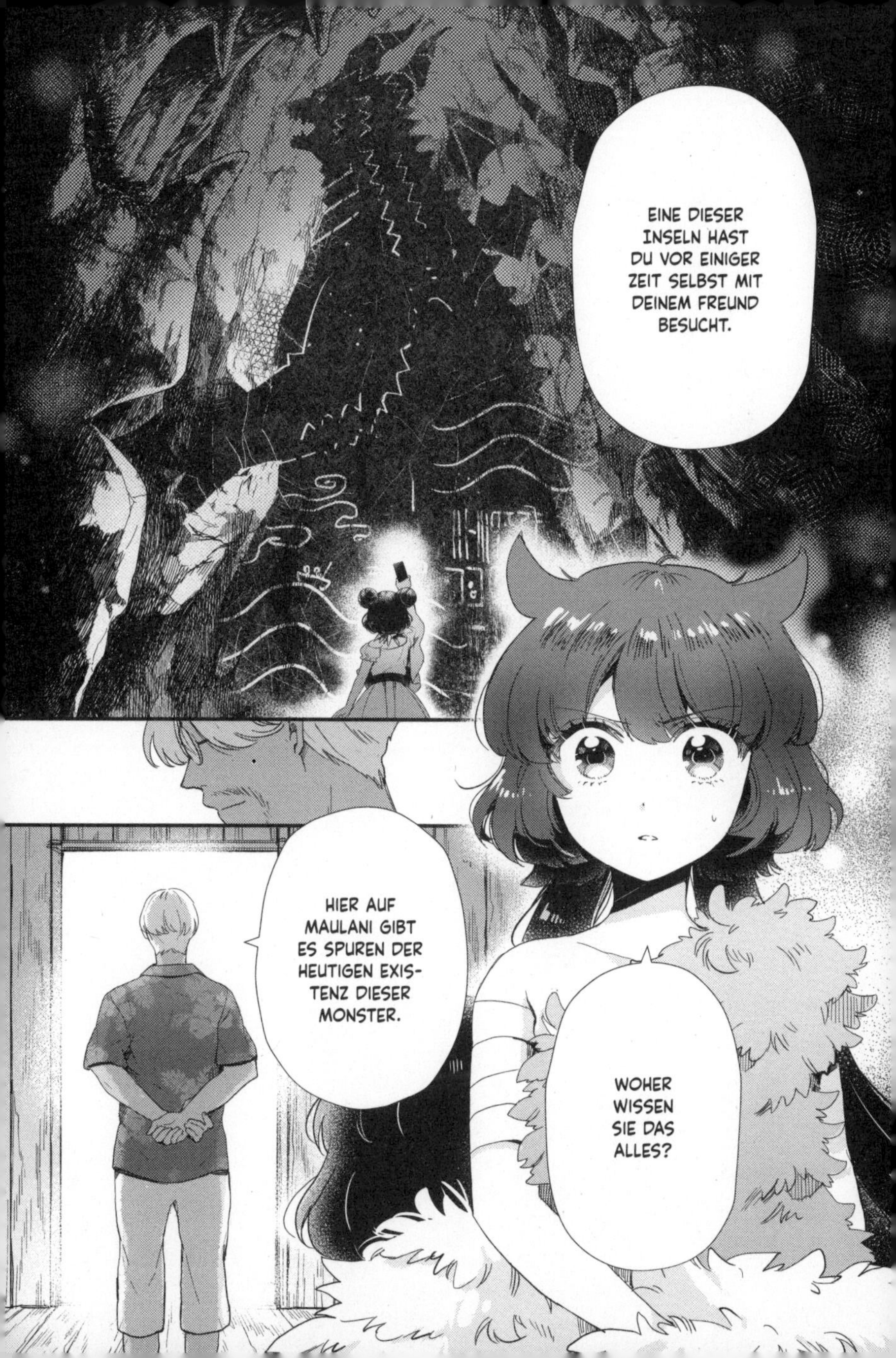
EINE DIESER INSELN HAST DU VOR EINIGER ZEIT SELBST MIT DEINEM FREUND BESUCHT.
HIER AUF MAULANI GIBT ES SPUREN DER HEUTIGEN EXIS-TENZ DIESER MONSTER.
WOHER WISSEN SIE DAS ALLES?

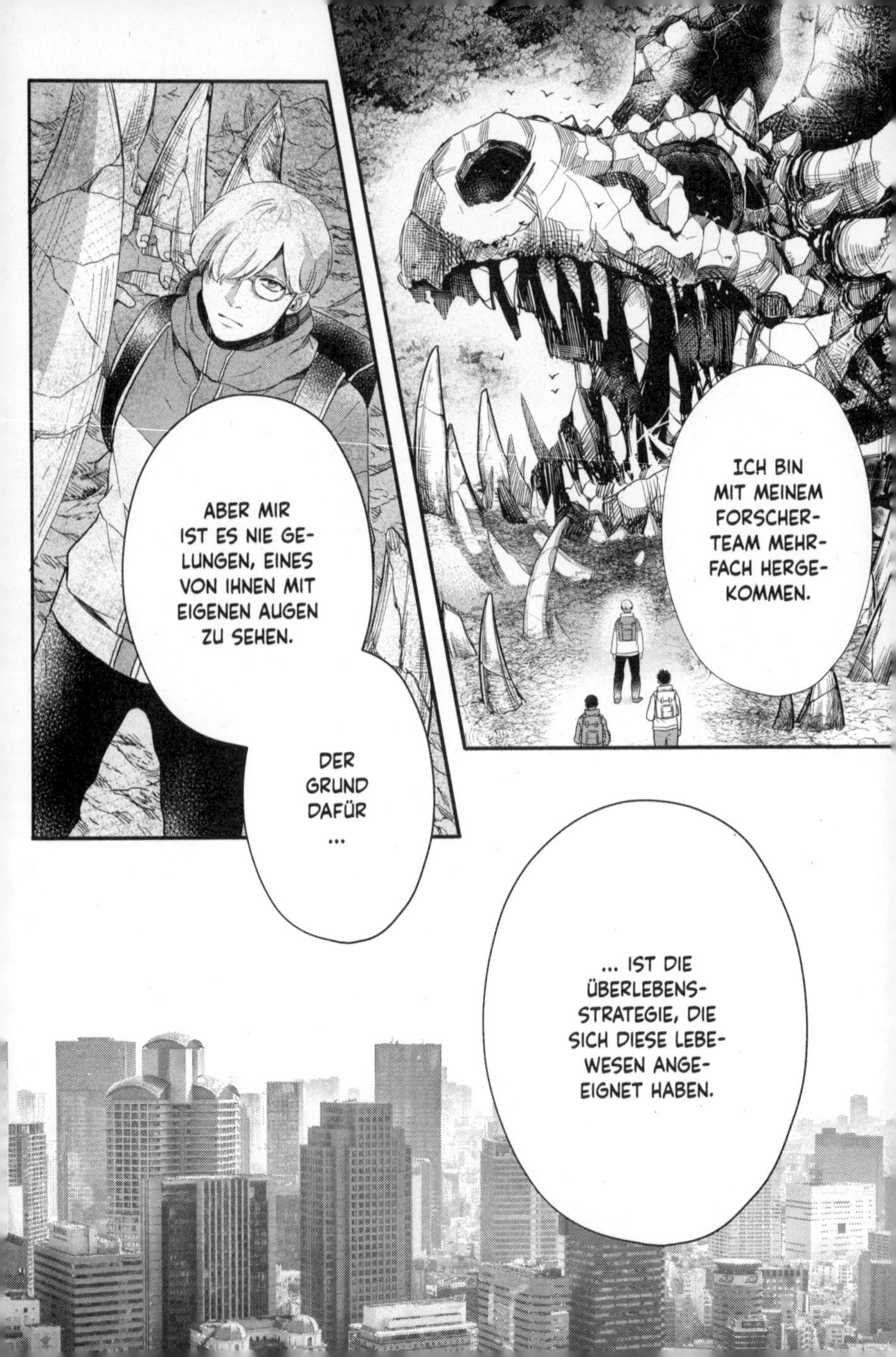
ICH BIN MIT MEINEM FORSCHER-TEAM MEHRFACH HERGEKOMMEN.
ABER MIR IST ES NIE GELUNGEN, EINES VON IHNEN MIT EIGENEN AUGEN ZU SEHEN.
DER GRUND DAFÜR ...
... IST DIE ÜBERLEBENS-STRATEGIE, DIE SICH DIESE LEBEWESEN ANGEEIGNET HABEN.

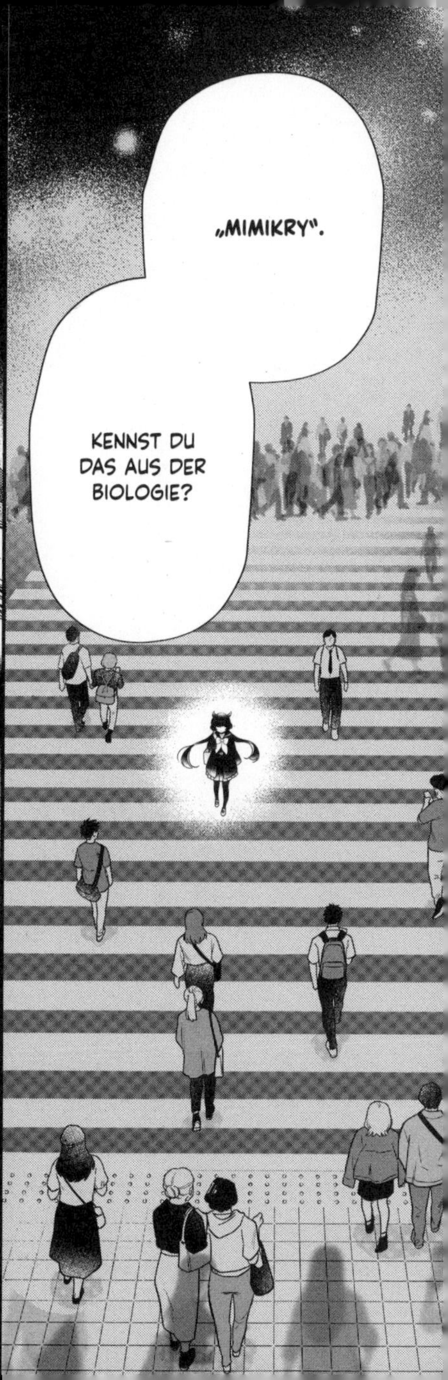
„MIMIKRY“.
KENNST DU DAS AUS DER BIOLOGIE?

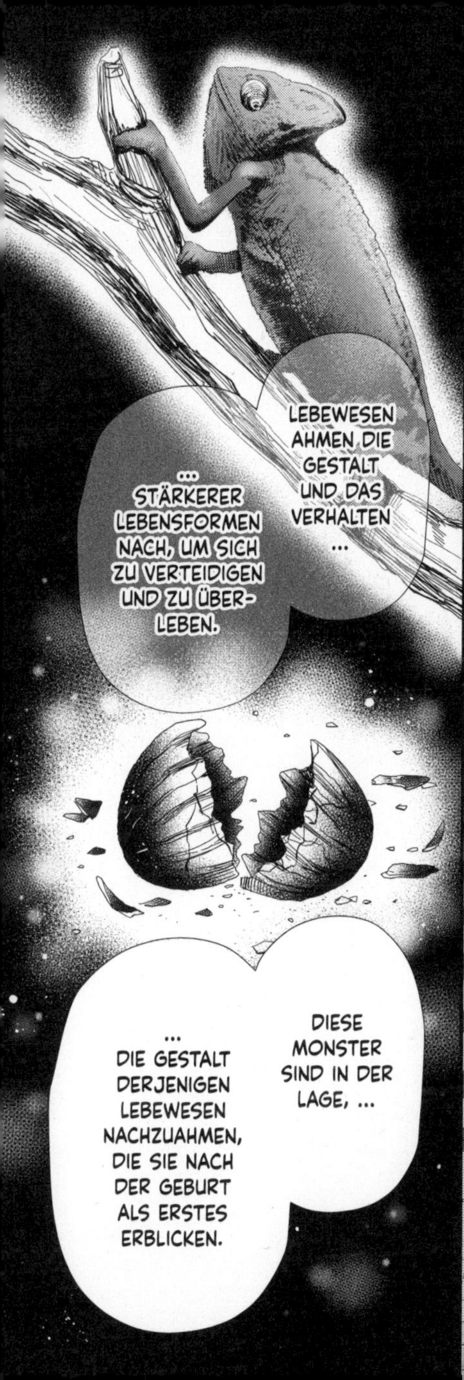
LEBEWESEN AHMEN DIE GESTALT UND DAS VERHALTEN ...
... STÄRKERER LEBENSFORMEN NACH, UM SICH ZU VERTEIDIGEN UND ZU ÜBER-LEBEN.
DIESE MONSTER SIND IN DER LAGE, ...
... DIE GESTALT DERJENIGEN LEBEWESEN NACHZUAHMEN, DIE SIE NACH DER GEBURT ALS ERSTES ERBLICKEN.

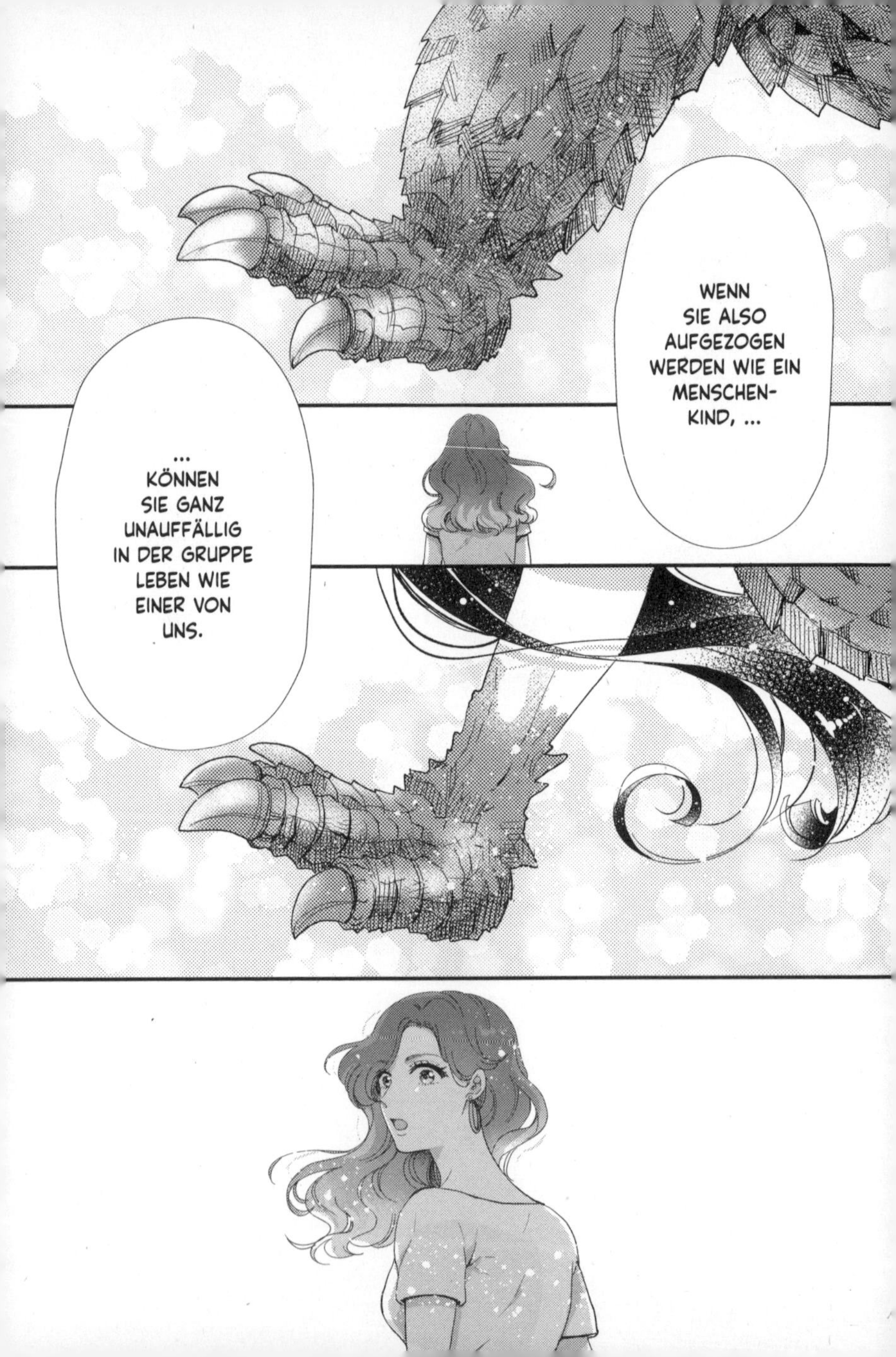
WENN SIE ALSO AUFGEZOGEN WERDEN WIE EIN MENSCHEN-KIND, ...
... KÖNNEN SIE GANZ UNAUFFÄLLIG IN DER GRUPPE LEBEN WIE EINER VON UNS.

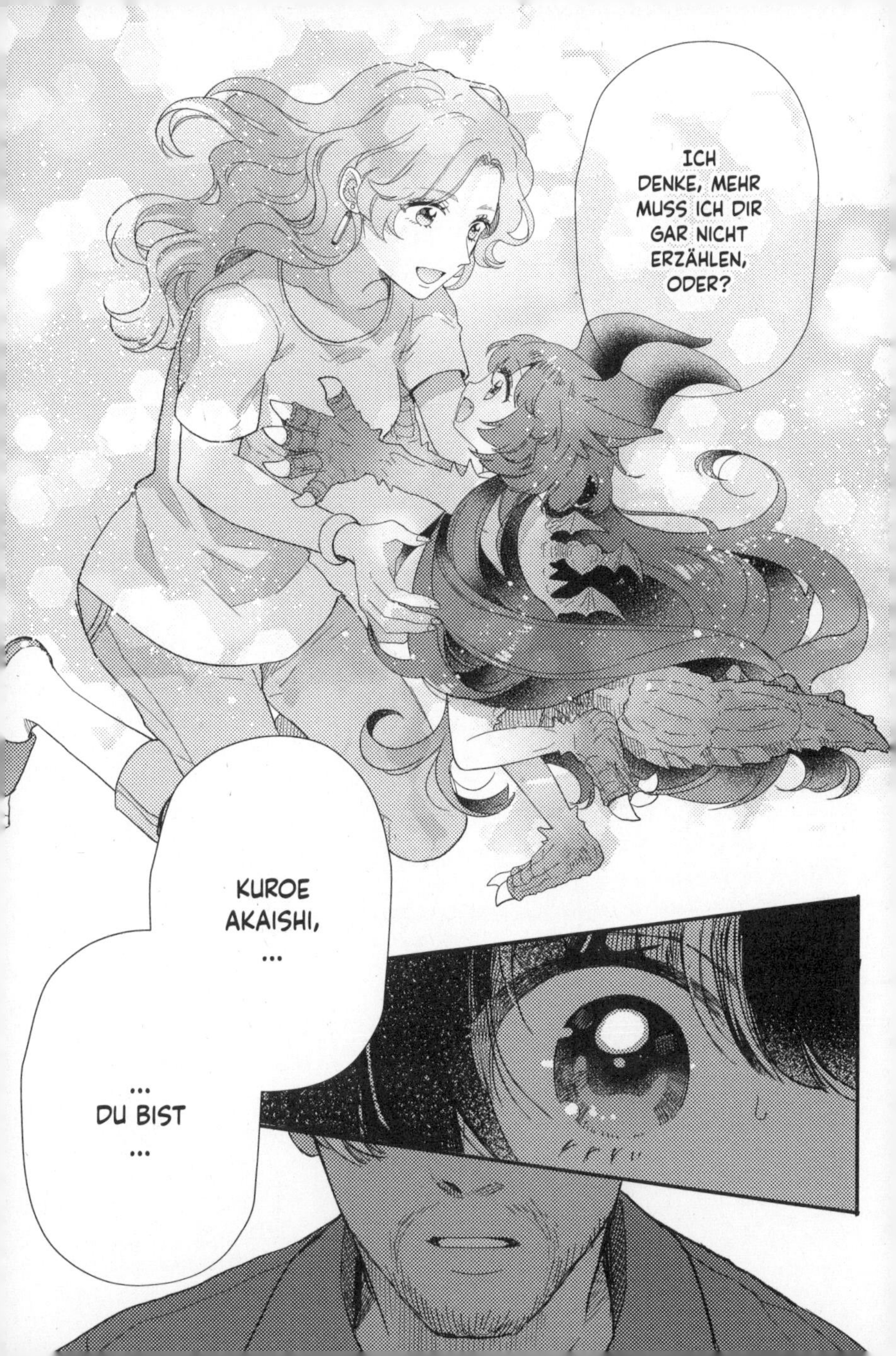

ICH DENKE, MEHR MUSS ICH DIR GAR NICHT ERZÄHLEN, ODER?
KUROE AKAISHI, ...
... DU BIST ...

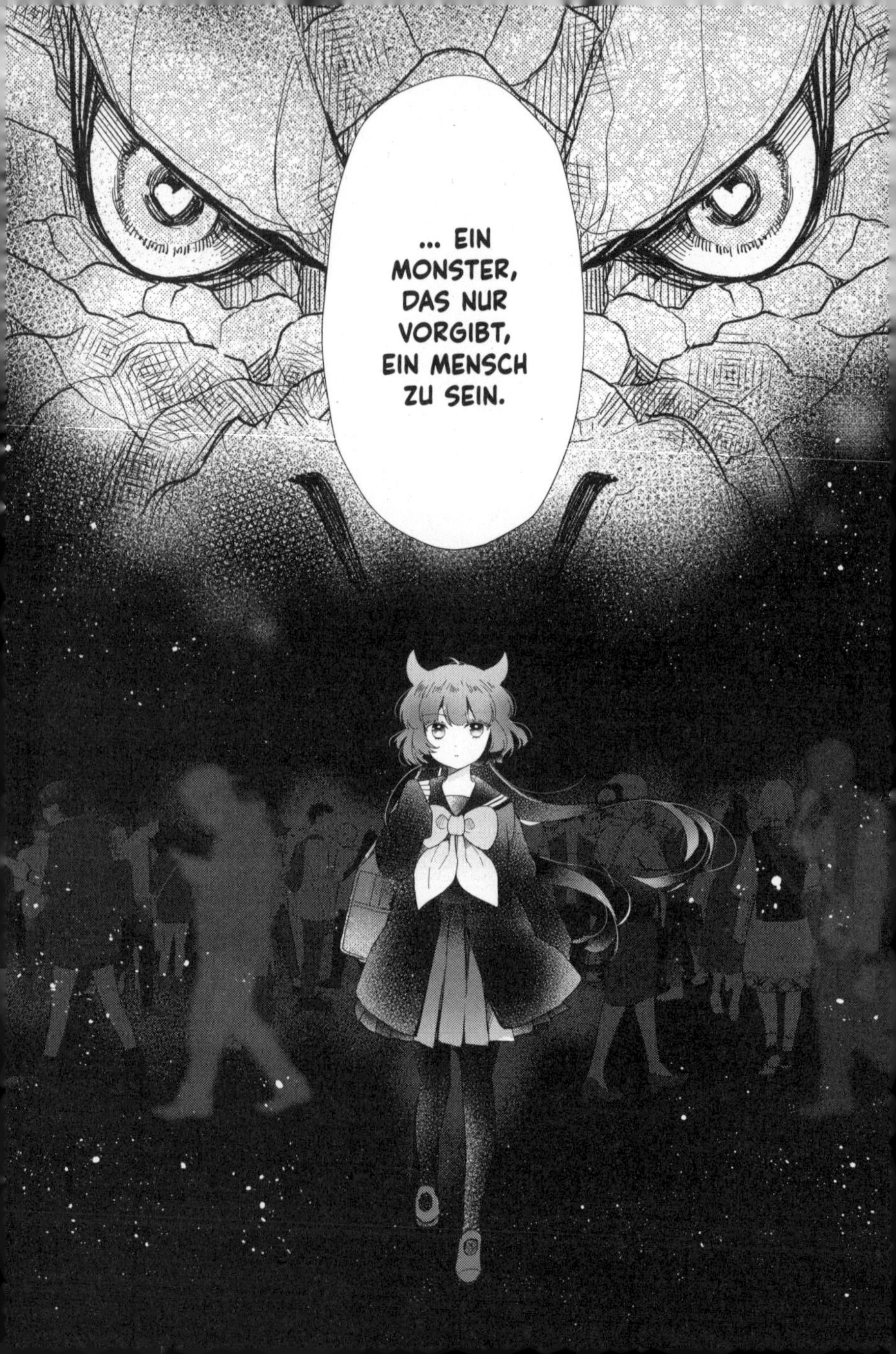
... EIN MONSTER, DAS NUR VORGIBT, EIN MENSCH ZU SEIN.

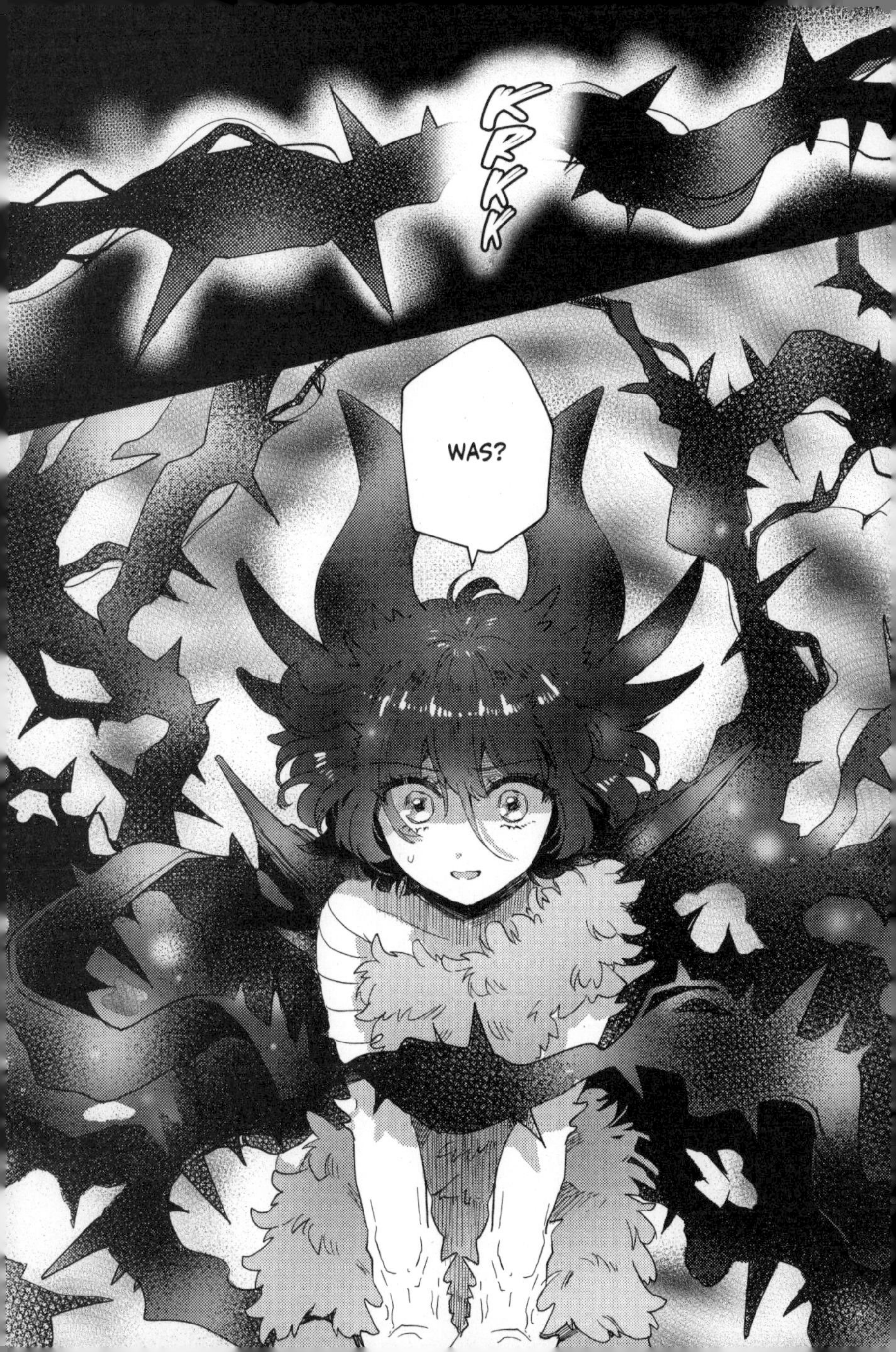
KRKKK
WAS?

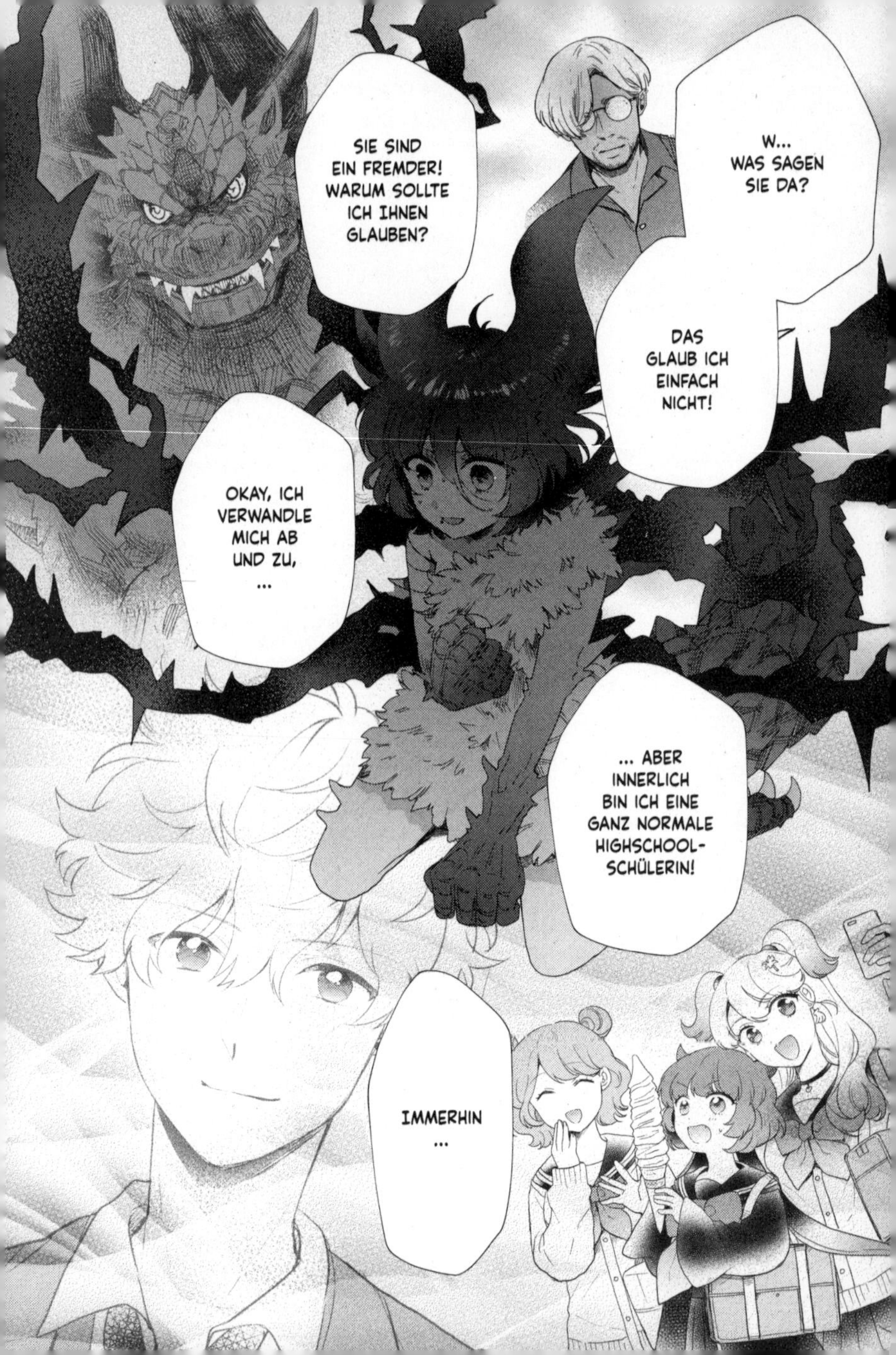
W... WAS SAGEN SIE DA?
SIE SIND EIN FREMDER! WARUM SOLLTE ICH IHNEN GLAUBEN?
DAS GLAUB ICH EINFACH NICHT!
OKAY, ICH VERWANDLE MICH AB UND ZU, ...
... ABER INNERLICH BIN ICH EINE GANZ NORMALE HIGHSCHOOL-SCHÜLERIN!
IMMERHIN ...

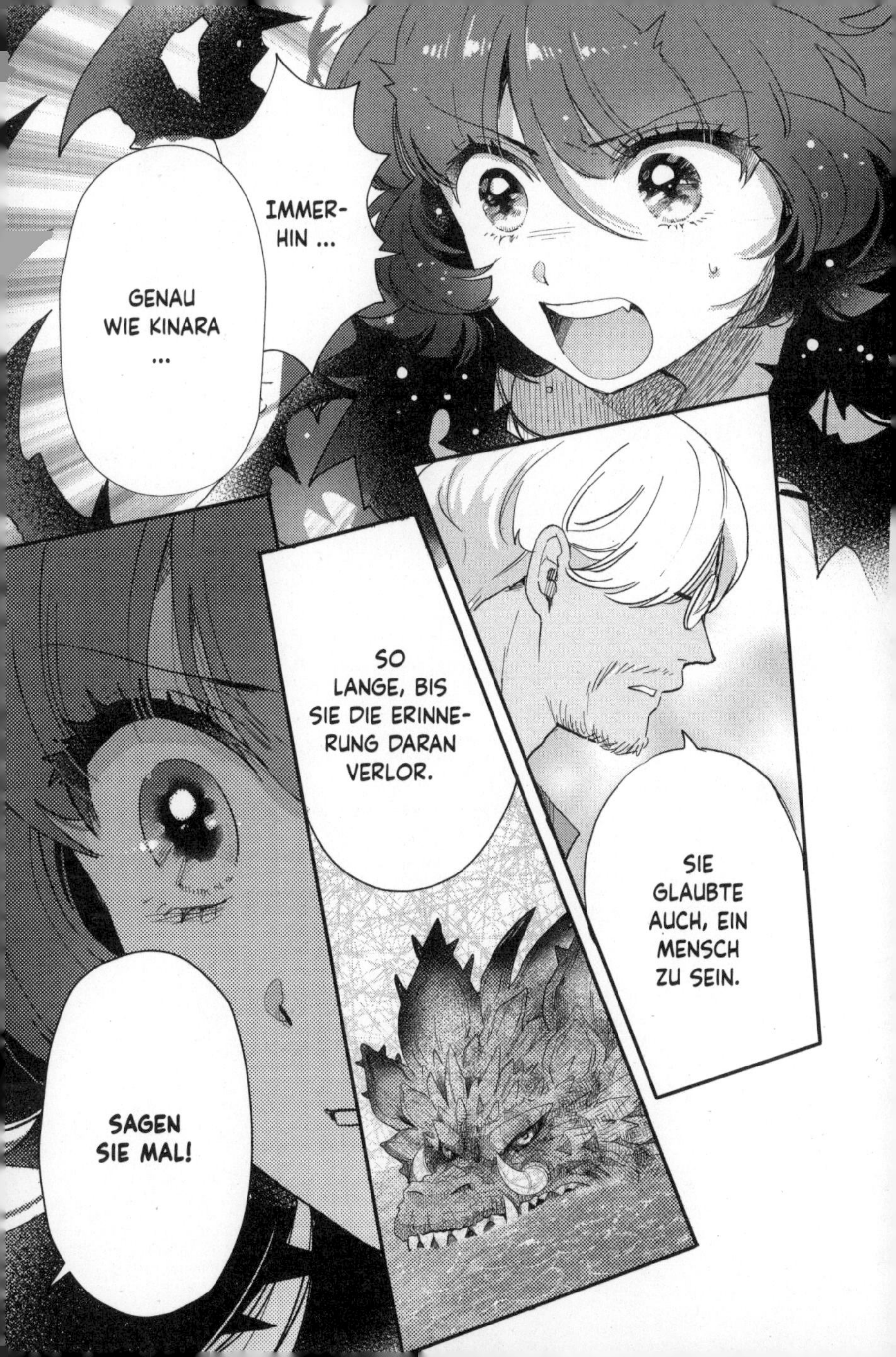
IMMER-HIN ...
GENAU WIE KINARA ...
SIE GLAUBTE AUCH, EIN MENSCH ZU SEIN.
SO LANGE, BIS SIE DIE ERINNE-RUNG DARAN VERLOR.
SAGEN SIE MAL!

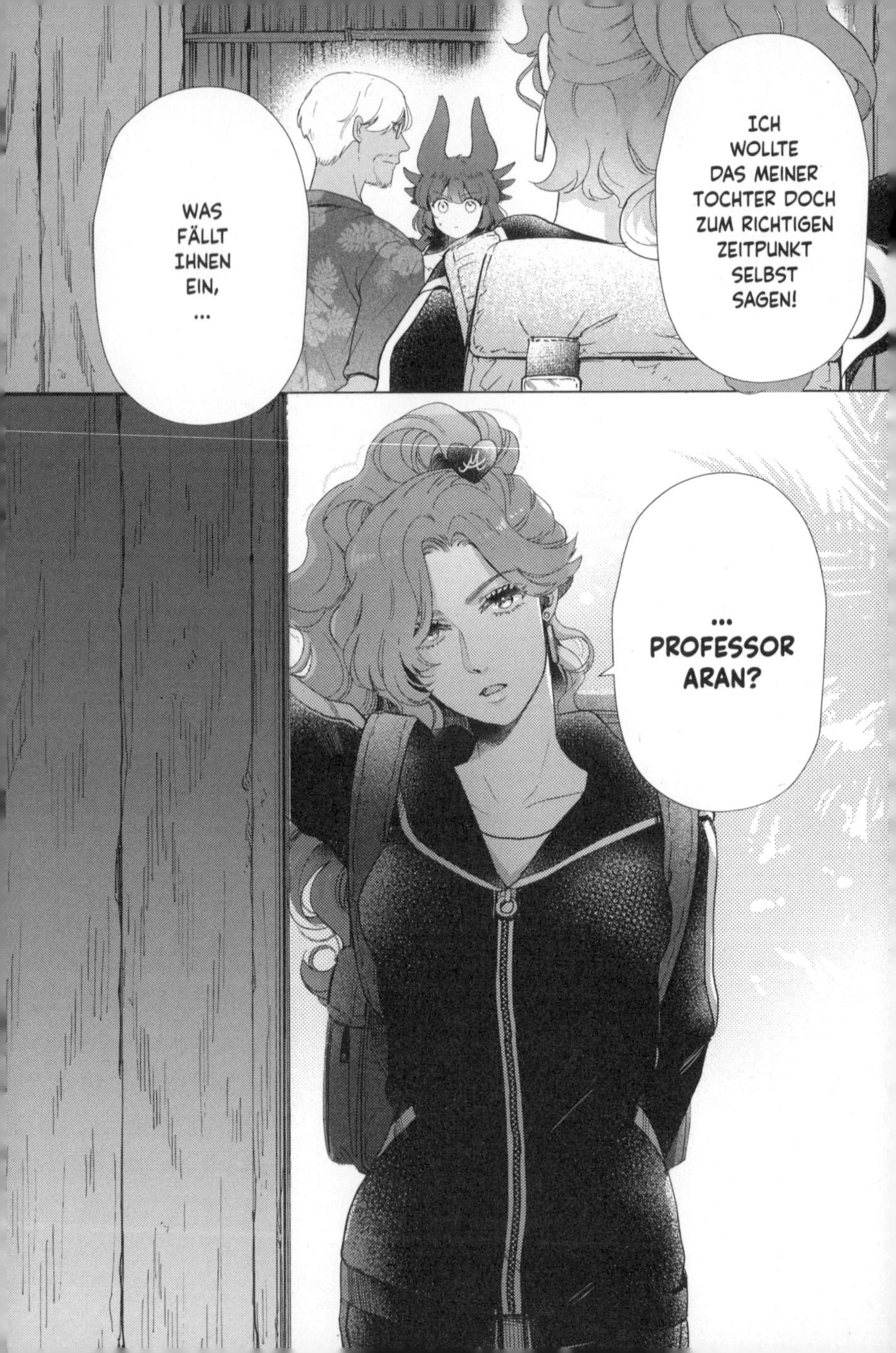
ICH WOLLTE DAS MEINER TOCHTER DOCH ZUM RICHTIGEN ZEITPUNKT SELBST SAGEN!
WAS FÄLLT IHNEN EIN, ...
... PROFESSOR ARAN?

MONSTERMÄSSIG VERKNALLT

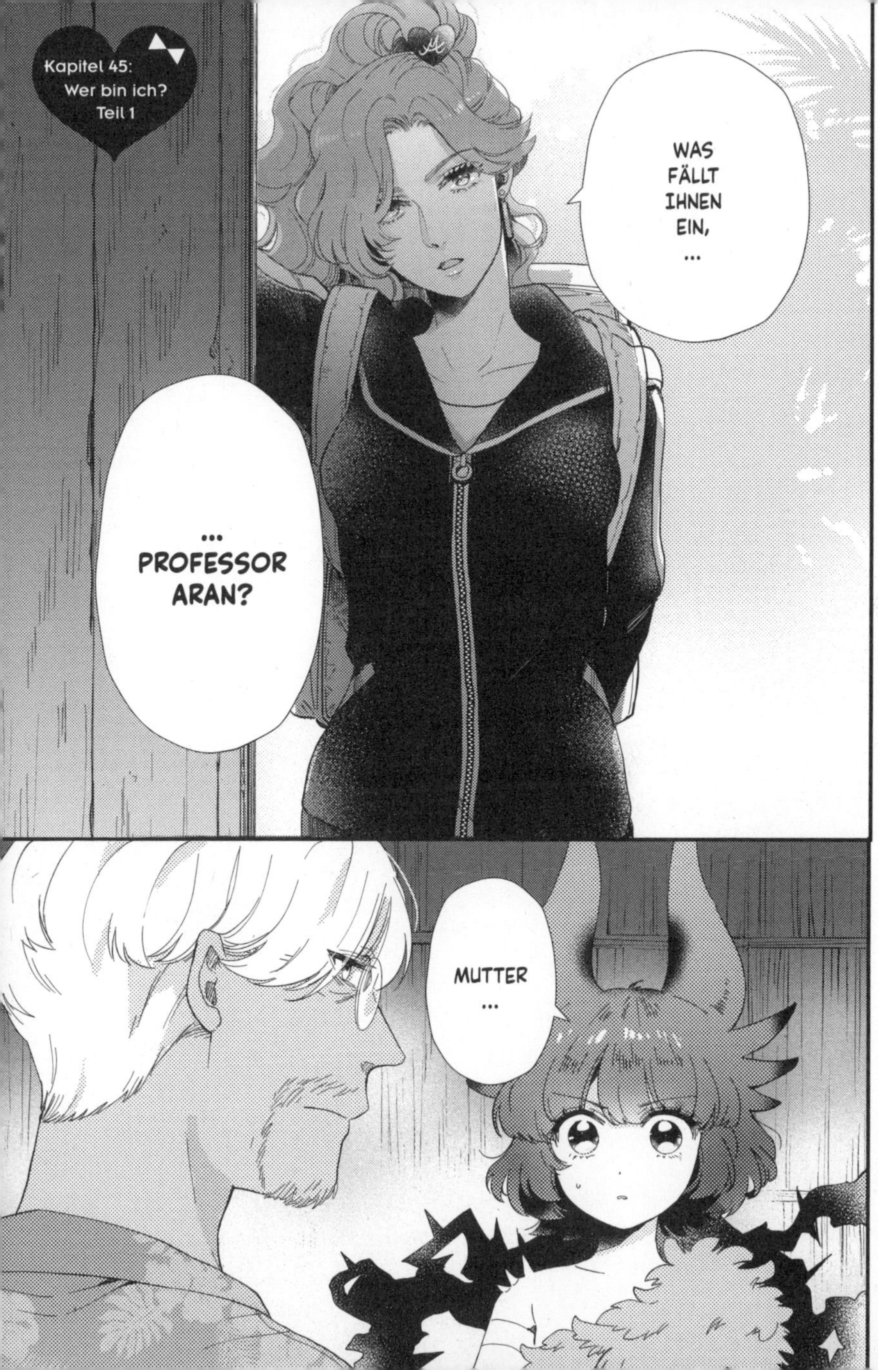
Kapitel 45: Wer bin ich? Teil 1
WAS FÄLLT IHNEN EIN, ...
... PROFESSOR ARAN?
MUTTER ...

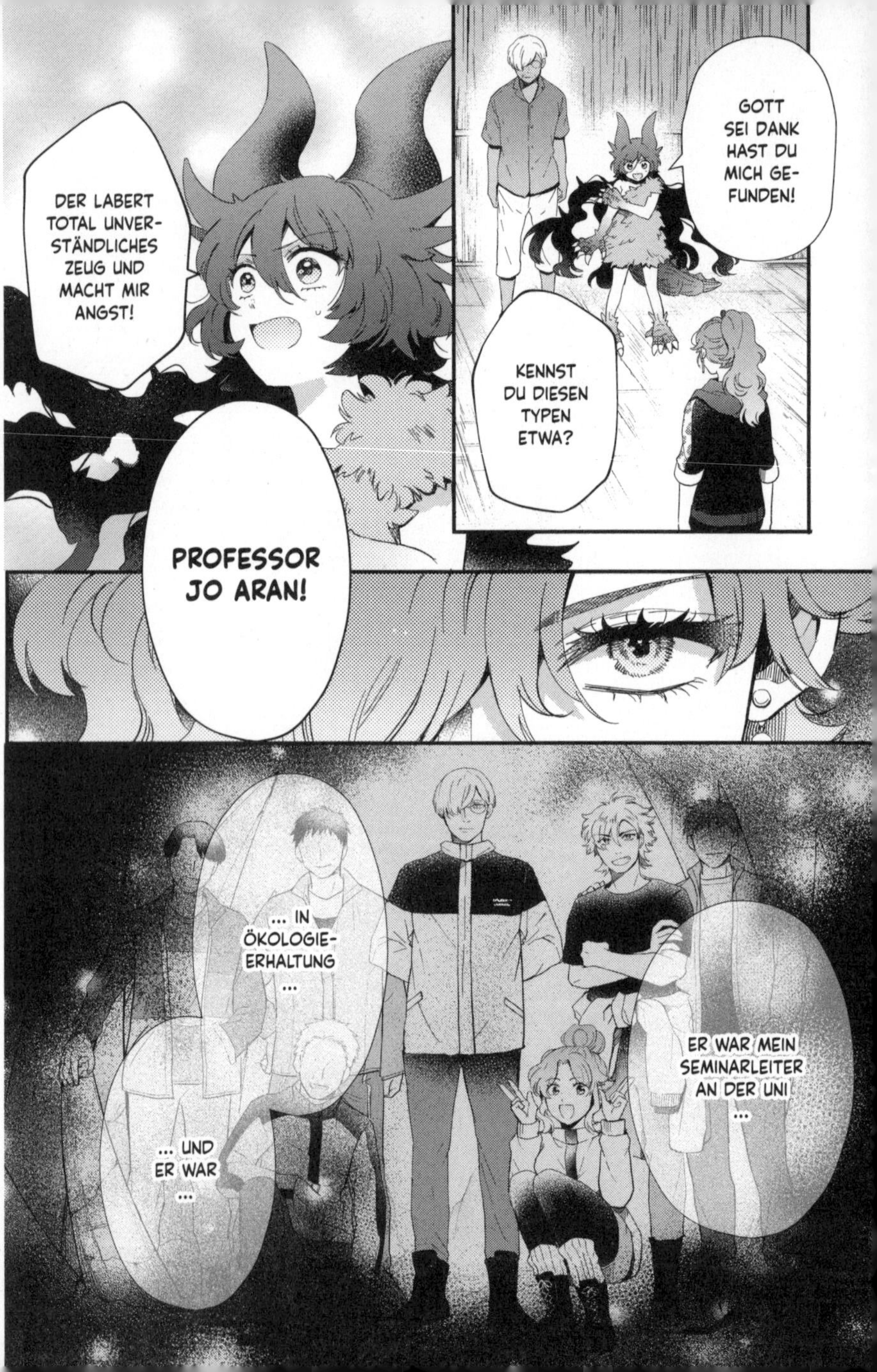
GOTT SEI DANK HAST DU MICH GE-FUNDEN!
KENNST DU DIESEN TYPEN ETWA?
DER LABERT TOTAL UNVER-STÄNDLICHES ZEUG UND MACHT MIR ANGST!
PROFESSOR JO ARAN!
ER WAR MEIN SEMINARLEITER AN DER UNI ...
... IN ÖKOLOGIE-ERHALTUNG ...
... UND ER WAR ...

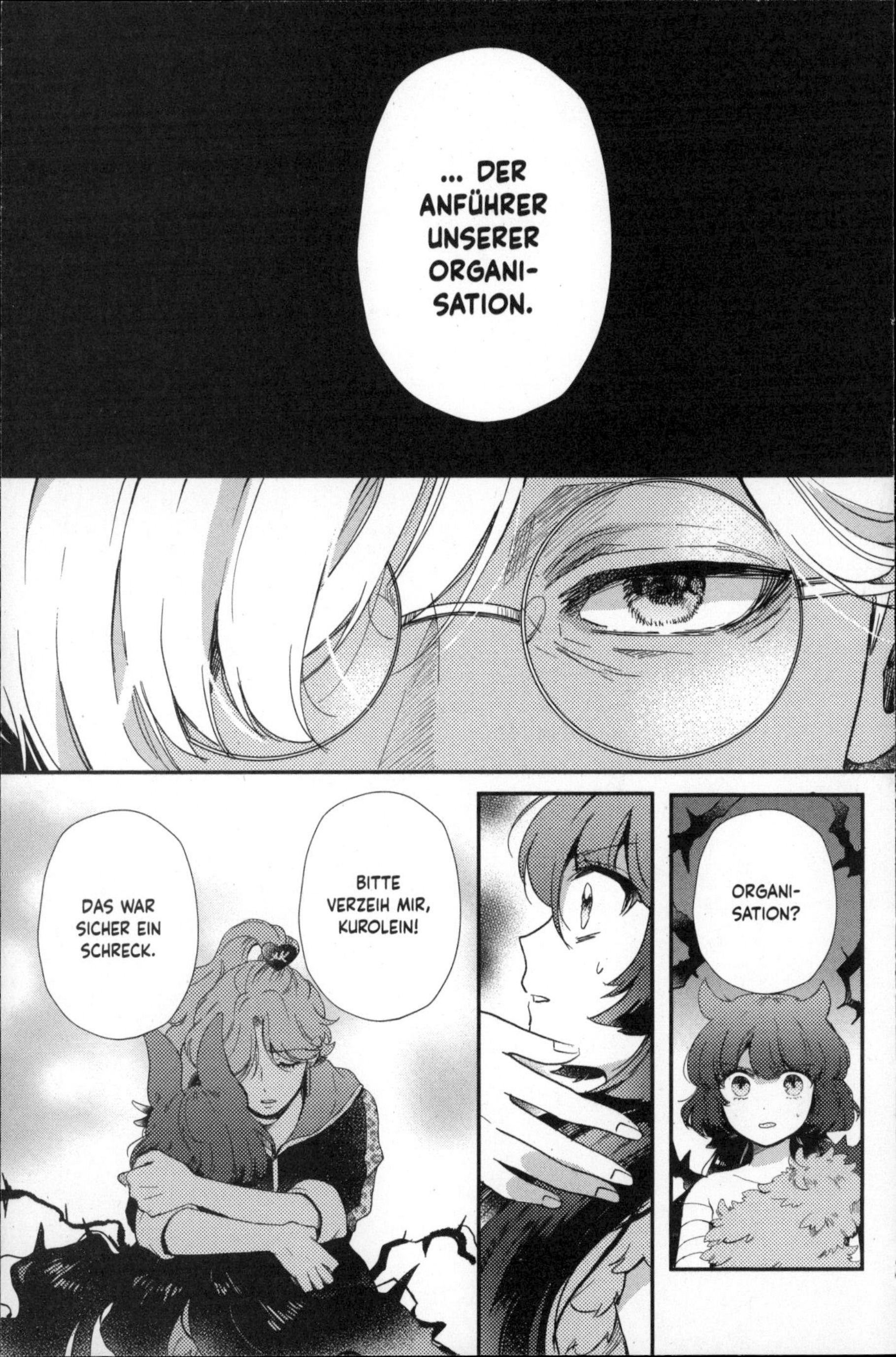
... DER ANFÜHRER UNSERER ORGANI- SATION.
ORGANI- SATION?
BITTE VERZEIH MIR, KUROLEIN!
DAS WAR SICHER EIN SCHRECK.

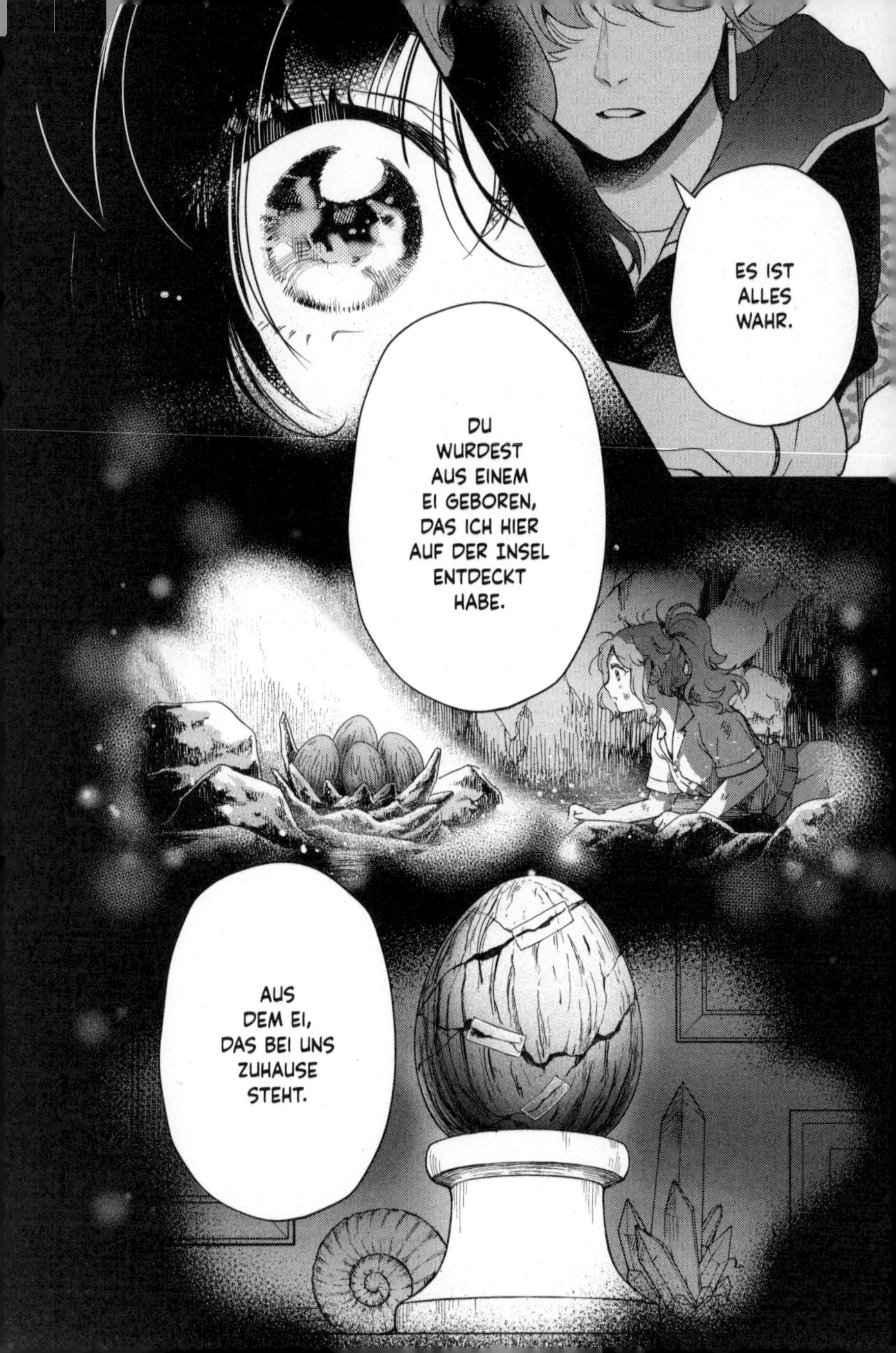
ES IST ALLES WAHR.
DU WURDEST AUS EINEM EI GEBOREN, DAS ICH HIER AUF DER INSEL ENTDECKT HABE.
AUS DEM EI, DAS BEI UNS ZUHAUSE STEHT.

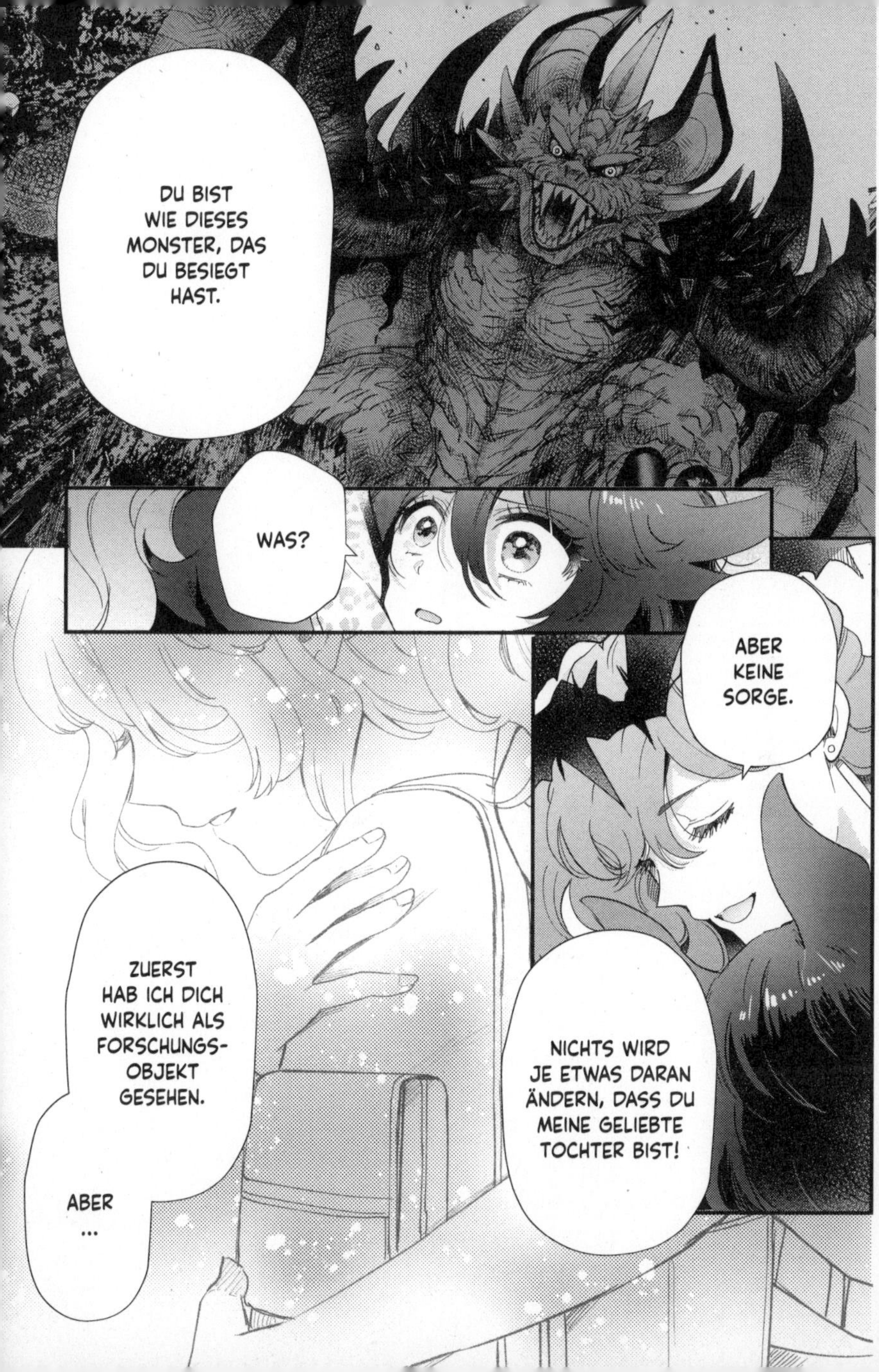
DU BIST WIE DIESES MONSTER, DAS DU BESIEGT HAST.
WAS?
ABER KEINE SORGE.
NICHTS WIRD JE ETWAS DARAN ÄNDERN, DASS DU MEINE GELIEBTE TOCHTER BIST!
ZUERST HAB ICH DICH WIRKLICH ALS FORSCHUNGS-OBJEKT GESEHEN.
ABER ...

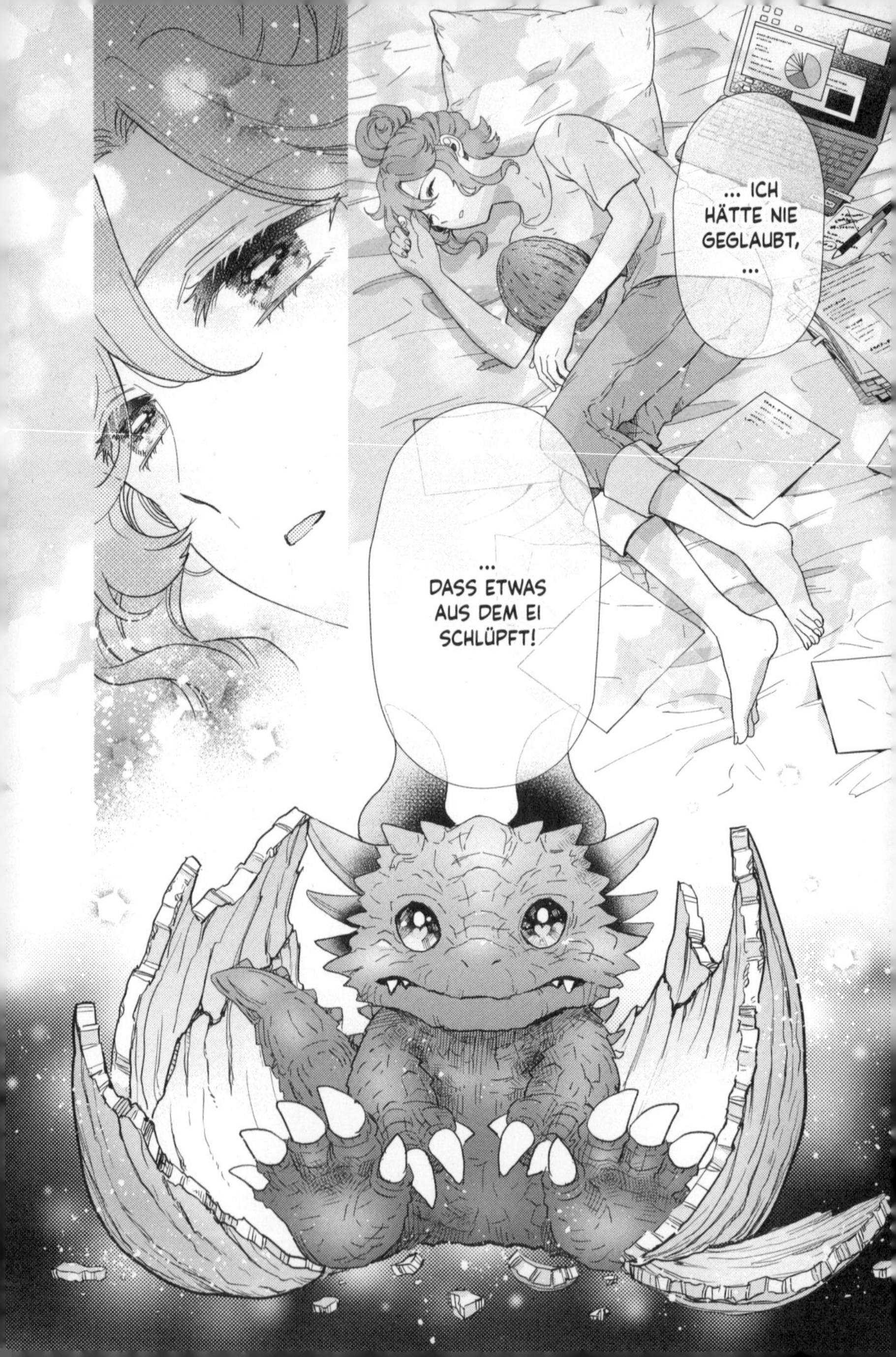
... ICH HÄTTE NIE GEGLAUBT, ...
... DASS ETWAS AUS DEM EI SCHLÜPFT!

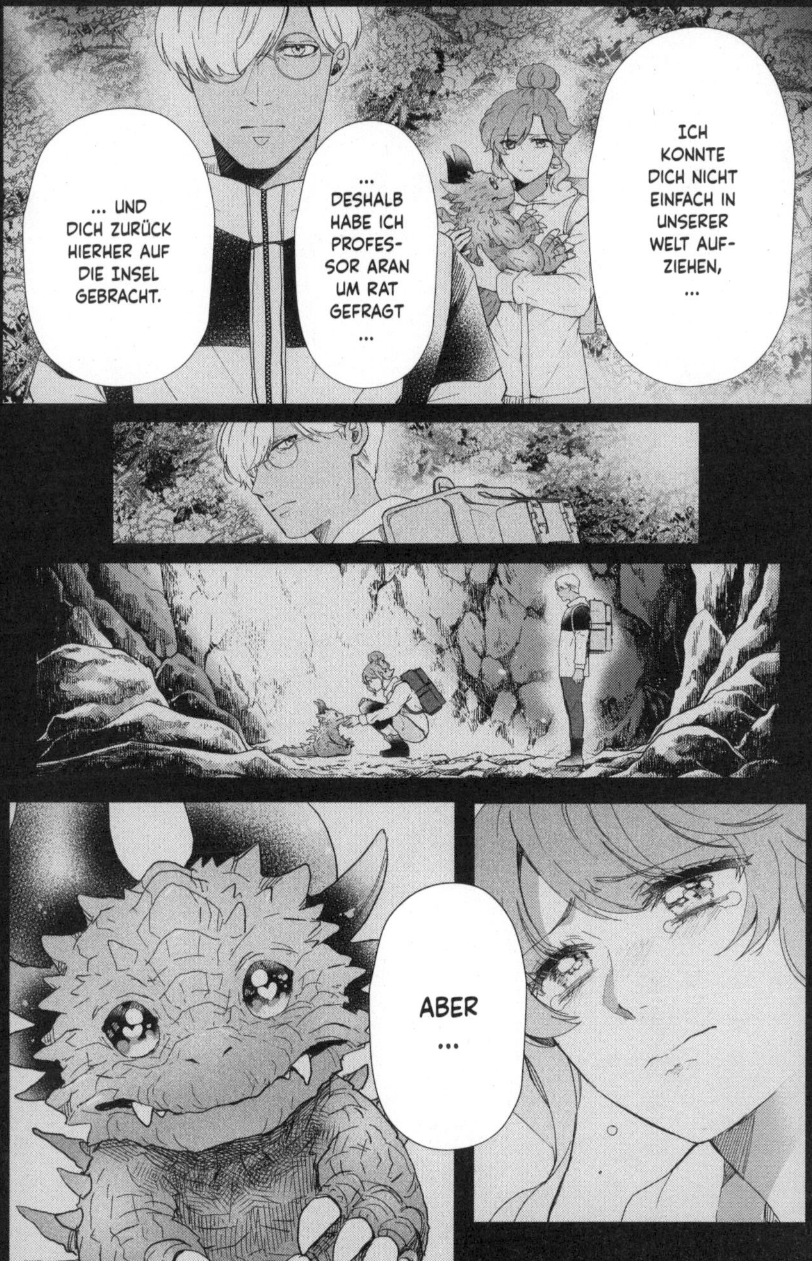
ICH KONNTE DICH NICHT EINFACH IN UNSERER WELT AUF-ZIEHEN, ...
... DESHALB HABE ICH PROFES-SOR ARAN UM RAT GEFRAGT ...
... UND DICH ZURÜCK HIERHER AUF DIE INSEL GEBRACHT.
ABER ...

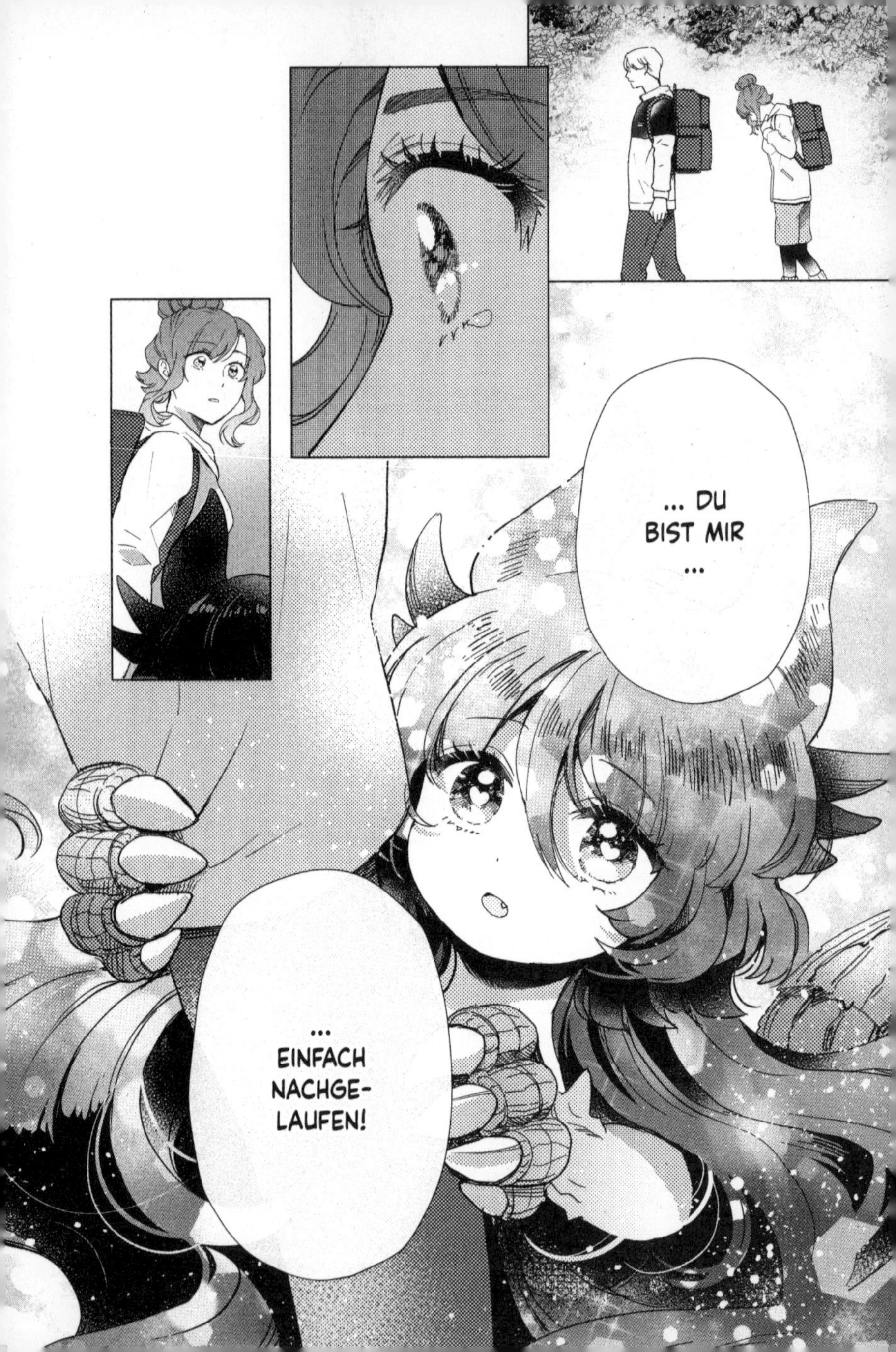
... DU BIST MIR ...
... EINFACH NACHGE-LAUFEN!

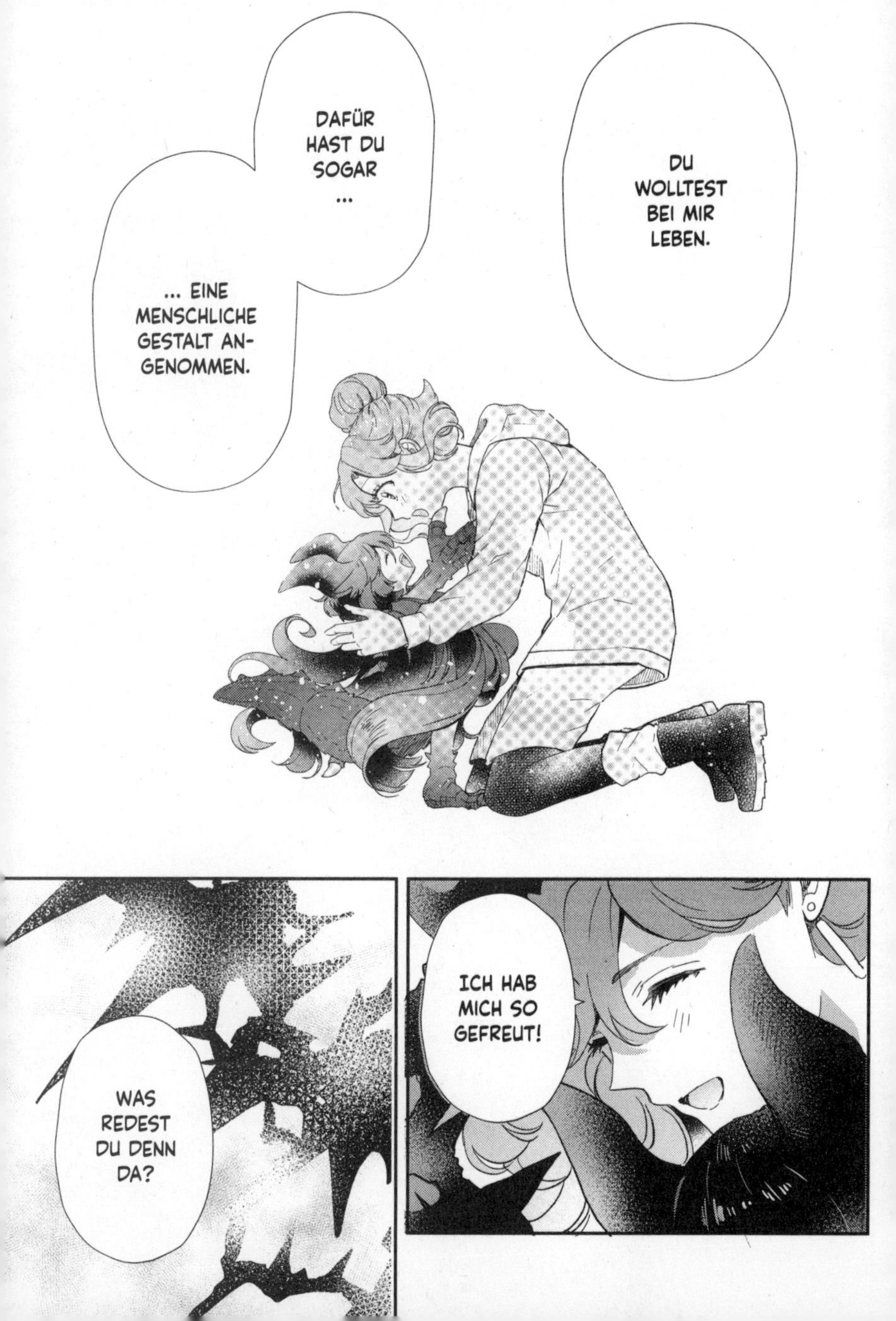
DU WOLLTEST BEI MIR LEBEN.
DAFÜR HAST DU SOGAR ...
... EINE MENSCHLICHE GESTALT AN-GENOMMEN.
ICH HAB MICH SO GEFREUT!
WAS REDEST DU DENN DA?

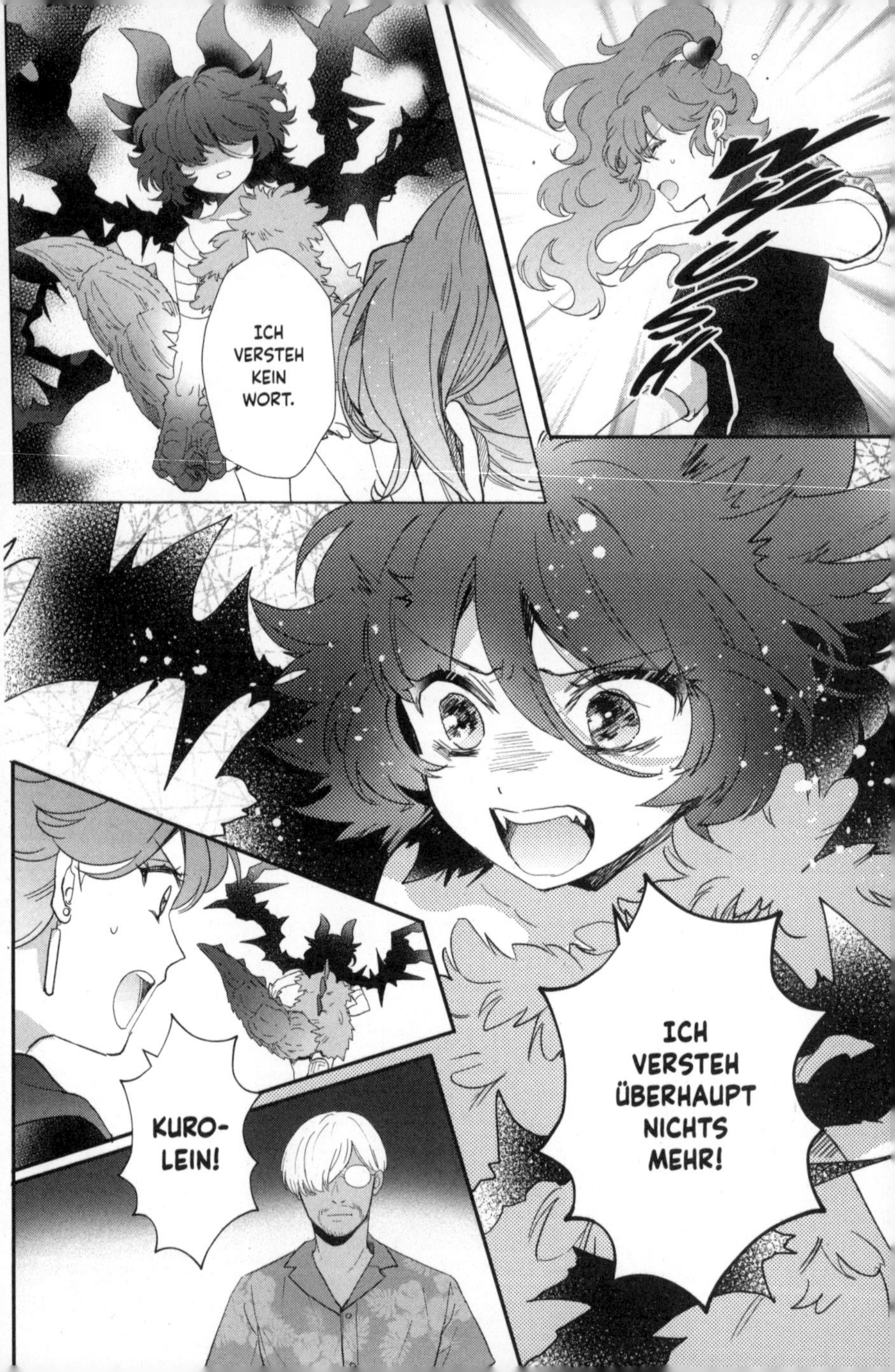
WHUSSH
ICH VERSTEH KEIN WORT.
ICH VERSTEH ÜBERHAUPT NICHTS MEHR!
KURO-LEIN!

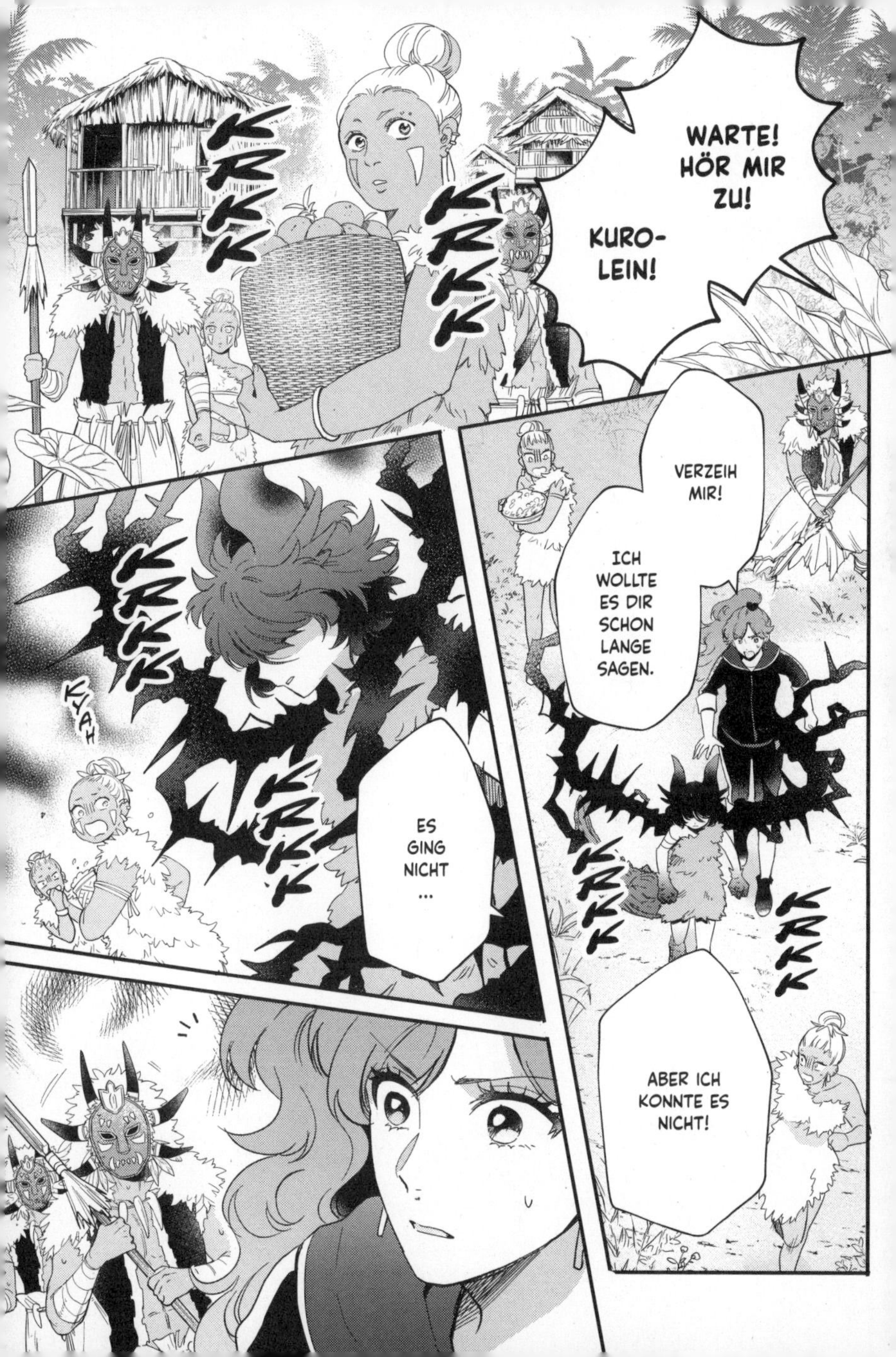

KRRKK
KRRKK
WARTE! HÖR MIR ZU!
KURO-LEIN!
VERZEIH MIR!
ICH WOLLTE ES DIR SCHON LANGE SAGEN.
KRRKK
KYAH
KRRKK
ES GING NICHT ...
KRRKK
KRRKK
ABER ICH KONNTE ES NICHT!

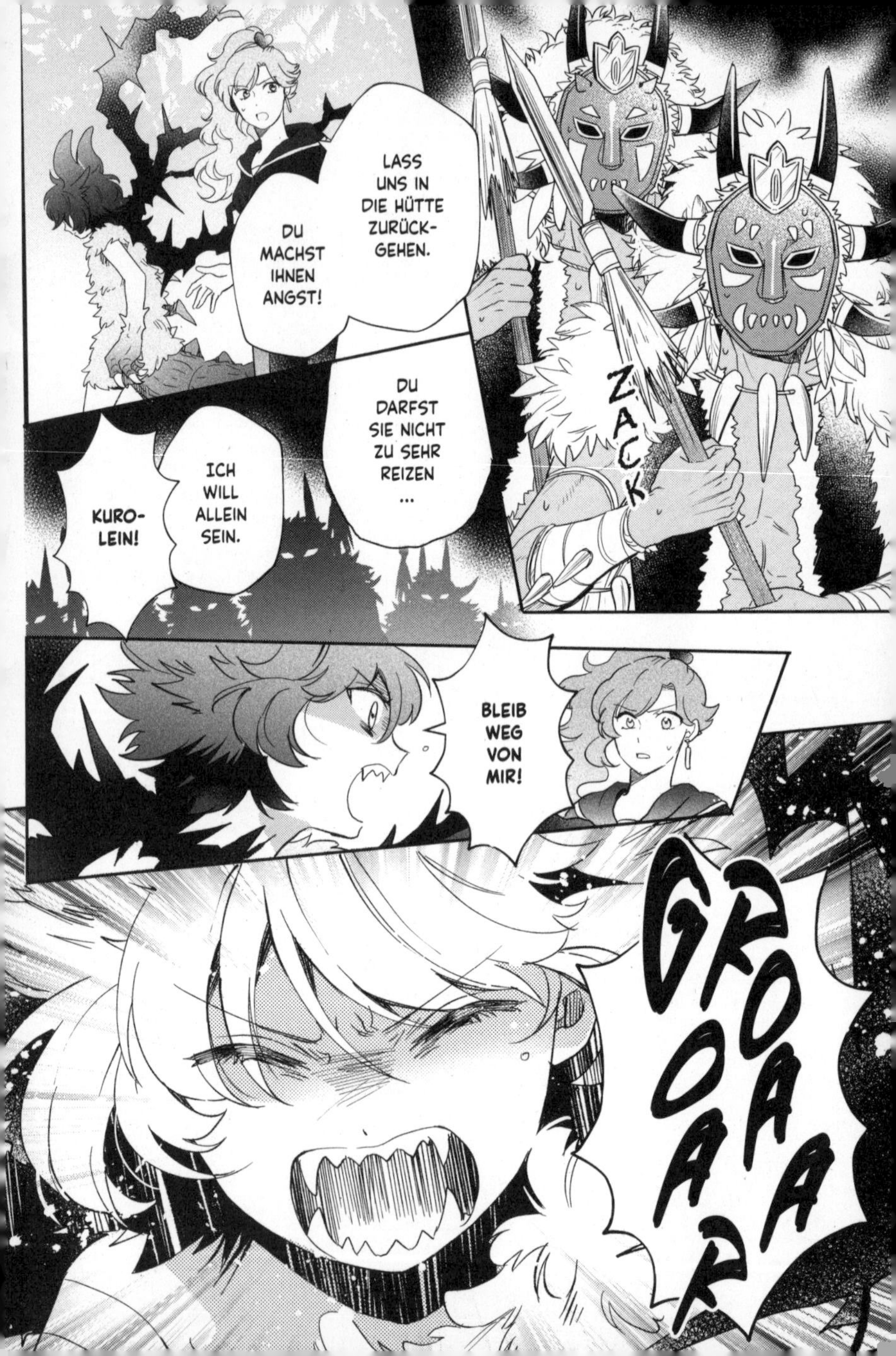
LASS UNS IN DIE HÜTTE ZURÜCK-GEHEN.
DU MACHST IHNEN ANGST!
ZACK
DU DARFST SIE NICHT ZU SEHR REIZEN ...
ICH WILL ALLEIN SEIN.
KURO-LEIN!
BLEIB WEG VON MIR!

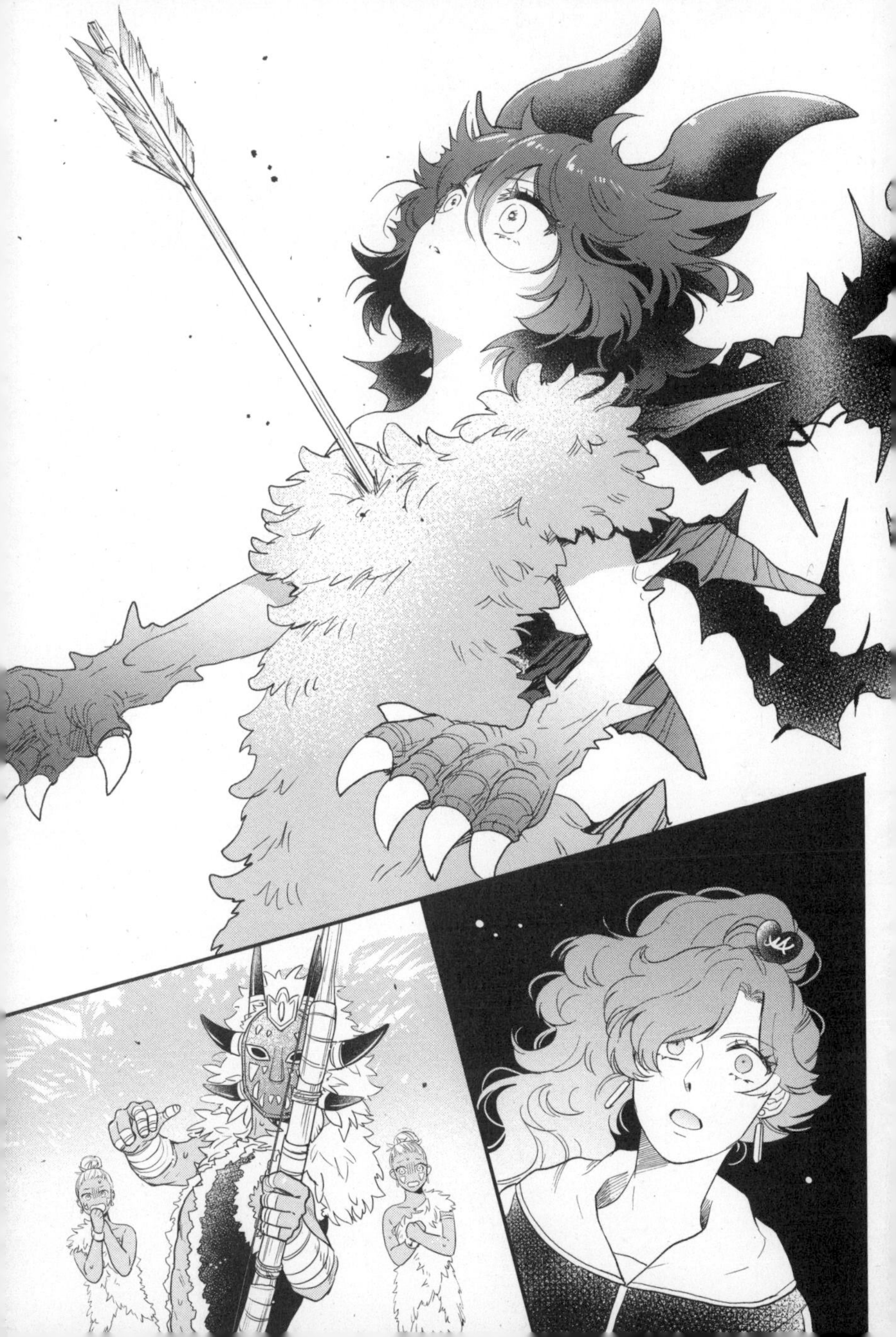

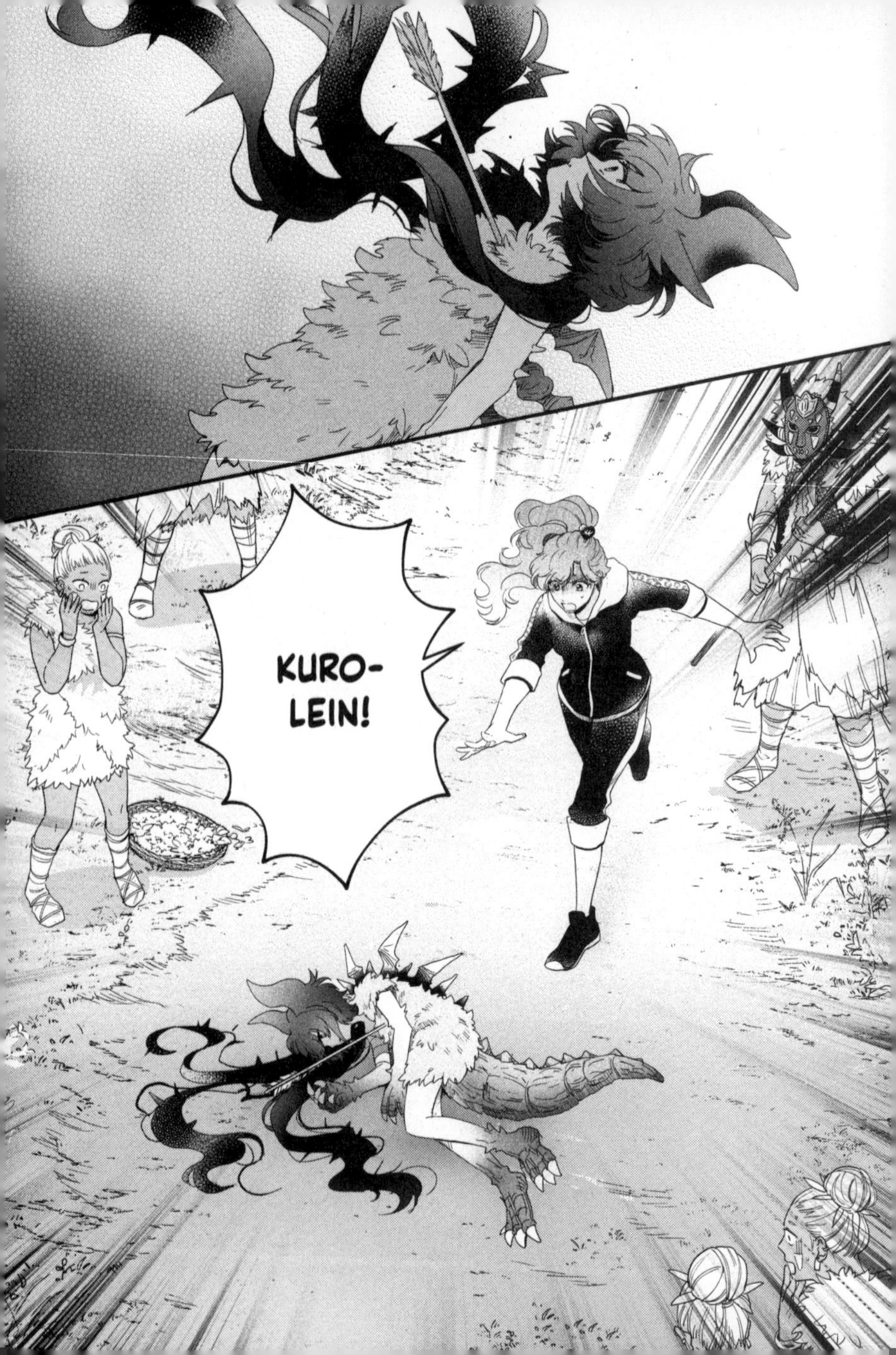
KURO-
LEIN!

MONSTERMÄSSIG
VERKNALLT

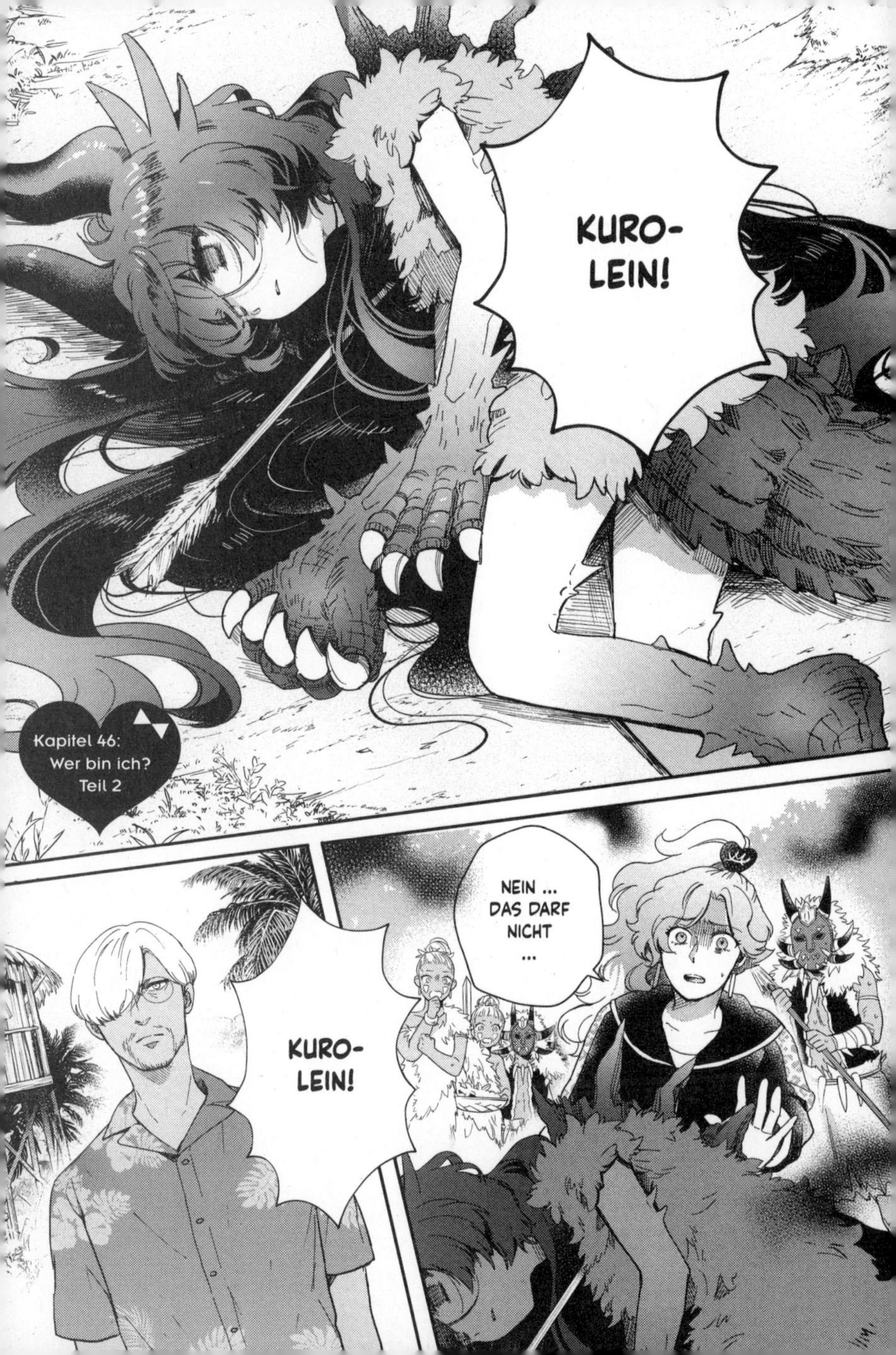
KURO-
LEIN!
Kapitel 46:
Wer bin ich?
Teil 2
NEIN ...
DAS DARF
NICHT
...
KURO-
LEIN!

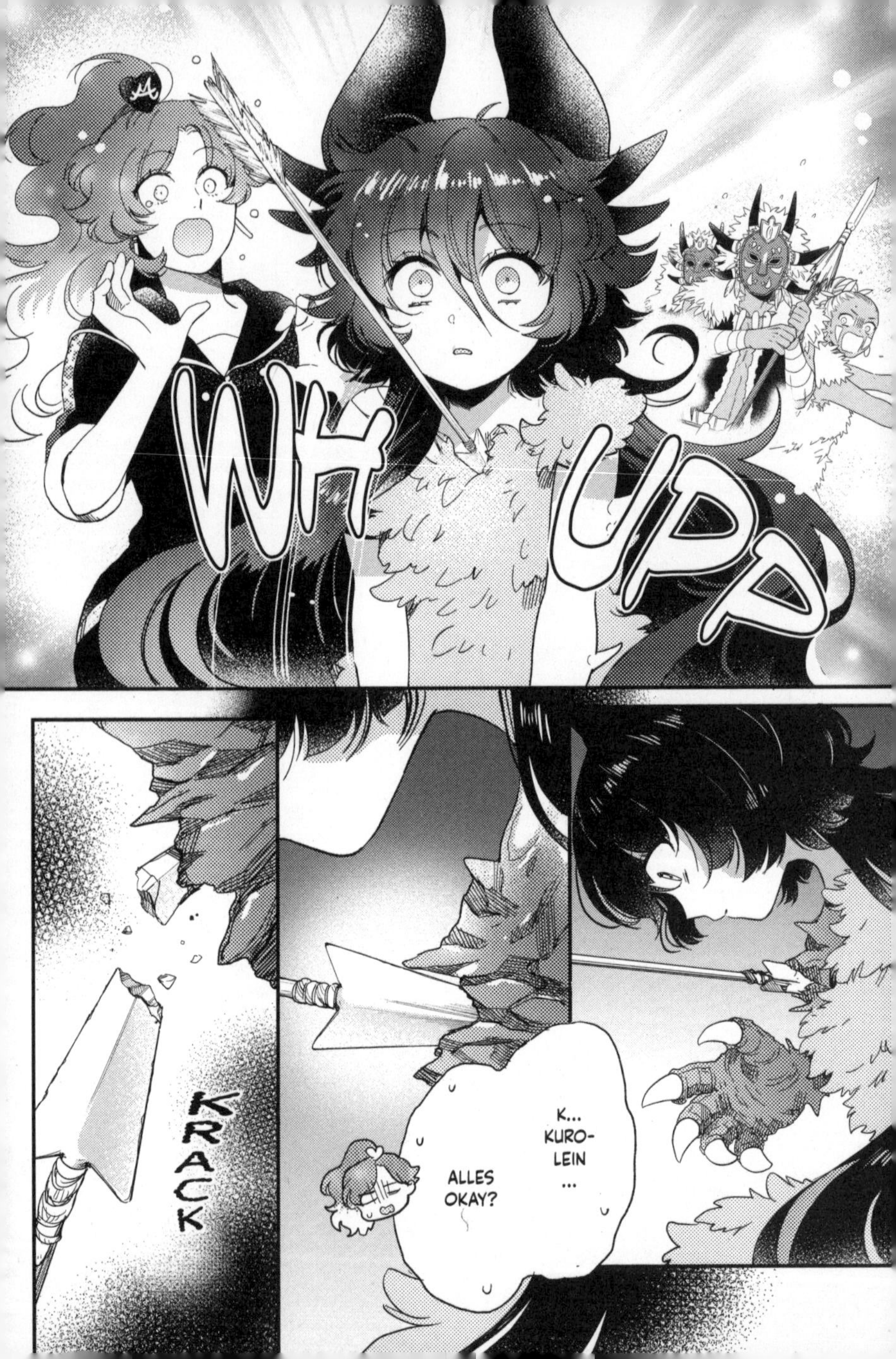
WHUPP
KRACK
K... KUROLEIN ...
ALLES OKAY?

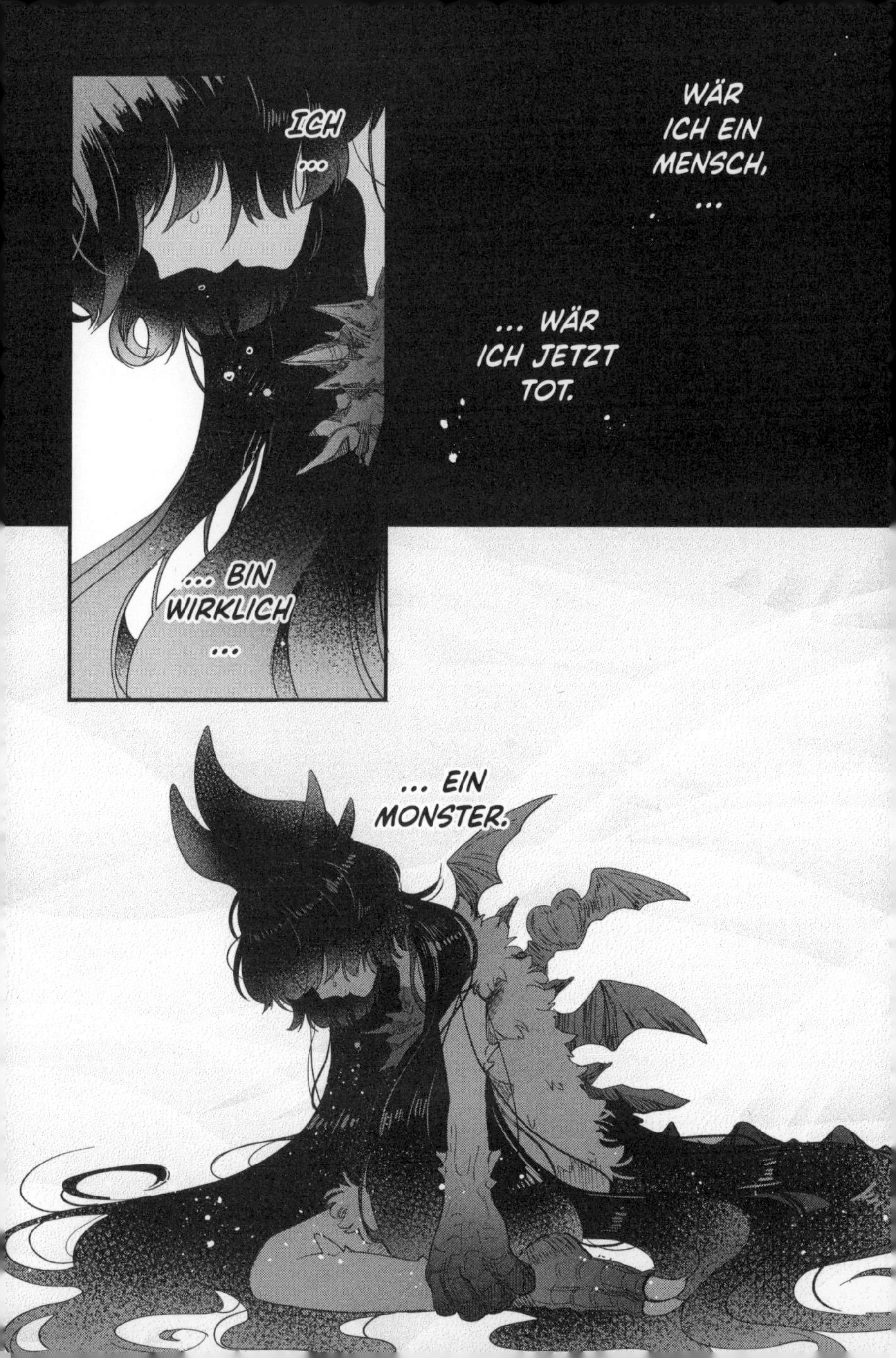
WÄR ICH EIN MENSCH, ...
... WÄR ICH JETZT TOT.
ICH ...
... BIN WIRKLICH ...
... EIN MONSTER.

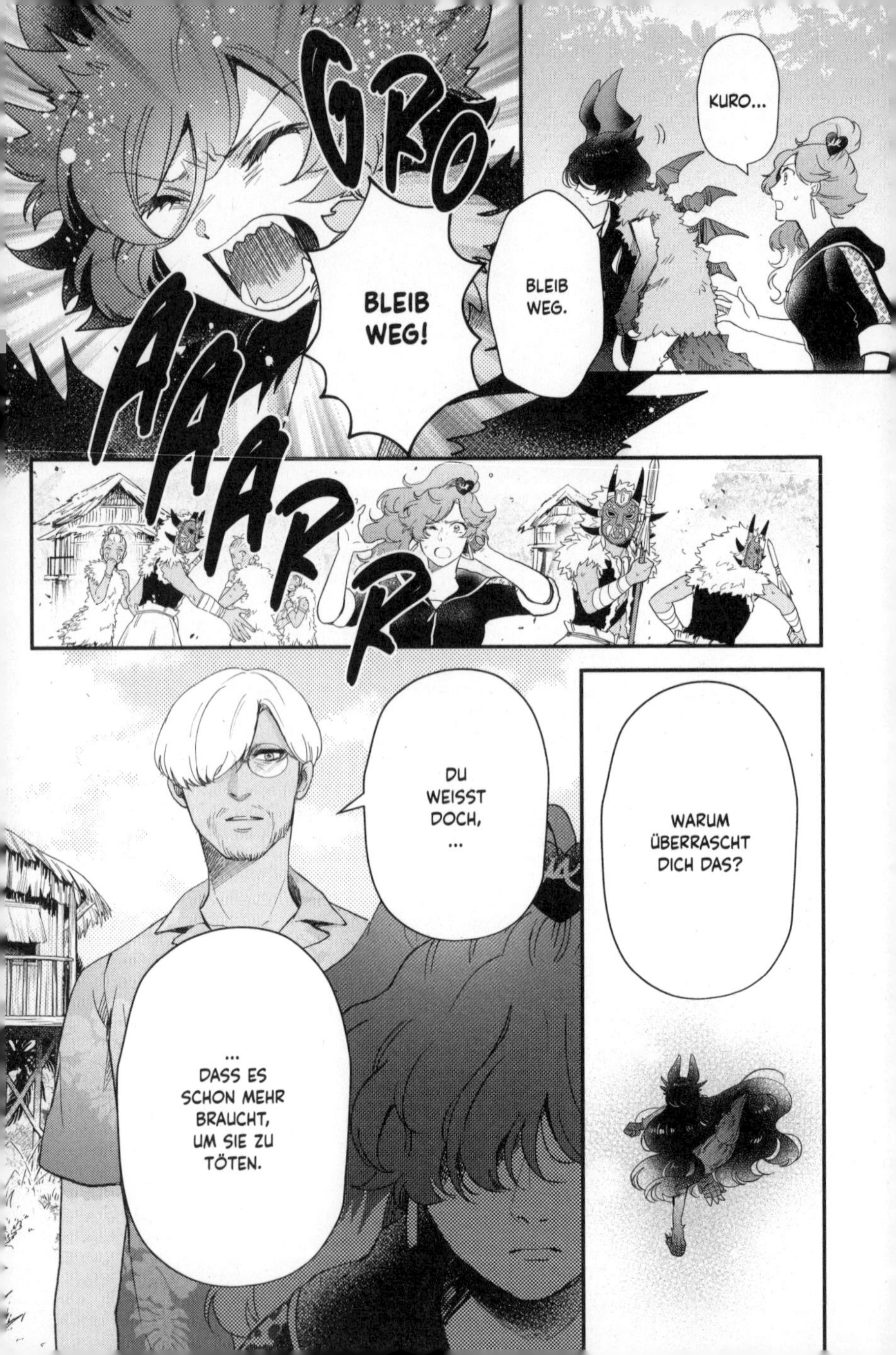
KURO...
BLEIB WEG.
BLEIB WEG!
GROAAARR
WARUM ÜBERRASCHT DICH DAS?
DU WEISST DOCH, ...
... DASS ES SCHON MEHR BRAUCHT, UM SIE ZU TÖTEN.

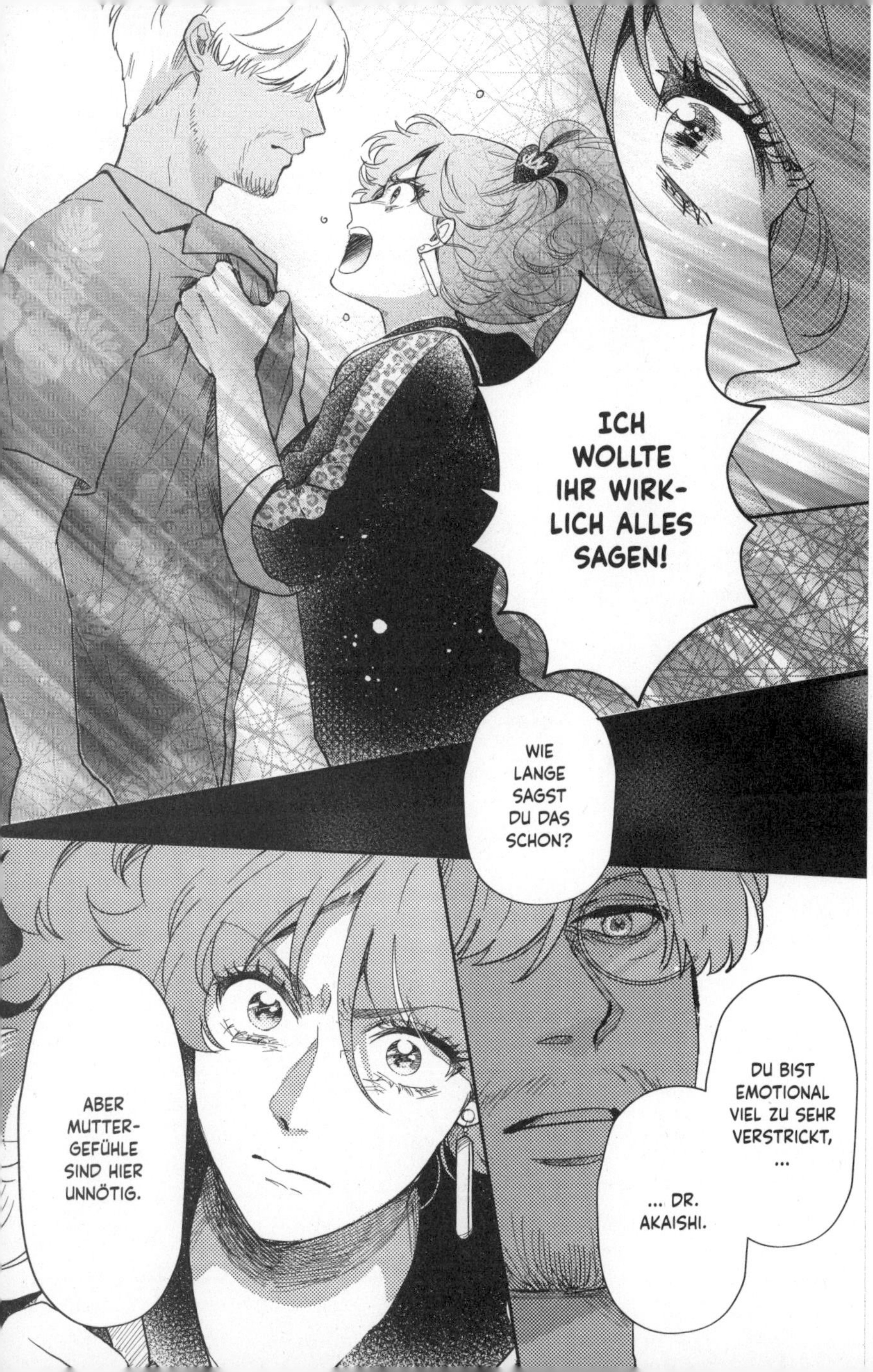
ICH WOLLTE IHR WIRKLICH ALLES SAGEN!
WIE LANGE SAGST DU DAS SCHON?
DU BIST EMOTIONAL VIEL ZU SEHR VERSTRICKT, ...
... DR. AKAISHI.
ABER MUTTERGEFÜHLE SIND HIER UNNÖTIG.

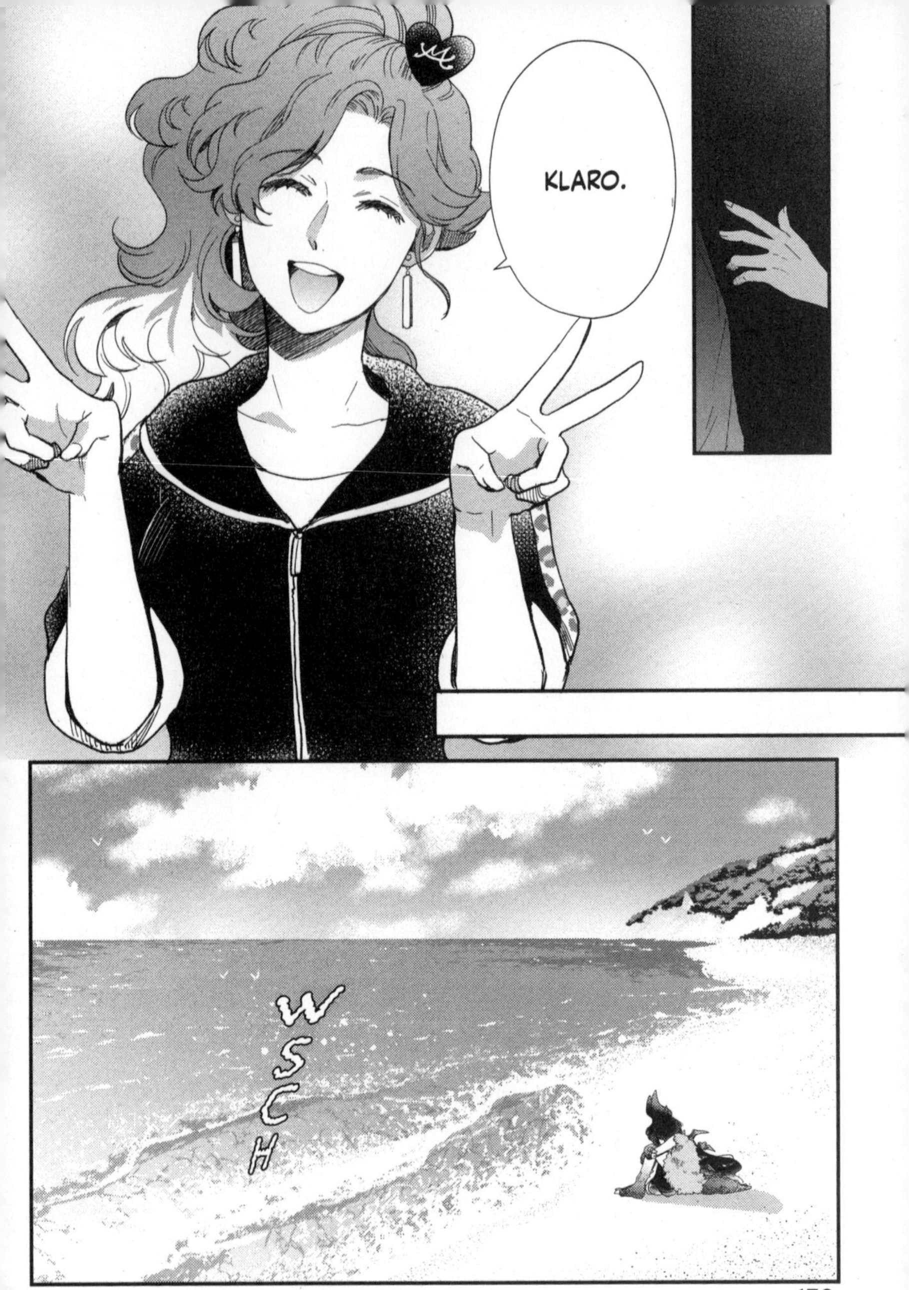
KLARO.
WSCH

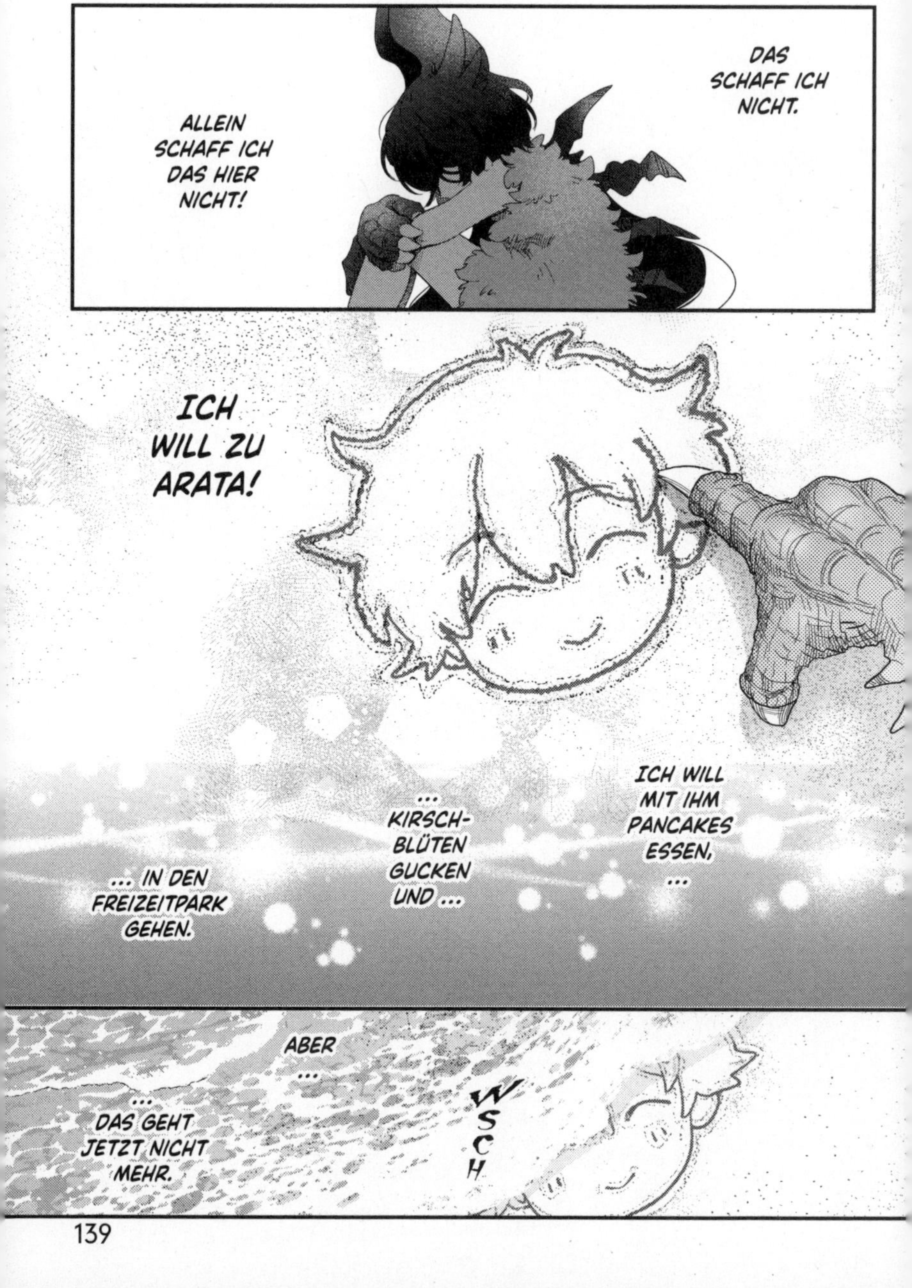
DAS SCHAFF ICH NICHT.
ALLEIN SCHAFF ICH DAS HIER NICHT!
ICH WILL ZU ARATA!
ICH WILL MIT IHM PANCAKES ESSEN, ...
... KIRSCH-BLÜTEN GUCKEN UND ...
... IN DEN FREIZEITPARK GEHEN.
ABER ...
... DAS GEHT JETZT NICHT MEHR.
WSCH

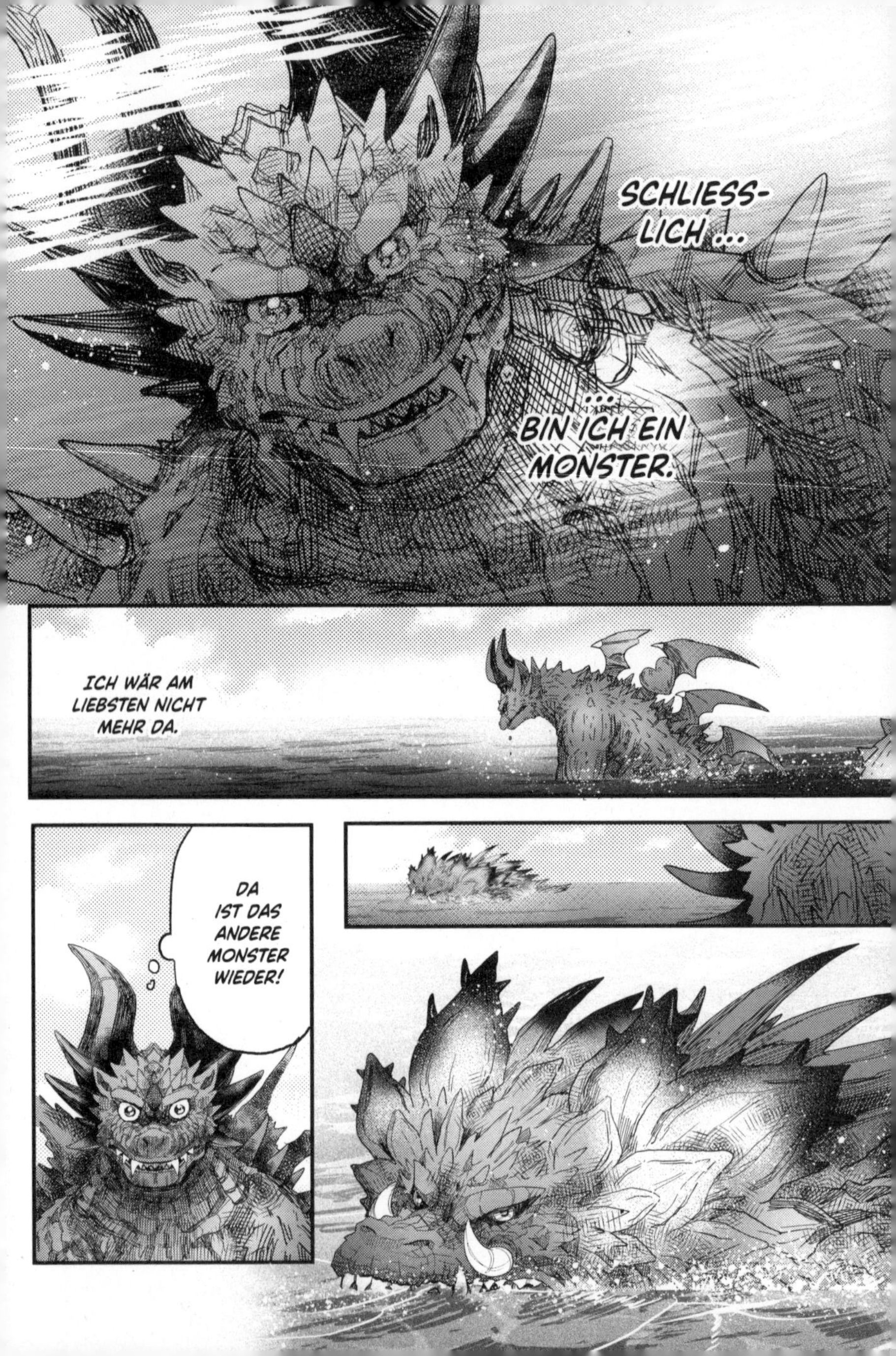
SCHLIESS-LICH ...
... BIN ICH EIN MONSTER.
ICH WÄR AM LIEBSTEN NICHT MEHR DA.
DA IST DAS ANDERE MONSTER WIEDER!

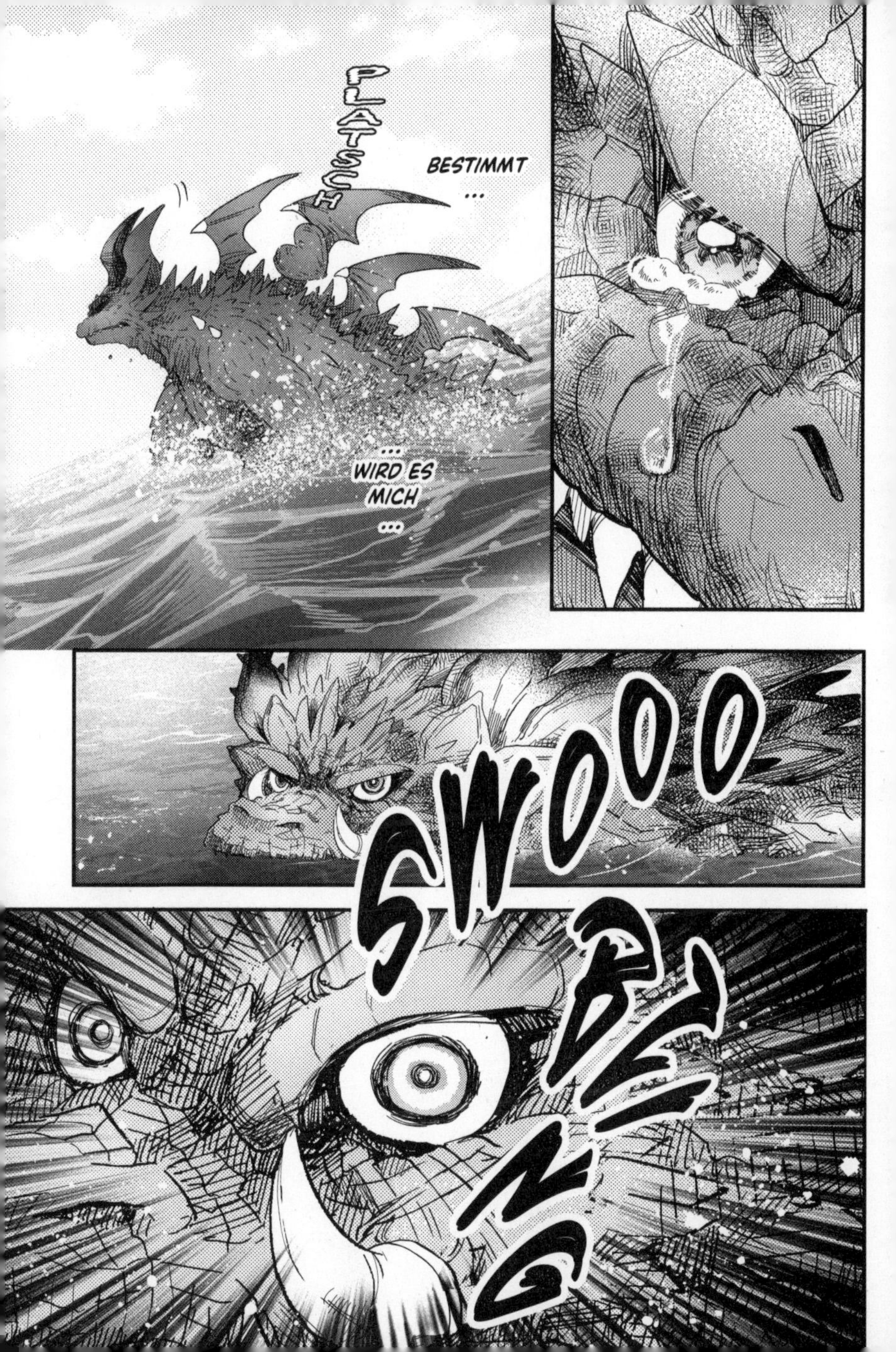

BESTIMMT ...
PLATSCH
... WIRD ES MICH ...
SWOOO
BZING

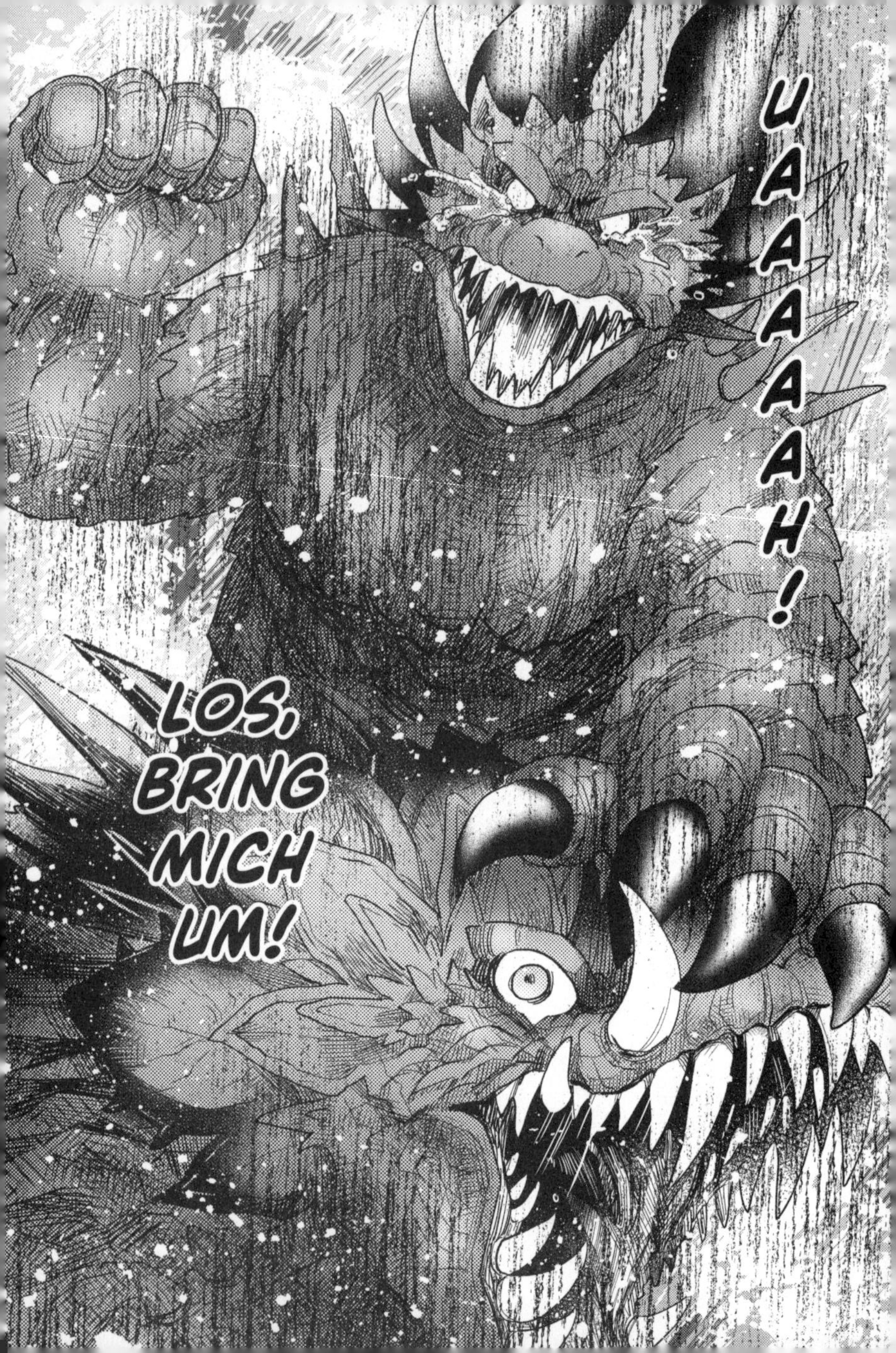
UAAAAAAH!
LOS, BRING MICH UM!

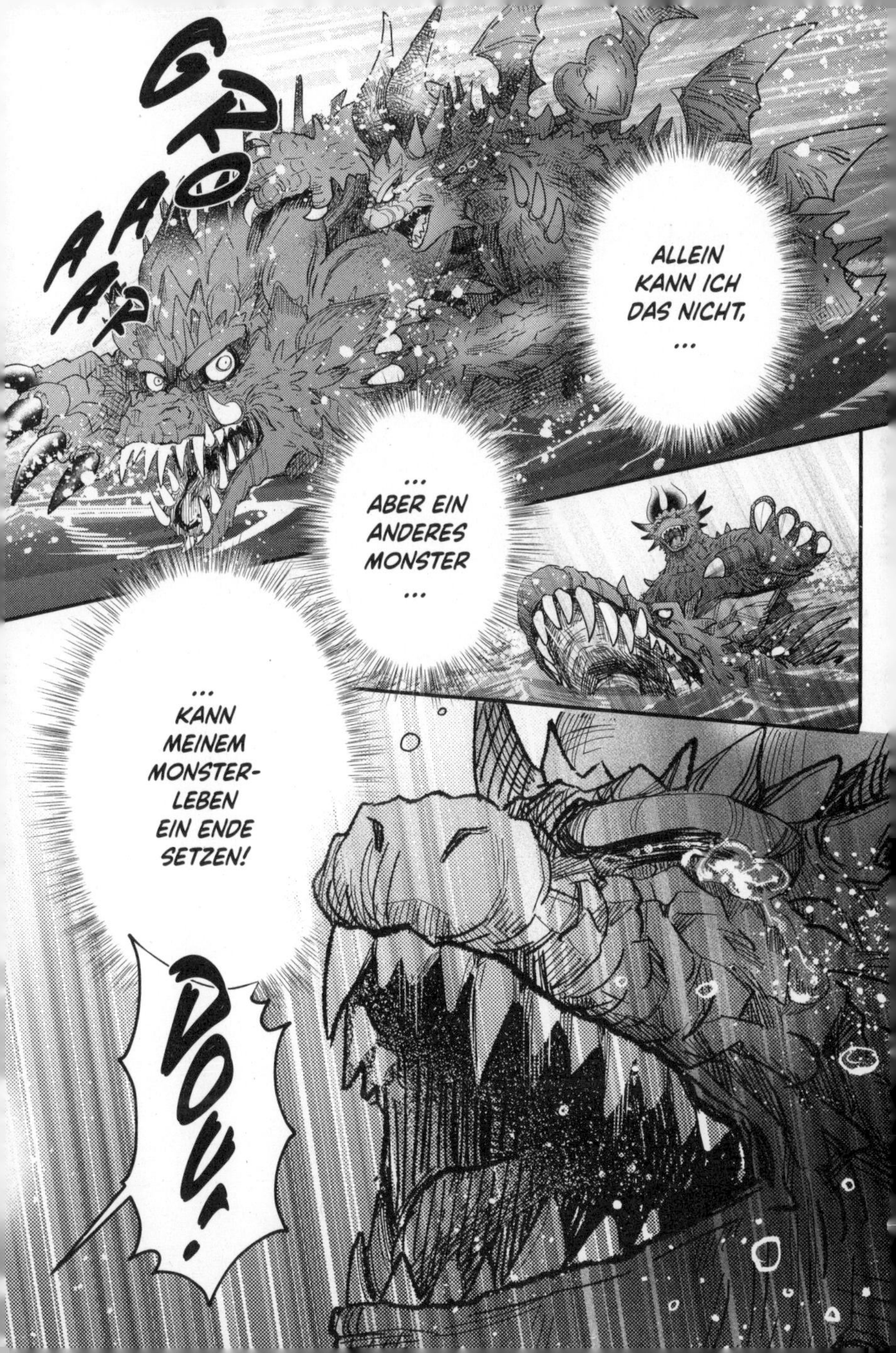
ALLEIN KANN ICH DAS NICHT, ...
GROAAAAR
... ABER EIN ANDERES MONSTER ...
... KANN MEINEM MONSTER-LEBEN EIN ENDE SETZEN!
DOU!

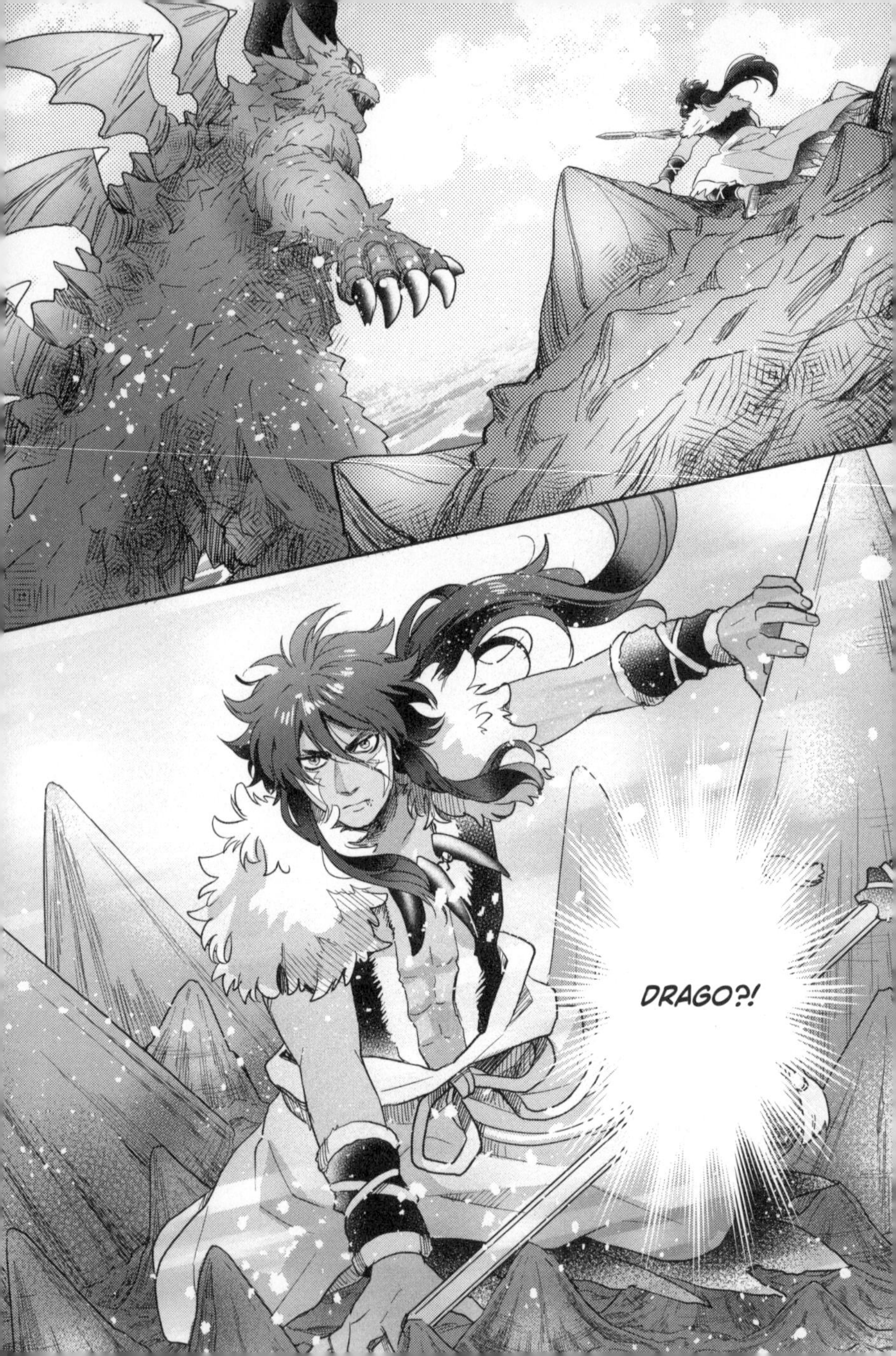
DRAGO?!

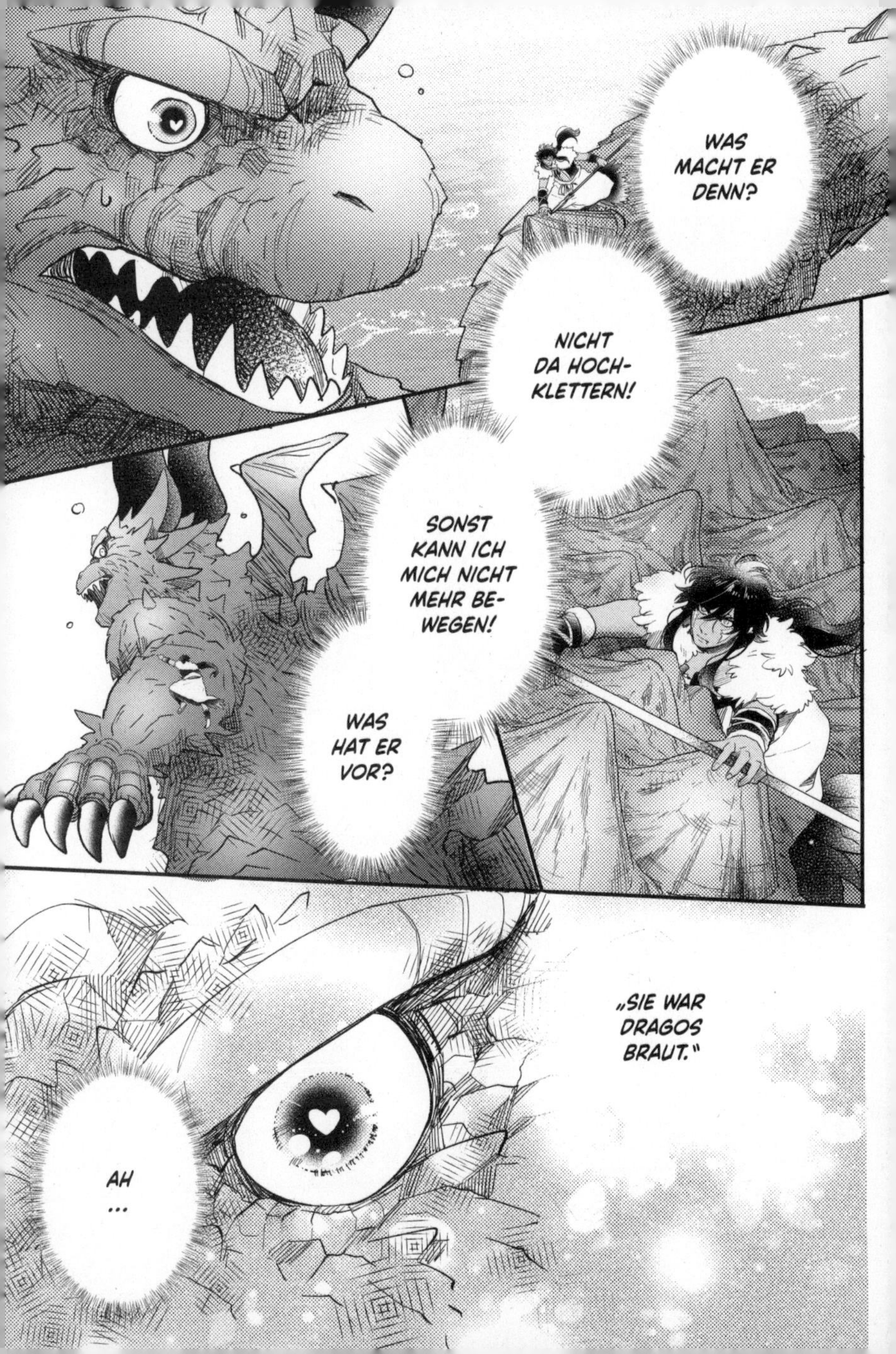
WAS MACHT ER DENN?
NICHT DA HOCH-KLETTERN!
SONST KANN ICH MICH NICHT MEHR BE-WEGEN!
WAS HAT ER VOR?
„SIE WAR DRAGOS BRAUT."
AH …

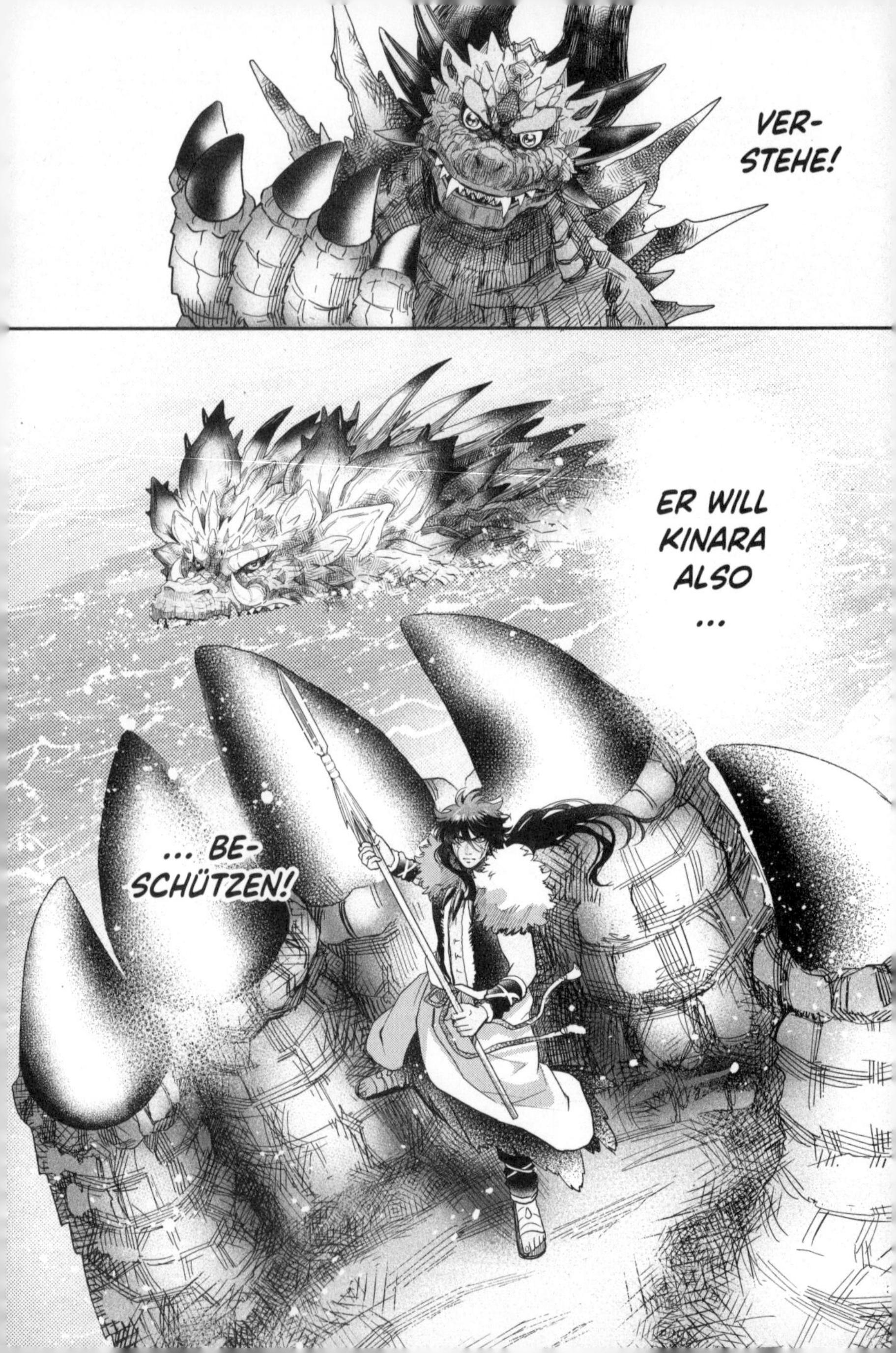
VER-STEHE!
ER WILL KINARA ALSO ...
... BE-SCHÜTZEN!

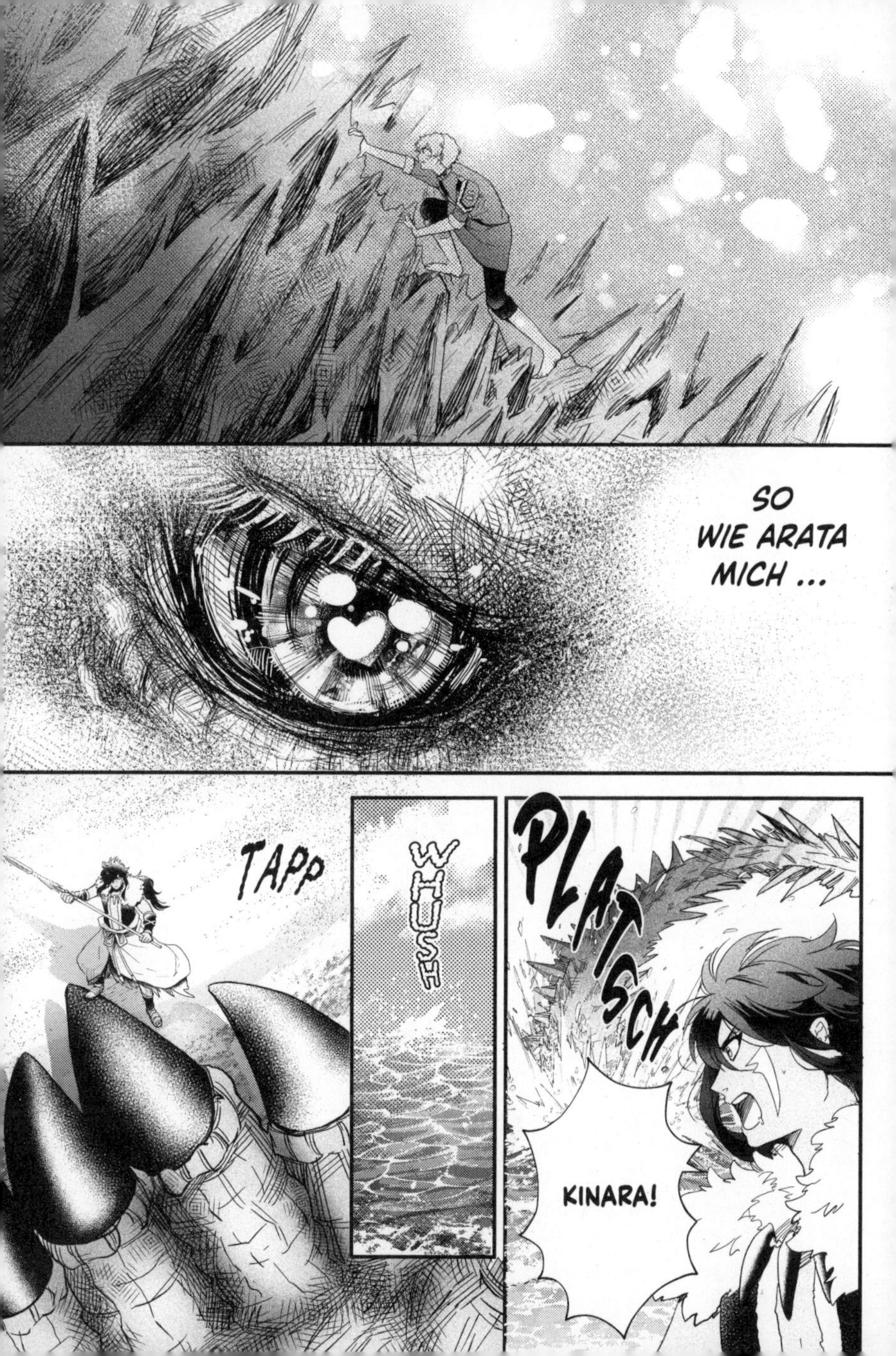
SO WIE ARATA MICH ...
PLATSCH
KINARA!
WHUSH
TAPP

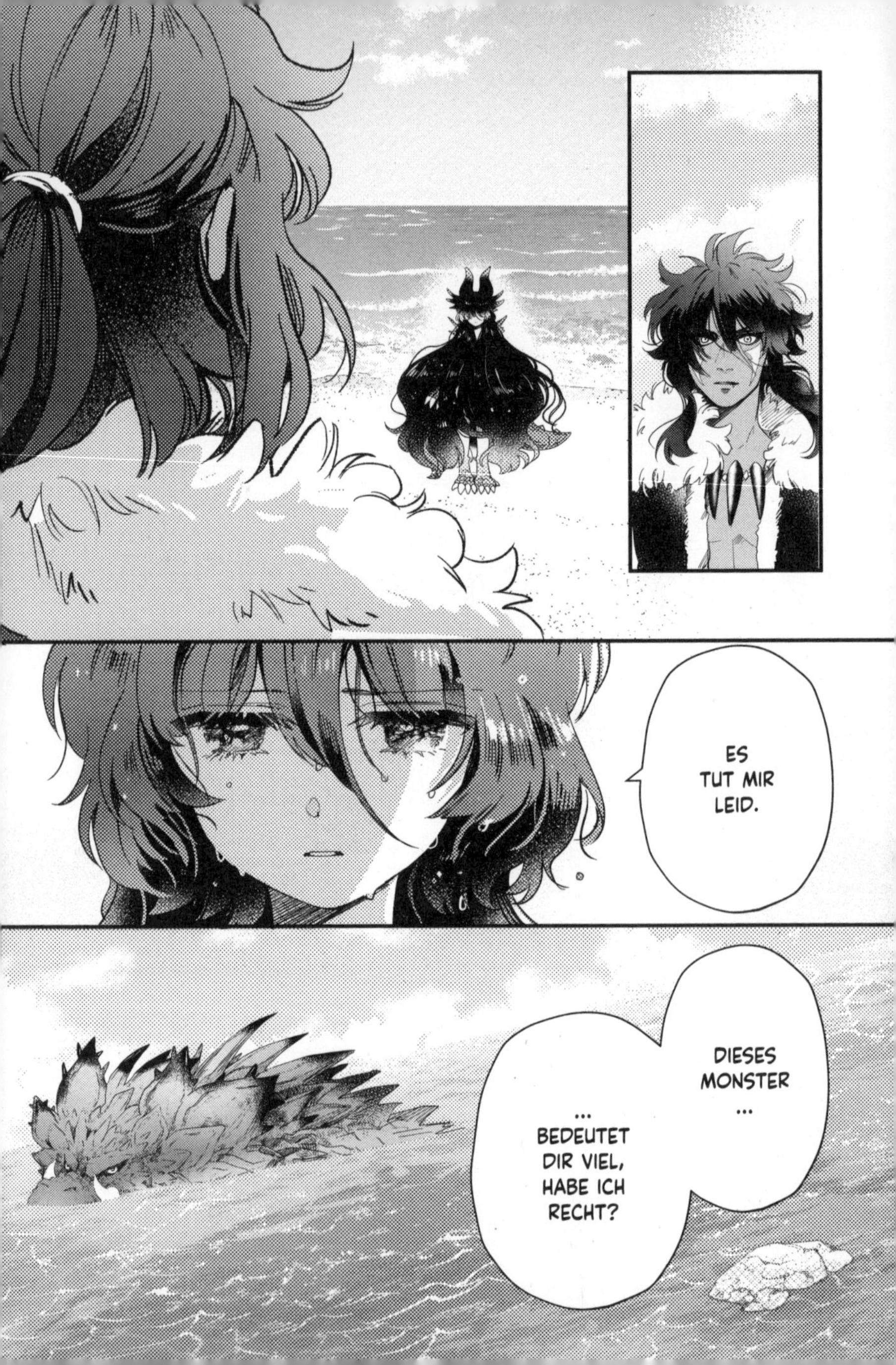
ES TUT MIR LEID.
DIESES MONSTER ...
... BEDEUTET DIR VIEL, HABE ICH RECHT?

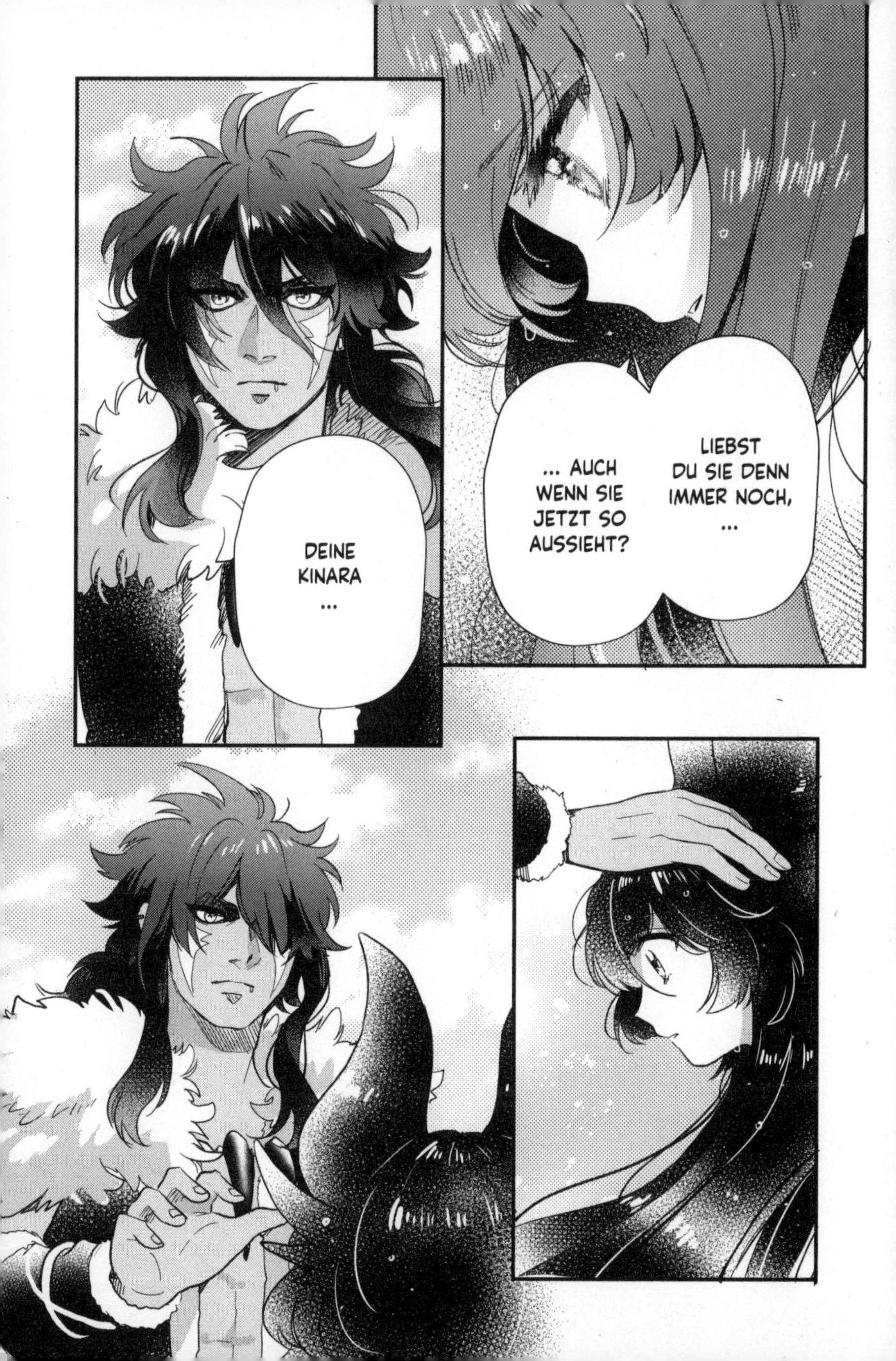
LIEBST DU SIE DENN IMMER NOCH, ...
... AUCH WENN SIE JETZT SO AUSSIEHT?
DEINE KINARA ...

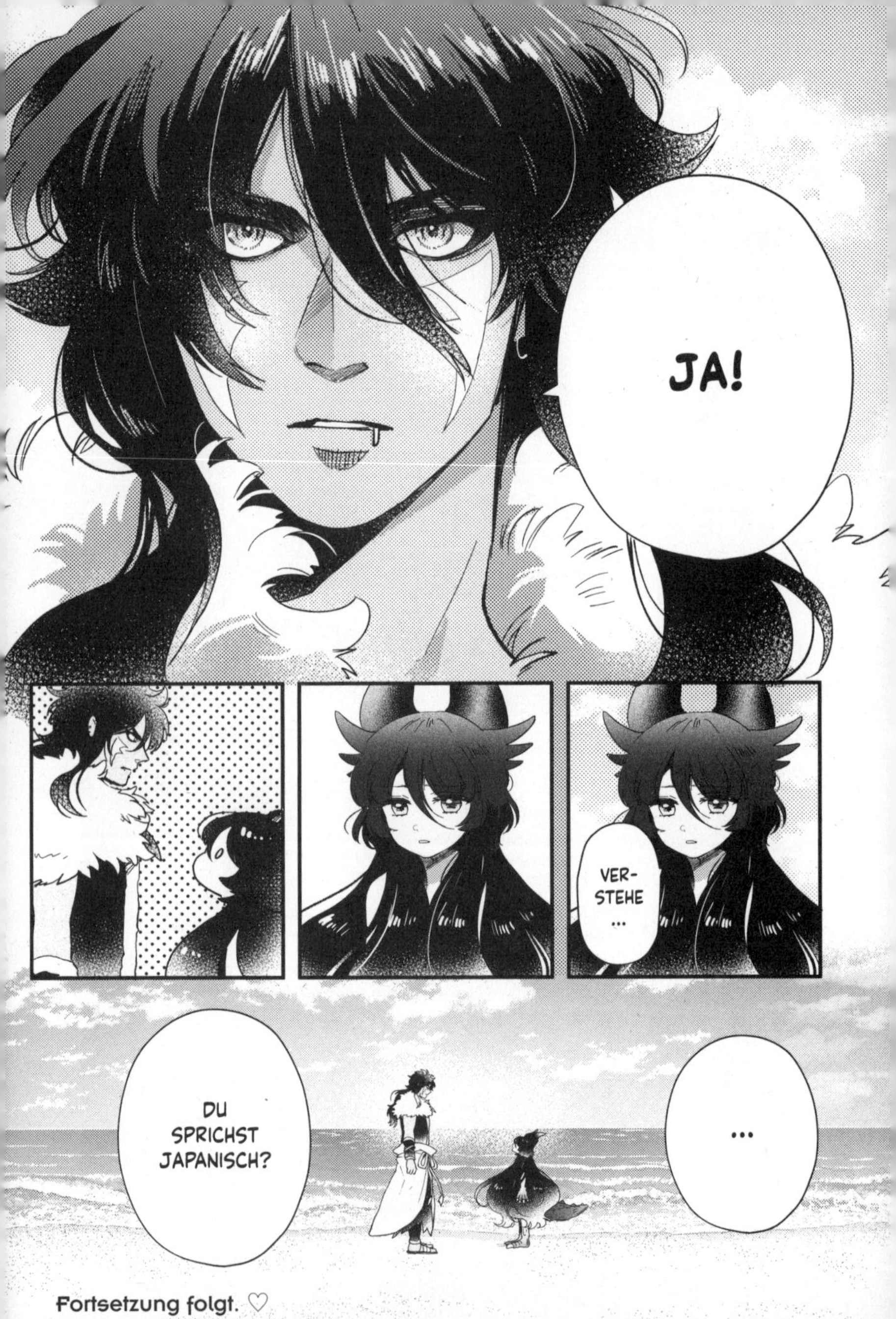

Fortsetzung folgt. ♡

MONSTERMÄSSIG
VERKNALLT

Wir sind schon bei Band 7 von *Monstermäßig verknallt* angekommen! Vielen Dank! Diesmal geht's zur Sache … Ich liebe zwar die leichten Rom-Com-Momente, aber manchmal kann man sich nicht davor drücken, auch mal ernster zu werden. Ich freu mich, wenn ihr in Band 8 wieder reinlest!

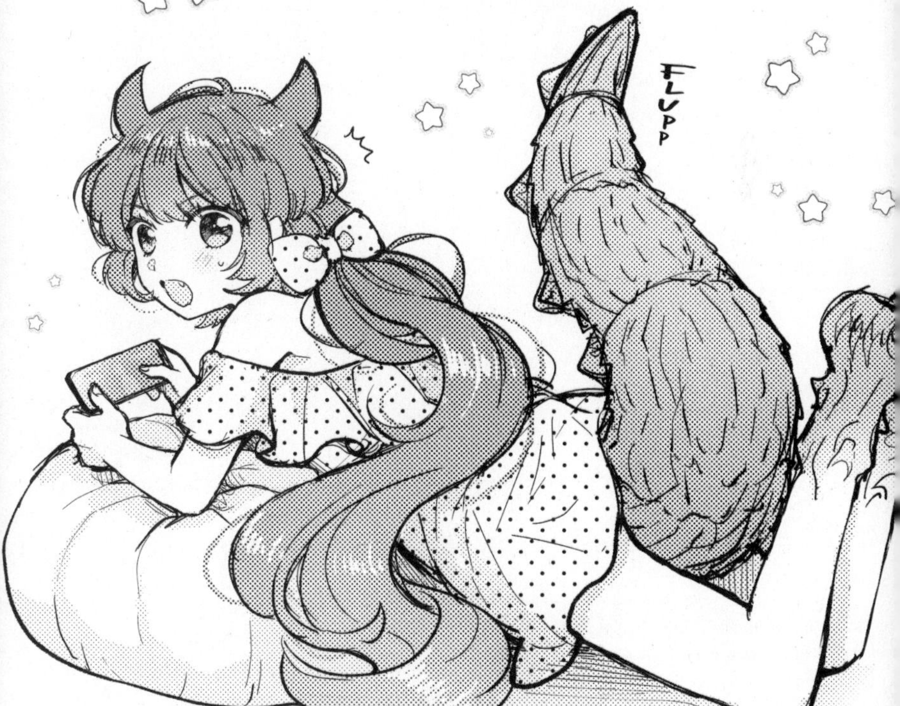

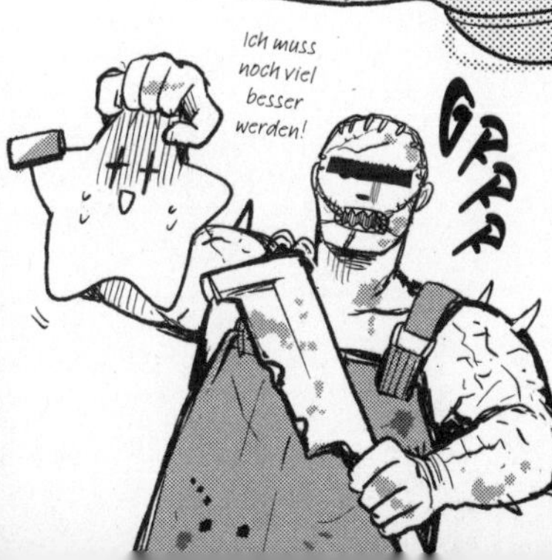

Aktuelles

Zurzeit komm ich von *Dead by daylight* (Mobile-Version) nicht los. Bei diesem Game muss man vor einem Killer fliehen und ich bin furchtbar ehrgeizig – also häng ich so richtig drin fest! Nacht für Nacht zocke ich es mit schrillem Geschrei. Das macht so Spaß! Vielleicht zeichne ich bald mal 'ne Killer-Rom-Com.

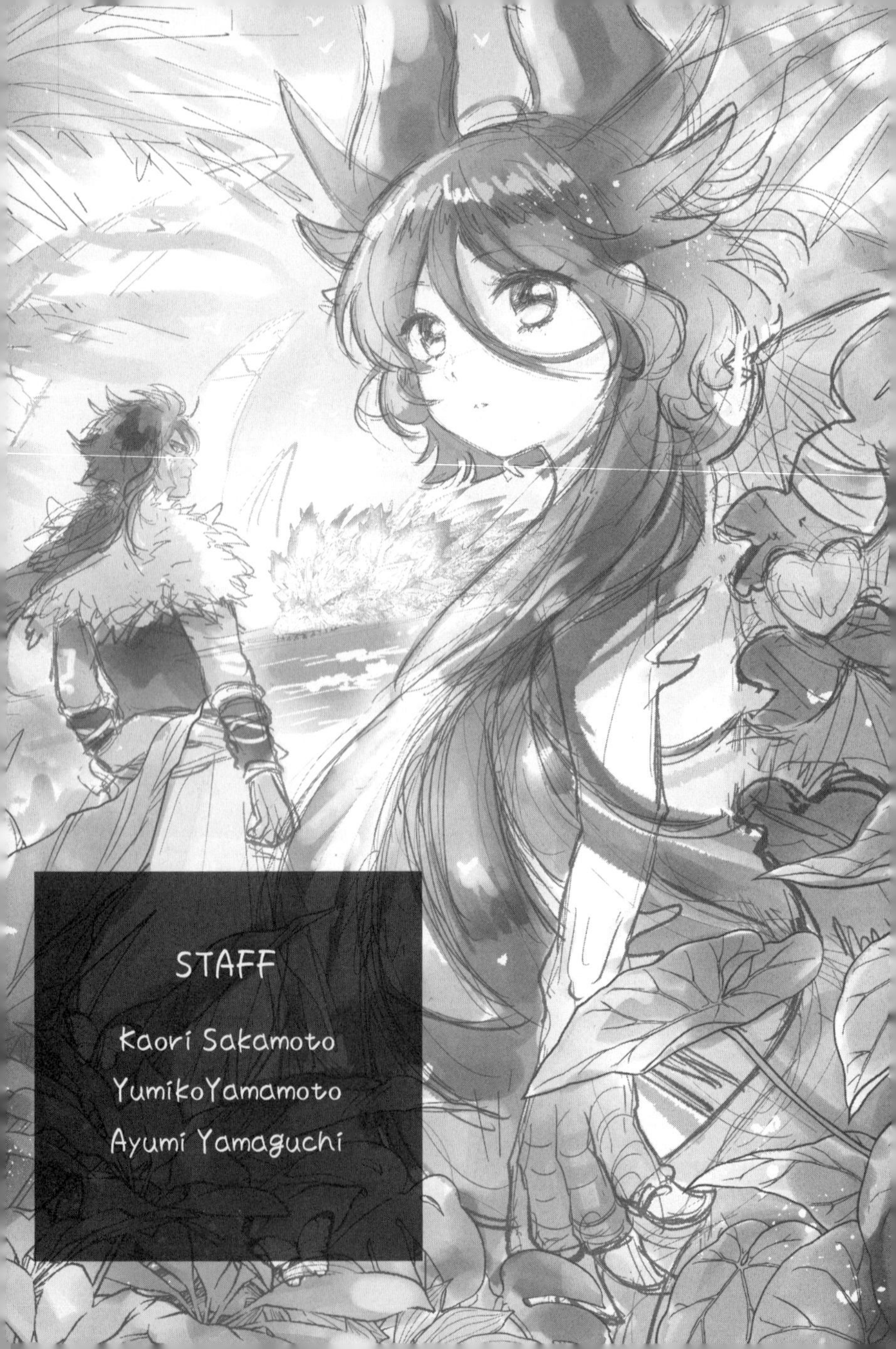

STAFF

Kaori Sakamoto

YumikoYamamoto

Ayumi Yamaguchi

MONSTERMÄSSIG VERKNALLT

OTOMEKAIJU CARAMELISE Vol. 7

First published in Japan in 2023 by KADOKAWA CORPORATION, Tokyo.
German translation rights arranged with KADOKAWA CORPORATION, Tokyo
through TUTTLE-MORI AGENCY, INC., Tokyo.

Deutschsprachige Ausgabe / German Edition

CH-1007 Lausanne
1. Auflage

Aus dem Japanischen von Alexandra Klepper

Programmleitung: Hideki Iyama / Lizenzkoordination: Ai Kono
Redaktion: Marvin Schmid / Herstellung: Sonja Lesch
Deutsche Logo- und Covergestaltung: Jessy Knipprath
Lettering: Studio Charon
Druck und Bindung: GGP Media GmbH, Pößneck

ISBN 978-2-88951-346-8